理科の先生になるための、理科の先生であるための

「物理の学び」徹底理解
電磁気学・原子物理・実験と観察編

山下 芳樹
[監修/編著]

船田智史/宮下ゆたか/山本逸郎
[著]

ミネルヴァ書房

はじめに

■ **本書の構成と特色，それは使える手引き書**

　本シリーズは，中・高等学校理科教員の知識の整理や，より高度な授業を模索し実践するために，また将来中・高等学校理科教員をめざす学生諸君の実力錬成のために編まれたものです。物理，化学，そして生物から構成されており，物理編はさらに

　　　第一分冊　力学，熱力学，波動
　　　第二分冊　電磁気学，原子物理，代表的な実験と観察・安全への配慮

という二部構成になっています。理科の教員としての基礎基本の徹底はもちろんのこと，日々の授業において物理の本質を伝えたいという現職教員の求めにも十分に耐えうるだけの充実した内容です。物理の本質を伝えることがいかに大切か……。ここで，数学者である村田全の言葉（「数学と歴史のはざま『側面から見た数学教育』」より抜粋）を紹介しましょう。

　うそも方便とか，人を見て法を説けとかいうことばは，教える者と教えられる者との間のある微妙な関係を伝えているとは言えないであろうか。……教科書を作る側や，それを実際に教える側では，これこれの事実は生徒には少し高級すぎるとか，限られた時間内での授業にはやや特殊すぎるとか，その他いろいろな配慮によって材料の取捨選択や説明のくふうをする。これは当然のことで，そのままですめば別に問題はない。文字通り，人を見て法を説いているのであるし，多少の簡略やごまかしも，まさしくうそも方便といってよいことなのであろう。

　もっとも，いつの時代にもそういうところに敏感な生徒はいるものである。……教師の側としては，そのような生徒向きの「法の説き方」というものも，多少考えておく必要があるのではないか。そして私の感じから言えば，そういう生徒にはいわゆる教育技術というような細工は不要で，むしろこちらもナマの学問でぶっつかる方がよいように思うがどうであろうか。実は現在の日本の教育体制の下では，優れた生徒を生かす道がかなり閉ざされているように思える。……要するに教える側のわれわれもほんとうの勉強をいたしましょうという話である。

　教員として生徒の求めに応じて「法を説く」だけの力量を持っておきたい，また「教える側も本当の勉強ができる」ようにしたいという思いから，本書では，各章とも

　ホップ　　① キーワードとワンポイントチェックによる理解度の点検　→**自分を知る**
　　↓　　　② 重要事項の解説（活用を意識した解説）
　ステップ　③ 素過程方式を採り入れた**活用例題**による重要事項の確認　→**力を蓄える**
　　↓
　ジャンプ　④ 数理探究の場としての「**発展**」，日々の授業に使える「**コラム**」の充実
　トライ　　⑤ 解答への指針による**実力錬成問題**による力試し　　　　　→**果敢に攻める**

というスパイラル方式を採用しています。このような本格的な扱いによる手引書は他にはありません。知識は，使ってこそ生きた知識になるのです。

　数理探究の場としての「発展」，そして日々の授業に役立つ「コラム」（Coffee Break）もまた本書の特色をなすものです。ちなみに，*Coffee Break* ②「心眼をもったファラデ

ー」(p. 61) は，電気・磁気を数理科学としての電磁気学にまで高めた数学の奇才マクスウェルがファラデーの直感を賛美したものです。物理学こそイメージ豊かに学び，そしていきいきと伝えようではありませんか。

■理科の先生のための手引き書

　本書は中・高等学校の先生方はもちろんのこと，中・高等学校理科教員をめざす学生諸君，また理科を基礎から徹底して学び直したいという小学校教員（志願者）にとっては，教員採用試験に難なく合格するよう全国の教員採用試験問題の中から解くに値する問題を厳選し，さらには詳細な解説を通して理科の学び直しができるよう例題研究，活用例題，さらには実力錬成問題など随所に実力錬磨のための工夫を凝らしています。

　基礎基本の徹底，また具体的な事例を通して合格にまで導き，さらには合格後，教職についてからも「知識や活用の原点」として生涯にわたり役立つものを提供する，これが本書の最大の特色であり，執筆のねらいもまたここにあります。

　　『生涯に渡って，使い続けることのできる理科の手引き書』
　　『理科の先生になるための，理科の先生であるための理科の手引き書』

　本書の執筆者は，いずれも，大学において教師をめざす学生諸君や現職教員の指導に永年あたってきたエキスパートです。全国の教員採用試験，すなわち教育委員会が求める理科の力とは何かを徹底的に分析し，この最強のメンバーが読者の実力を鍛え直します。使い込んで手垢で真っ黒になった本ほどあてになる，信頼に足るものはありません。本書をフルに活用し，あなただけの参考書（座右の書）として，そして授業作りのためのよき相談相手として活用頂くことを願っています。

　最後に，本書の出版に際しまして著者，特に監修者の無理難題を汲んで頂き，形にして頂きましたミネルヴァ書房の浅井久仁人さんには，この場を借りて御礼を申し上げます。また，読者の皆様の隔意のないご意見，ご叱正を頂ければ幸です。

　　　2017年5月

　　　　　　　　　　　　　　　　　　　　監修者（執筆者を代表して）山下芳樹

理科の先生になるための，理科の先生であるための
「物理の学び」徹底理解　電磁気学・原子物理・実験と観察編
目　次

はじめに

第1章　電磁気学

1　電気の性質（静電気と電場）

キーワードチェック／ワンポイントチェック……………………………………………2
重要事項の解説……………………………………………………………………………3
　　1　静電気 … 3
　　2　電　場 … 4
　　発展1　ガウスの法則 … 6
　　3　電　位 … 9
　　発展2　一様でない電場と電位差の関係 … 11
　　4　導体の電場と電位 … 12
活用例題で学ぶ知識の活用………………………………………………………………14
実力錬成問題………………………………………………………………………………18

2　コンデンサー

キーワードチェック／ワンポイントチェック……………………………………………20
重要事項の解説……………………………………………………………………………21
　　1　コンデンサー … 21
　　2　平行板コンデンサーの電気容量 … 21
　　発展　様々なコンデンサーの電気容量（円筒形のコンデンサー） … 23
　　3　静電エネルギー … 24
　　4　コンデンサーの接続 … 25
活用例題で学ぶ知識の活用………………………………………………………………27
実力錬成問題………………………………………………………………………………30

3　電流と電気回路

キーワードチェック／ワンポイントチェック……………………………………………33
重要事項の解説……………………………………………………………………………34
　　1　電　流 … 34
　　2　電気抵抗 … 35
　　3　抵抗の接続 … 36

4　電流計と電圧計 … 37
　　　5　電池の起電力と内部抵抗 … 38
　　　6　キルヒホッフの法則 … 39
　　　7　ホイートストンブリッジ … 40
　　　8　電力とジュール熱 … 40
　　　9　電気用図記号 … 41
　活用例題で学ぶ知識の活用 …………………………………………………… 42
　実力錬成問題 ……………………………………………………………………… 46

4　電流と磁場

　キーワードチェック／ワンポイントチェック ……………………………… 49
　重要事項の解説 ……………………………………………………………………… 50
　　　1　磁　場 … 50
　　　2　電流がつくる磁場 … 51
　　　3　電流が磁場から受ける力 … 53
　　　4　平行電流間に働く力 … 54
　　　5　ローレンツ力 … 55
　　　6　磁場中の荷電粒子の運動 … 55
　　　7　磁　化 … 56
　活用例題で学ぶ知識の活用 …………………………………………………… 57
　実力錬成問題 ……………………………………………………………………… 63

5　電磁誘導と交流

　キーワードチェック／ワンポイントチェック ……………………………… 65
　重要事項の解説 ……………………………………………………………………… 66
　　　1　電磁誘導の法則 … 66
　　　2　磁場中を運動する導体棒 … 67
　　　3　コイルの自己誘導，相互誘導 … 68
　　　4　LC回路：電気振動 … 70
　　　5　交流の発生 … 72
　　　6　抵抗に流れる交流 … 73
　　　7　コンデンサーに流れる交流 … 74
　　　8　コイルに流れる交流 … 75
　　　9　RLC回路 … 76
　活用例題で学ぶ知識の活用 …………………………………………………… 79
　実力錬成問題 ……………………………………………………………………… 82

6　発展：電磁気学の数理的扱い

キーワードチェック／ワンポイントチェック……………………………………… 84
重要事項の解説……………………………………………………………………… 85
　1　大きさのある電荷がつくる電場 … 85
　2　任意の電流がつくる磁場：ビオ・サバールの法則 … 86
　3　コンデンサーの充電と放電：RC 回路 … 88
　4　コイルの時間応答：RL 回路 … 90
　5　半導体 … 90
　6　マクスウェルの方程式と電磁波 … 92
活用例題で学ぶ知識の活用………………………………………………………… 94
実力錬成問題………………………………………………………………………… 96

第 2 章　原子物理

1　電子の発見

キーワードチェック／ワンポイントチェック……………………………………… 100
重要事項の解説……………………………………………………………………… 101
　1　陰極線 … 101
　2　トムソンの実験 … 101
　3　ミリカンの実験 … 103
　4　原子の構造 … 104
活用例題で学ぶ知識の活用………………………………………………………… 106
実力錬成問題………………………………………………………………………… 110

2　光の粒子性と物質の波動性

キーワードチェック／ワンポイントチェック……………………………………… 112
重要事項の解説……………………………………………………………………… 113
　1　光電効果 … 113
　2　アインシュタインの光量子仮説 … 114
　3　X 線の発見と X 線スペクトル … 116
　4　ラウエの実験とブラッグの条件（X 線の波動性）… 117
　5　コンプトン効果 … 118
　6　ド・ブロイの仮説 … 120
活用例題で学ぶ知識の活用………………………………………………………… 122
実力錬成問題………………………………………………………………………… 125

3 原子と原子核の構造

キーワードチェック／ワンポイントチェック……………………………………… 127
重要事項の解説………………………………………………………………………… 128
 1 原子の構造 … 128
 2 ボーアの水素原子モデル … 129
 3 フランク・ヘルツの実験（エネルギー準位の存在の検証）… 133
 4 原子核の構成 … 134
 5 原子核崩壊と放射線 … 136
 6 半減期（原子核崩壊の速さの目安）… 136
 7 原子核のエネルギー … 138
活用例題で学ぶ知識の活用…………………………………………………………… 141
実力錬成問題…………………………………………………………………………… 144

4 発展：原子核反応，素粒子

キーワードチェック／ワンポイントチェック……………………………………… 146
重要事項の解説………………………………………………………………………… 147
 1 原子核反応（核エネルギー，結合エネルギー）… 147
 2 核分裂，核融合 … 149
 3 放射線（単位と応用）… 151
 発展1 放射線障害 … 153
 4 素粒子（分類とクォーク模型）… 154
 発展2 量子力学（ミクロの世界の力学）… 157
活用例題で学ぶ知識の活用…………………………………………………………… 159
実力錬成問題…………………………………………………………………………… 163

第3章　代表的な実験と観察，安全への配慮

1　実験に関しての安全指導（出題の傾向）

 1 出題の傾向と対策 … 168
 2 例題によるポイント解説 … 169

2　学習指導要領から（出題の傾向）

 1 学習指導要領にみる安全指導 … 173
 2 例題によるポイント解説 … 174

実力錬成問題　解答例………………………………………………………………… 178

法則

クーロンの法則 … 3
ガウスの法則 … 7
オームの法則 … 35
キルヒホッフの法則 … 40
磁気力に関するクーロンの法則 … 50
右ねじの法則（磁場の向きを定める法則） … 51
アンペールの法則（磁場の強さを定める法則） … 51
フレミングの左手の法則（力の向きに関する法則） … 53
レンツの法則 … 67
ファラデーの電磁誘導の法則 … 67
LC回路のエネルギー保存則 … 72
ビオ・サバールの法則 … 87

Coffee Break

1　ファラデーの自然観 … 13
2　心眼をもったファラデー … 61
3　夏目漱石の物理への関心の深さ … 162

理科の先生になるための，理科の先生であるための
「物理の学び」徹底理解　力学・熱力学・波動編
目　次

第1章　力　学

 1　静力学（質点・質点系・剛体）
 2　運動の法則
 3　いろいろな運動（その1）
 4　仕事と力学的エネルギー
 5　運動量と衝突
 6　発展：いろいろな運動（その2）

第2章　熱　力　学

 1　熱と温度
 2　気体の性質
 3　熱力学第1法則
 4　熱力学第2法則と熱機関

第3章　波　　動
  1　波の性質（媒質の運動，波の伝わり方）
  2　音の性質
  3　光　波
  4　発展：波の数理的扱い

第1章

電磁気学

1 電気の性質（静電気と電場）
2 コンデンサー
3 電流と電気回路
4 電流と磁場
5 電磁誘導と交流
6 発展：電磁気学の数理的扱い

1 電気の性質（静電気と電場）

キーワードチェック

□電荷　□クーロンの法則　□静電誘導　□電場　□電気力線　□ガウスの法則
□電気力による位置エネルギー　□電位　□等電位線

ワンポイントチェック

① エボナイト棒を毛皮でこすると，毛皮からエボナイト棒に [　　　] が移動して，エボナイト棒は [　　　] に，毛皮は [　　　] に帯電する。

② 同種の電荷間には，[　　　] が働き，異種の電荷間には，[　　　] が働く。

③ 2つの点電荷の間に働く電気力の大きさ F [N] を与える式は，[　　　] の法則とよばれ，それぞれの電気量を q_1 [C]，q_2 [C]，距離を r [m] とすると，[　　　] となる。

④ 金属に正の帯電体を近づけると，金属中の [　　　] が電気力を受けて移動し，帯電体に近い側が [　　　] に，遠い側が [　　　] に帯電する。このような現象を [　　　] という。

⑤ 電場ベクトル $\vec{E}$ [N/C] の場所に点電荷 q [C] を置いたとき，点電荷に働く電気力のベクトル $\vec{F}$ [N] は，[　　　] で与えられる。

⑥ 点電荷 q [C] が，距離 r [m] の場所につくる電場の強さ E [N/C] は [　　　] となる。

⑦ 真空中で電荷 q [C] を取り囲む仮想的な閉曲面を考える。このとき閉曲面を通過する電気力線の総本数 N は，[　　　] で与えられる。これを [　　　] の法則という。

⑧ 強さ E [N/C] の一様な電場中で，距離 d [m] 離れた2点間の電位差 V [V] は，[　　　] で与えられる。

⑨ 無限遠点を電位の基準にとると，点電荷 q [C] から距離 r [m] 離れた場所での電位 V [V] は，[　　　] となる。

⑩ 導体に電荷を与えると，電荷は導体の [　　　] に分布するので，導体内部の電場は [　　　] になる。

解答例　① 電子，負，正　② 斥力，引力　③ クーロン，$F = k\dfrac{q_1 q_2}{r^2}$　④ 自由電子，負，正，静電誘導　⑤ $\vec{F} = q\vec{E}$　⑥ $E = k\dfrac{q}{r^2}$　⑦ $N = 4\pi k_0 q$ または $N = \dfrac{q}{\varepsilon_0}$，ガウス　⑧ $V = Ed$　⑨ $V = k\dfrac{q}{r}$　⑩ 表面，0

重要事項の解説

1 静 電 気

【静電気の性質】

電気的に中性な2つの物体を互いに摩擦すると,一方から他方に電子が移動し,2つの物体は電気を帯びて**帯電**する。帯電した物体に生じた電気を**静電気**という。

帯電している物体がもつ電気を電荷といい,**正電荷**と**負電荷**に分けられる。2つの電荷の間には**電気力**(**静電気力**)が働く。そのとき,次の性質を示す(図1)。

正と正,または負と負の電荷は互いに反発し合う(斥力)
正と負の電荷は互いに引き合う(引力)

電荷がもつ電気の量を**電気量**といい,単位には**クーロン**〔C〕を用いる。1Cとは,1アンペア〔A〕の電流が流れている導体の断面を1秒間に通過する電気量の大きさに等しい。すなわち,1C=1A×1sである。

摩擦等によって電荷の移動が起こっても,移動の前後で電気量の総和は常に変わらない。これを**電気量保存の法則**という。

回転できる絶縁体の台
図1

【クーロンの法則】

大きさが無視できるほど小さな点状の電荷を**点電荷**とよぶ。2つの点電荷の間に働く電気力はクーロンの法則で与えられる。

> **法則 クーロンの法則**
>
> 点電荷の電気量をそれぞれ q_1〔C〕, q_2〔C〕, 距離を r〔m〕とするとき,2つの点電荷の間に働く電気力 F〔N〕は次式で与えられる。
>
> $$F = k\frac{q_1 q_2}{r^2} \quad \cdots\cdots ① \quad 【q_1 と q_2 に比例し,r の 2 乗に反比例】$$

すなわち,2つの点電荷の間に働く電気力は,それぞれの電気量の積に比例し,距離の2乗に反比例する。ここで,比例定数 k は点電荷の周りの物質の種類で異なる。点電荷を真空中に置いた場合の比例定数を k_0 とすると,$k_0 = 9.0 \times 10^9 \text{ N·m}^2/\text{C}^2$ で与えられる。

【導体と絶縁体】

電気をよく通す物質を**導体**という。導体である金属の結晶では、金属原子の中に含まれる電子のいくつかが原子から離れて**自由電子**となり、結晶内を自由に動き回る（図2）。

電気をほとんど通さない物質を**絶縁体**という。絶縁体では、原子中の電子は簡単に原子から離れることができないので、自由電子は存在しない。**不導体**、または**誘電体**ともよぶ。

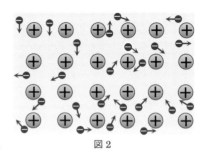

図2

電気の通しやすさが導体と絶縁体の中間程度の物質を**半導体**という。代表的な半導体として、ゲルマニウムやシリコンがあげられる。

【静電誘導と誘電分極】

図3のように帯電体を導体に近づけると、導体中の自由電子の移動によって、帯電体に近い側には帯電体と異種の電荷が現れ、遠い側には帯電体と同種の電荷が現れる。このような現象を導体の**静電誘導**とよぶ。

絶縁体のうち、分子に**極性**（電子の偏り）をもたない**無極性分子**を考える。図4のように無極性分子に帯電体を近づけると、個々の分子の内部で電子の分布に偏りが生じ、絶縁体の表面に正負の電荷が現れる。絶縁体に現れる静電誘導の現象を、特に**誘電分極**という。

静電誘導と誘電分極は現象としては、ともに帯電体に近い側には異種の電気、そして遠い側には同種の電気が現れる。しかし、そのメカニズムは違う点に注意したい。

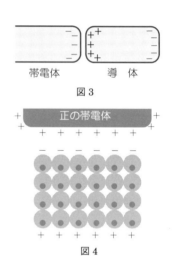

2 電　場

空間内に置いた物体に力が働くとき、空間に「場」が生じていると考える。電気力の場合、電荷が周りの空間に電気力を及ぼす性質をもつ場をつくり、その空間に他の電荷を置いたとき、その場から力を受けると考える。電気力を伝える場を**電場**（または**電界**）とよぶ。

電場は大きさと向きをもつベクトル（電場ベクトル）である。ある場所の電場の強さと向きは、その場所に置かれた1Cあたりの正の点電荷が受ける電気力の大きさと向きに等しい。この定義を式で表すと、次の関係式が得られる。

1 電気の性質（静電気と電場）

定義 電場

ある場所に電気量 q [C] の点電荷を置いたとき，点電荷に働く電気力のベクトル $\vec{F}$ [N] とその場所の電場ベクトル $\vec{E}$ の関係は，次式で与えられる。

$$\vec{F} = q\vec{E} \quad \cdots\cdots ② \quad 【電場と電気力の関係式】$$

図5に示すように，q が正の場合は電場と同じ向きに電気力を受けるが，q が負の場合は，電場と逆向きに電気力を受ける。②式より，電場の単位は，ニュートン毎クーロン [N/C] となる。

①式から，点電荷 q [C] から距離 r [m] だけ離れた点の電場の強さ E [N/C] を求めることができる。

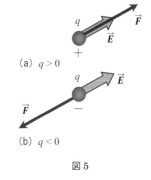

(a) $q > 0$

(b) $q < 0$

図5

〔点電荷のつくる電場の式〕

電気量 q [C] の点電荷が，距離 r [m] だけ離れた点につくる電場 E [N/C] は，次式で与えられる。

$$E = k\frac{q}{r^2} \quad \cdots\cdots ③ \quad 【+1Cの点電荷に働く電気力】$$

電場の向きは，q が正の場合は点電荷 q から遠ざかる向きになり，q が負の場合は点電荷 q に向かう向きになる（図6）。

点電荷が複数ある場合，ある点での電場ベクトル $\vec{E}$ は，個々の点電荷がその点につくる電場ベクトル $\vec{E_1}$, $\vec{E_2}$, $\vec{E_3}$, ……の和（ベクトルの合成）で与えられる。

$$\vec{E} = \vec{E_1} + \vec{E_2} + \vec{E_3} + \cdots\cdots$$

これを電場の重ね合わせという。

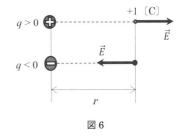

図6

【電気力線】

電場ベクトルに各点で接するように描いた曲線を電気力線という。電気力線を描くと電場の様子を理解しやすくなる。図7は，1個の点電荷のつくる電気力線の様子を示したものである。電気力線は次の性質をもつ。

① 電気力線上の各点での接線が，その点での電場ベクトルの方向を示す。
② 電場の強い場所では電気力線は密になり，電場の弱い場所では電気力線は疎になる。
③ 電気力線は，途中で発生したり消滅したりしない。

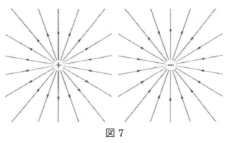

図7

④ 電気力線は，途中で折れ曲がったり，枝分かれしたり，交差したりしない。

図8に電気量の絶対値が等しい2個の点電荷のつくる電気力線を示す。

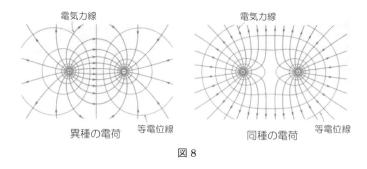

図8

【電場の強さと電気力線の本数】

電場の強さを電気力線の本数で表すことを考えよう。電場に垂直な面を考え，その面を貫く**単位面積あたりの電気力線の本数（電気力線の密度）**が，その場所での**電場の強さ**に等しいとする。

> **例題で確認** 真空中にある電気量 q [C] の正の点電荷から出る電気力線の本数 N は，$N=4\pi k_0 q$ で与えられることを示せ。

状況▶▶ 図9のように真空中で正の点電荷 q [C] を中心とする半径 r [m] の仮想的な球面を考え，球面上の電場の強さを E [N/C] とする。

展開▶▶ 電場の強さが電気力線の密度に等しいので，球面上を貫く電気力線は単位面積あたり E 本である。球の表面積は $4\pi r^2$ なので，$E=\dfrac{N}{4\pi r^2}$ が得られる。一方，③式より，$E=k_0\dfrac{q}{r^2}$ となる。以上の2式を比較する。

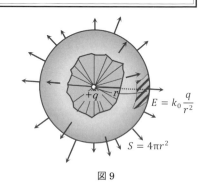

図9

> **例題から得られる結論**
>
> 真空中にある電気量 q [C] の正の点電荷から出る電気力線の本数 N は，次式で与えられる。
>
> $N=4\pi k_0 q$ ……④

q が負の場合は，点電荷に入ると読み替えればよい。④式は，1個の点電荷に限らず，点電荷が複数ある場合や電荷が連続的に分布している場合でも成立し，より一般化した式は**ガウスの法則**として知られる。

[発展1] ガウスの法則

任意の大きさの電荷 q [C] に対し，電荷を取り囲む任意の仮想的な閉曲面（ガウス面

という）を考える。ガウス面を多数の小さな面積要素 dA に分割する。面積要素を表すベクトル $\vec{dA}$ は，大きさが dA に等しく，方向が面に垂直で外向きとする。このとき，ガウス面上の面積要素を通過する電場ベクトル $\vec{E}$ [N/C] の面に垂直な成分は，$\vec{E}\cdot\vec{dA}$ で表される。したがって，ガウス面を通過する電気力線の本数 N は，

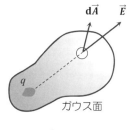

図 10

$$N = \oint \vec{E}\cdot\vec{dA} = \oint E_n dA$$

で与えられる。ここで，積分記号の中の「○」は，閉曲線また閉曲面についての積分であることを示す。E_n は面に垂直な電場の成分である。

法則 ガウスの法則

真空中にある任意の閉曲面を通過する電気力線の本数 N は，その閉曲面内部にある電気量 q [C] を ε_0 で割った値に等しい。

$$N = \oint \vec{E}\cdot\vec{dA} = \frac{q}{\varepsilon_0} \quad \cdots\cdots ⑤$$

ここで ε_0 は**真空の誘電率**とよばれ，クーロンの法則の比例定数 k_0 とは，$k_0 = \dfrac{1}{4\pi\varepsilon_0}$ の関係にある（第 2 節解説の **2** を参照）。もし，ガウス面の外に電荷がある場合，図11に示すように閉曲面に入る電気力線は必ず閉曲面から出て行くので互いに相殺される。したがって，ガウス面の内部にある電荷だけが重要となる。

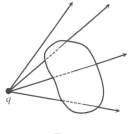

図 11

電荷の分布が高い対称性をもつ場合，ガウスの法則を使って簡単に電場を求めることができる。次にいくつかの例を見てみよう。

例題で確認 真空中に置いた一様な線電荷密度（単位長さあたりの電荷密度）λ [C/m] を持つ無限に長い直線電荷が，半径方向 r [m] の点につくる電場を求めよ。

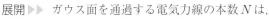

【神奈川県高校物理（2011年度）改】

状況 図12のようにガウス面として直線と同軸の半径 r，高さ h の円筒を考える。このとき**電荷の対称性**より，直線電荷のつくる電場は半径方向 r の関数となる。すなわち，円筒の側面のすべての点で，電場の強さは等しく，方向は放射状に面に垂直外向きになる。なお，円筒の上下の面を通過する電気力線は存在しないことに注意したい。

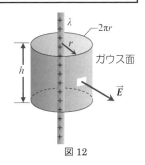

図 12

展開 ガウス面を通過する電気力線の本数 N は，

$$N = \oint \vec{E}\cdot\vec{dA} = E\oint dA = E(2\pi rh)$$

で与えられる。ここで，円筒の側面上では $\vec{E}$ と $\mathrm{d}\vec{A}$ の向きが平行なので，ベクトルは単に $E\mathrm{d}A$ に置き換えられ，さらに E が一定なので積分の外に出すことができる。また，積分は電気力線の通過する円筒の側面だけを計算すればよい。

一方，ガウス面の中に含まれる直線の電荷は $q=\lambda h$ で与えられる。ガウスの法則より，$E(2\pi rh)=\dfrac{\lambda h}{\varepsilon_0}$ となり，したがって，$E=\dfrac{\lambda}{2\pi\varepsilon_0 r}$ が得られる。

例題から得られる結論

真空中においた線電荷密度 λ[C/m]をもつ無限に長い直線が半径方向 r[m]の点につくる電場の強さ E[N/C]は，次式で与えられる。

$$E=\dfrac{\lambda}{2\pi\varepsilon_0 r} \quad \cdots\cdots \text{⑥} \quad 【E は r に反比例】$$

この例題では，太さの無視できる充分に細い理想的な直線を考えているが，半径 a の有限の太さをもつ直線でも，$r\geq a$ の外側の点につくる電場の強さは，同じ⑥式で与えられることに注意しよう。

例題で確認 真空中においた一様な面電荷密度（単位面積あたりの電荷密度）σ[C/m²]をもつ厚さの無視できる薄くて無限に広い金属平面がつくる電場を求めよ。

【島根県高校物理（2011年度）改】

状況▶▶ 図13のようにガウス面として，金属平面を垂直に貫く面積 A の端面をもつ閉じた円筒を考える。**電荷の対称性**より，無限に広い金属平面のつくる電場は，平面の両側方向に，平面に対して垂直にできる。また，円筒の側面を通過する電気力線はない。

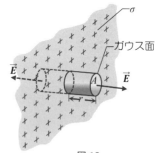

図 13

展開▶▶ ガウス面を通過する電気力線の本数 N は，

$$N=\oint\vec{E}\cdot\mathrm{d}\vec{A}=E\oint\mathrm{d}A=EA+EA$$

となる。ここで，積分は電気力線の通過する円筒の両端面だけで行う。他方，ガウス面内に含まれる金属平面の電荷は $q=\sigma A$ で与えられる。ガウスの法則より，$2EA=\dfrac{\sigma A}{\varepsilon_0}$ となり，したがって，$E=\dfrac{\sigma}{2\varepsilon_0}$ が得られる。

例題から得られる結論

真空中においた面電荷密度 σ[C/m²]をもつ薄くて無限に広い金属平面がつくる電場の強さ E[N/C]は，次式で与えられる。

$$E=\dfrac{\sigma}{2\varepsilon_0} \quad \cdots\cdots \text{⑦} \quad 【E は一定の値】$$

⑦式は，平面からの距離 r を含まない。すなわち，無限に広いという近似が成り立つ場合，平面から離れた任意の点で電場の強さは一定値をとる。

3 電　位
【電気力による位置エネルギー】

電気力は途中の経路によらない保存力であり，電気力による位置エネルギーを考えることができる。

電場の強さと向きが場所によらず一定である電場を**一様な電場**という。図14のように電場の強さ E [N/C] の一様な電場中で正の電荷 q [C] が点Aにあるとする。点Aから電場と同じ方向に距離 d [m] だけ離れた点Bを基準点とすると，点Aにある電荷 q は，電気力による位置エネルギー $U=qEd$ [J] をもつ。

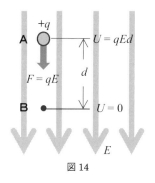

図14

【電位の定義と電位差と仕事の関係】

+1C あたりの電気力による位置エネルギーを**電位**という。

定義 電位

ある点に電荷 q [C] があるとき，その点における電位 V と電気力による位置エネルギー U [J] との関係式は，次のようになる。

$$V=\frac{U}{q} \quad \text{または，} \quad U=qV \quad \cdots\cdots ⑧ \quad \text{【電位と位置エネルギーの関係】}$$

⑧式より電位の単位は [J/C] となり，これを**ボルト** [V] とよぶ。2点間の電位の差を，**電位差**または**電圧**という。

次に電位差と仕事の関係を見てみよう。点Aでの電位を V_A [V]，点Bでの電位を V_B [V] とする。

電位差と外力がする仕事の関係

電気量 q [C] の電荷を，電気力に逆らう外力を加えながら，<u>点Bから点Aまでゆっくり動かすとき，外力がする仕事 W [J] は次式で与えられる</u>（図15(a)参照）。

$$W=q(V_A-V_B)=q\Delta V \quad \cdots\cdots ⑨$$

ここで，$\Delta V=V_A-V_B$ は<u>点Bに対する点Aの電位差</u>を表すが，単にその絶対値を2点AB間の電位差として使うことも多い。ここで，点Bを基準点として $V_B=0$ とおくと，V_A は次のようになる。

$$V_A=\frac{W}{q} \quad \text{【V_A は，}\underline{\text{基準点からA点まで外力が +1C にする仕事}}\text{】}$$

一方，電荷 q [C] を点Aから点Bまで運ぶ際に電気力のする仕事については次の関係が成り立つ。

第1章 電磁気学

> 電位差と電気力がする仕事の関係
> 　電荷 q [C] が点 A から点 B まで動くとき，電気力がする仕事 W [J] は，
> $$W = -q(V_B - V_A) \quad \cdots\cdots ⑩$$
> で与えられる（図15(b)参照）。

ここでも，点 B を基準点として $V_B = 0$ とおくと，

$$V_A = \frac{W}{q} \quad \text{【V_A は，A 点から基準点まで電気力が +1 C にする仕事】}$$

が得られる。なお，⑨式と⑩式は一様な電場に限らず，任意の電場の空間中の2点間の電位差に対して成り立つことに注意しよう。

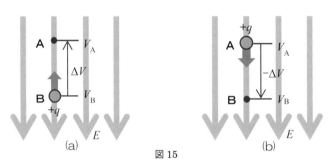

図 15

【一様な電場中での電位差と電場の強さの関係】

一様な電場における電位差と電場の強さ（+1 C に働く電気力）については，より明確な関係が成り立つ。一様でない電場については 発展2 で扱う。

> 〔電場と電位差の関係〕
> 　強さ E [N/C] の一様な電場中の2点間の距離を d [m] とすると，2点間の電位差 V [V] は，
> $$V = Ed \quad \text{または，} \quad E = \frac{V}{d} \quad \cdots\cdots ⑪$$
> で与えられる。

すなわち，電場の強さは電気力線に沿って単位長さだけ移動したときの電位差に等しい。図16のグラフにおいて，直線の傾きの絶対値が電場の強さを与える。⑪式から，電場の強さの単位はボルト毎メートル [V/m] となり，前述の [N/C] とともにこの単位も用いられる。

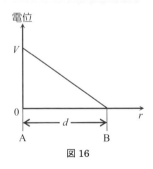

図 16

【等電位面】

電位の等しい点を連続的につなげた面を**等電位面**といい，その断面を表す曲線を**等電位線**という。図17に正の点電荷がつくる等電位線とその電位のグラフを示す。等電位線に沿って電荷を動かしても，$\Delta V = 0$ であり，電気力がする

仕事は0になる。したがって，**等電位線と電気力線は直交する**。等電位線は電気力による位置エネルギーの高低を示し，地図の等高線に対応する。正の電荷の周りは山，負の電荷の周りは谷になる。電気量の絶対値が等しい2つの点電荷がつくる等電位線は，図8に示されている。

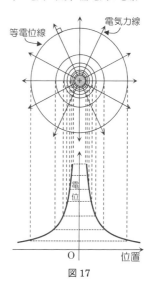

図17

発展2 　一様でない電場と電位差の関係

電場が一様でないときに，電場から電位差を求める一般式を見てみよう。

> **例題で確認** 　一様でない電場中の2点ABの電位差 $\Delta V[\mathrm{V}]$ が，
> $$\Delta V = V_\mathrm{B} - V_\mathrm{A} = -\int_\mathrm{A}^\mathrm{B} \vec{E} \cdot \mathrm{d}\vec{s}$$
> で与えられることを示せ。

状況▶▶ 図18に示すような任意の経路に沿って正の電荷 q が点Aから点Bまで移動する。経路中の微小区間 $\mathrm{d}s$ を考え，そのベクトルを $\mathrm{d}\vec{s}$ とする。

展開▶▶ 電荷が電気力 $\vec{F} = q\vec{E}$ を受けて距離 $\mathrm{d}\vec{s}$ だけ移動する間になされる仕事は，
$$\mathrm{d}W = \vec{F} \cdot \mathrm{d}\vec{s} = q\vec{E} \cdot \mathrm{d}\vec{s}$$

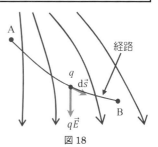

図18

で与えられる。電荷が点Aから点Bまで移動する間に電気力がする仕事 W は，$\mathrm{d}W$ をAからBまで積分して，
$$W = q\int_\mathrm{A}^\mathrm{B} \vec{E} \cdot \mathrm{d}\vec{s}$$

となる。このような経路に沿った積分を**線積分**とよぶ。⑩式より，W に－符号を付けて q で割ると，電位差 ΔV が得られる。

例題から得られる結論

電場中の点Aと点Bの電位差 $\Delta V[\mathrm{V}]$ は，次式で与えられる。
$$\Delta V = V_\mathrm{B} - V_\mathrm{A} = -\int_\mathrm{A}^\mathrm{B} \vec{E} \cdot \mathrm{d}\vec{s} \quad \cdots\cdots ⑫$$

なお，この積分の値は，途中の経路の取り方によらない。ここで，点Bを基準点として

$V_B=0$ とおくと，V_A は次のようになる。

$$V_A = \int_A^B \vec{E} \cdot d\vec{s} \quad \text{【}V_A \text{ は，点 A から基準点まで } \vec{E} \text{ の線積分】}$$

次に⑫式を使って，点電荷の周りの電位の式を求めてみよう。

例題で確認 点電荷 q [C] が距離 r [m] の点につくる電位 V [V] が，

$$V = k\frac{q}{r}$$

で与えられることを示せ。

状況▶▶ 図19のように正の点電荷から出る1本の電気力線に沿って，点 A から<u>無限遠にある基準点</u>まで電場 $E = k\dfrac{q}{r^2}$ [V/m] を線積分すると，それが点 A での電位 V を与える。

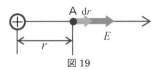

図19

展開▶▶ $\vec{E}$ と $d\vec{r}$ は同じ方向を向くので，$\vec{E}\cdot d\vec{s} = E dr = k\dfrac{q}{r^2}dr$ となる。r から ∞ まで積分すると，

$$V = \int_r^\infty \vec{E} \cdot d\vec{s} = \int_r^\infty k\frac{q}{r^2}dr = kq\int_r^\infty \frac{1}{r^2}dr = kq\left[-\frac{1}{r}\right]_r^\infty = kq\frac{1}{r}$$

が得られる。

例題から得られる結論

無限遠点を電位の基準にとり，電気量 q [C] の点電荷から距離 r [m] だけ離れた点での電位 V [V] は，次式で与えられる。

$$V = k\frac{q}{r} \quad \cdots\cdots ⑬$$

$q<0$ の場合は $V<0$，すなわち，負の電位となる。なお，無限遠を位置エネルギーの基準点にとることは，力学編「万有引力による位置エネルギー」ですでに触れている（『力学・熱力学・波動編』p.55 参照）。

4 導体の電場と電位

導体に電荷を与えると，電荷は電気力による位置エネルギーが低い場所に向かって移動する。移動が終わった安定な状態（**平衡状態**）では，次のような性質がある。

① 導体内部は等電位であり，電場は 0 である。
② 導体が帯電すると，電荷は導体の表面にだけ分布する。
③ 電気力線は導体表面に垂直に出入りする。

②と③の様子を図20に示す。太線が等電位線，細線が電気力線を表す。

導体の静電誘導は，上記①～③の性質によって

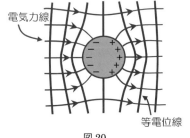

図20

起こる現象である。導体によって囲まれた部分に外部の電場の影響が及ばなくなる現象を**静電遮蔽**という。静電遮蔽の現象としては，導体の箱に入れた箔検電器に帯電体を近づけても箔は開かないことや鉄筋コンクリートの建物の中でラジオの電波が届きにくいなどがある。

Coffee Break 1　ファラデーの自然観

電磁誘導や，モーターの産みの親ファラデーの抱いていた自然観，また科学観とはどのようなものだったのでしょう。ファラデーの宗教観からさぐってみましょう。
ファラデーは祖父の代から一家をあげて熱心なキリスト教信者でした。しかもサンデマン派という特殊な教派に属していました。

「理性的であり，いかにすればその真実の意味が理解できるか。理解できたならばどのように行動すればよいか」

この「理念と実践の融合」が，サンデマン派の特徴でした。
サンデマン派は厳格で純粋な教義をもち，聖書を文字通りに読み，そこには余計な人為的な解釈を加えることを良しとしなかったのです。信仰がファラデーの性質，生活，そして研究に深い影響を及ぼし，この厳しい態度は，科学に対する姿勢にも大きな影響を与えたと思われます。
もちろん，ファラデー自身は科学と宗教とは別ものと考えていました。しかし，物理学に対する態度としては，自然現象の中にある「神の摂理」というようなものを常に念頭に置いていたようです。
ファラデーは，その後49歳の時にサンデマン派の「長老」となりますが，まさにこの時期に電磁誘導の発見がなされたのです。

「聖書に書かれた教義（真理）を人為的な解釈をせず，そのまま読むという態度で，自然を支配する法則をも読みこなす」

諸現象の背景には，神の意思に通じる自然の法則性という大きな流れが働いており，この「悠久の流れ」に近い自然観が，ファラデーの諸現象を見る前提になっていました。これは，「不必要な富を嫌い，現状の生活を良しとする」ファラデー自身の生活態度にも強く表れています。
この「現状の維持」→「自然は変化を嫌う」という自然観は，万物は流転するという東洋的な発想からは生まれません。

第1章 電磁気学

活用例題で学ぶ知識の活用

活用例題と実力錬成問題において「電場」と「電界」は，原文のまま使用する。

【活用例題1】　　　　　　　　　　広島県高校物理2011年度・抜粋（頻出・易）
　静電気に関して，次の(1)(2)に答えよ。
(1) 図は，負の帯電体をはく検電器の金属板に近づけたまま，指を金属板に触れている様子を模式的に示したものである。金属板に触れている指を離した後，帯電体を遠ざけると，はく検電器の金属板とはくの部分の帯電の様子，及びはくの状態はどのようになるか。図で表せ。

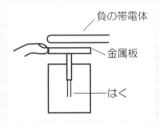

(2) はく検電器に負の電荷を与えると，はくは開いた状態になった。帯電体をこのはく検電器の金属板の上からゆっくりと近づけると，はくは閉じた。これに関して，次の①②に答えよ。
① 近づけた帯電体は正と負のどちらに帯電しているか。また，その解答を導いた考え方を簡潔に書け。
② さらに帯電体を近づけると，はくはどうなるか。自由電子の移動と関連付けて簡潔に説明せよ。

📖解説　次の3つの素過程から構成される。
【素過程1】導体の静電誘導　→　(1)，(2)
【素過程2】アースの考え方　→　(1)
【素過程3】クーロンの法則（力と距離の関係）　→　(2)
　はく検電器は静電誘導を利用した実験機器である。負の電荷をもつ電子の移動だけでなく，正の電荷の存在も仮定して考えるとわかりやすい。

☞解答への指針
(1) 手順の中で指を金属板に触れる動作は，アースを取ることに相当する。人体は導体であり，人体を介して金属板と大地の間で電荷がやり取りされる。その際，金属板にある正の電荷は帯電体との強い電気力が働いているので，金属板に残ることに注意したい。
　これらの手順は，帯電体と逆の電荷にはく検電器を帯電させる方法として知られている。

素過程への分解・分析
素過程1
導体の静電誘導
素過程2
アースの考え方

(2) ②正の帯電体を①の状態からさらに近づけると、クーロンの法則より、電気力はさらに強く働く。

| 素過程3
クーロンの法則（力と距離の関係）

【活用例題2】　　　　　　　　　　青森県高校物理2011年度・改題（頻出・普通）

図のように点 $(0, a)$ と点 $(0, -a)$ $(a>0)$ にそれぞれ、電気量が q, $-q$ $(q>0)$ の点電荷が固定されている。また、点 A, B, C の座標をそれぞれ $(a, 0)$, (a, a), $(0, -2a)$ とする。クーロンの法則の比例定数を k として、次の問いに答えよ。

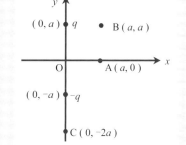

(1) 原点 O の電場の向きと大きさ E_0 を求めよ。
(2) 点 A の電場の向きと大きさ E_A を求めよ。
(3) 電位の基準を無限遠としたときの、点 B, C における電位 V_B, V_C を求めよ。
(4) y 軸上での電位のグラフの概形を実線で書け。
(5) 電気量 q の正電荷を点 B から点 C へゆっくり移動させるとき、外力がする仕事 W を求めよ。

📖 **解説** 複数個の点電荷のつくる電場と電位を求める問題であり、次の3つの素過程から構成される。
【素過程1】 点電荷のつくる電場　→　(1), (2)
【素過程2】 点電荷のつくる電位　→　(3), (4)
【素過程3】 電位差と仕事の関係　→　(5)

電場の大きさは、$+1$[C] が受ける力である。(1), (2) は原点や点 A に $+1$[C] を置き、働く電気力を求める。

☞ **解答への指針**
(1) 点電荷 q と $-q$ が原点 O につくる電場は、どちらも向きが y 軸負の方向で、大きさは $k\dfrac{q}{a^2}$。

(2) 右図で q が点 A につくる電場の向きは E_1 方向、$-q$ が点 A につくる電場の向きは E_2 方向となる。したがって、それらのベクトルを合成した E_A が点 A での電場の向きと大きさを与える。

(3) 電位はスカラー量なので、単に点電荷 q と $-q$ がそれぞれの点につくる電位を足し算するとよい。
(4) 原点 O で $V=0$ になることに注意する。
(5) BC 間の電位差と外力がする仕事 W の間には、$W=q(V_C-V_B)$ の関係式が成り立つ。

素過程への分解・分析
素過程1
点電荷のつくる電場

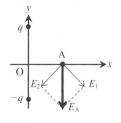

| 素過程2
点電荷のつくる電位 |
| 素過程2 |
| 素過程3 |

【活用例題3】　　　　　　　　　　　　　栃木県高校物理2012年度（頻出・易）

真空中に，図のような半径 a [m] の導体球Aがあり，$+Q$ [C] の電荷が与えられている。クーロンの法則の比例定数を k [N·m²/C²]，電位の基準を無限遠方とする。Aの中心からの距離を r [m] として，次の問いに答えよ。

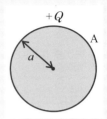

(1) $0<r<a$, $r>a$ のそれぞれの領域での電場の強さ E を求め，E を r の関数としてグラフの概形をかけ。

(2) $0<r<a$, $r>a$ のそれぞれの領域での電位 V を求め，V を r の関数としてグラフの概形をかけ。

📖 解説　導体球の内と外の電場と電位を求める問題であり，次の4つの素過程の理解が必要となる。

【素過程1】導体内部の電場と電位　→　(1), (2)
【素過程2】ガウスの法則　→　(1)
【素過程3】点電荷のつくる電場　→　(1)
【素過程4】点電荷のつくる電位　→　(2)

☞ 解答への指針

(1) 球の内部：導体に電荷を与えると，電荷は表面だけに分布し導体内部の電場は0になる。

球の外部：右図のように導体球と同心で a より大きい半径 r をもつ球面をガウス面とする。このとき，ガウスの法則は，

$$N = \oint \vec{E} \cdot d\vec{A} = 4\pi k Q$$

となる。ここで，ガウス面の中の電荷 Q は，導体球の半径に関係なく点電荷 Q で置き換えることができる。すなわち，導体球が球の外部につくる電場は，球の中心においた点電荷のつくる電場と同じになる。

(2) 球の内部：電場がない空間では，球の表面での電位と同じ値を取りながら一定になる。

球の外部：電場と同様に，導体球の中心においた点電荷のつくる電位と同じになる。

素過程への分解・分析
素過程1 導体内部の電場と電位
素過程2 ガウスの法則

素過程3 点電荷のつくる電場
素過程1 素過程4 点電荷のつくる電位

解答例

【活用例題1】
(1) 次頁の図　(2) ①正，考え方：負に帯電したはく検電器のはくが閉じるのは，正の帯電体を金属板に近づけたときに，はくの部分の負の電荷（自由電子）が金属板に移動して，は

くが電気的に中性になるから。②はくは再び開く，考え方：正の帯電体を①の状態からさらに近づけると，クーロンの法則より，電気力はさらに強く働く。結果として，電気的に中性なはくの部分の自由電子がさらに金属板に移動するので，はくの部分は正に帯電する。

【活用例題2】

(1) $E_O = \dfrac{2kq}{a^2}$，向きは y 軸負の向き

(2) $E_A = \dfrac{kq}{\sqrt{2}\,a}$，向きは y 軸負の向き

(3) $V_B = \dfrac{(5-\sqrt{5}\,)kq}{5a}$, $V_C = -\dfrac{2kq}{3a}$

(4) グラフは右図　(5) $W = \dfrac{(3\sqrt{5}-25)kq^2}{15a}$

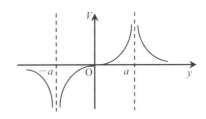

【活用例題3】

(1) $E = 0$ [N/C] $(0 < r < a)$, $E = k\dfrac{Q}{r^2}$ [N/C] $(r > a)$，グラフは図1

(2) $V = k\dfrac{Q}{a}$ [V] $(0 < r < a)$, $V = k\dfrac{Q}{r}$ [V] $(r > a)$，グラフは図2

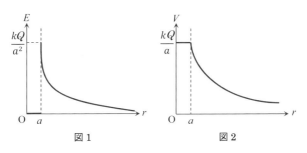

図1　図2

実力錬成問題

[1] 半径 r_0 の導体球 A に正電荷 Q を与えたところ，電荷は球の表面に一様に分布した。この導体球 A を，図 1 のように内半径 $2r_0$，外半径 $3r_0$ の帯電していない導体球殻 B で囲んだ。クーロンの法則の比例定数を k として次の問いに答えよ。

(1) 導体球殻 B の内側の表面にはどのような電荷が現れるか。
(2) 電場の強さはどのような状態になるか。縦軸に電場の強さ，横軸に導体球 A の中心 O からの距離をとり図示せよ。
(3) 導体球殻 B の外に出ている電気力線の本数を答えよ。

次に，導体球殻 B を図 2 のように接地した。

(4) 導体球殻 B の外表面にはどのような電荷が現れるか。
(5) 電場の強さはどのような状況になるか。縦軸に電場の強さ，横軸に導体球 A の中心 O からの距離をとり図示せよ。

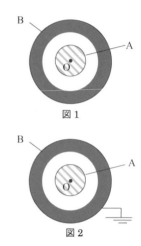

【岩手県高校物理（2011年度）改】

[2] 図のように，鉛直に 2 枚の極板を距離 d [m] の間隔で平行に置き，スイッチ S と起電力 V [V] の電池を接続した。極板間に，電気量 q [C] の正電荷（$q>0$）に帯電した小球を，長さ l [m] の絶縁性の糸で天井につるした。糸を天井に固定した位置は，極板の中央の真上であった。スイッチを入れ，小球を鉛直面内のある角度 θ で放すと，小球は静止した。ただし，極板は十分な大きさを持っていて極板間の電界は一様であると考えてよく，帯電した小球によって影響を受けないものとする。重力加速度の大きさは g [m/s^2] として次の問いに答えよ。

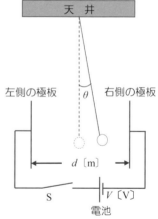

(1) 電極間の電界の強さ [V/m] を，V，d を使って答えよ。
(2) 小球に働く静電気力の大きさ [N] を，q，V，d を使って答えよ。
(3) 小球の質量 [kg] を，q，V，d，θ，g を使って答えよ。
(4) 小球の位置の電位 [V] を V，d，θ，l を使って答えよ。ただし，電位の基準 0 V を小球から離れた左側の極板とする。

【長野県高校理科選択問題（2011年度）】

③ 図のようにxy平面上の点$A(-r, 0)$に電気量q (>0)の点電荷を，点$B(r, 0)$に電気量$-2q$ (<0)の点電荷を固定する。クーロンの法則の比例定数をkとして次の問に答えよ。ただし，$r>0$である。

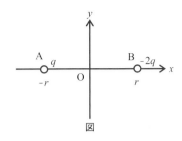

(1) xy平面上で点A，Bの電荷による電位が0となる位置がある。これはどのような位置か説明せよ。ただし，電位の基準は無限遠とする。

(2) xy平面上で点A，Bの電荷による電場が0となる位置がある。これはどのような位置か説明せよ。

(3) 更に無限遠から電気量$-q$ (<0)の別の点電荷を点$C(0, \sqrt{3}r)$まで運んで固定した。この点電荷を無限遠から点Cまで運ぶのに必要な仕事を求めよ。

【島根県高校物理（2010年度）抜粋】

|解法への指針|

① (1)【素過程（導体の静電誘導）】，(2)(5)【素過程（導体内部の電場は0，点電荷のつくる電場の式，ガウスの法則）】，(4)【素過程（アース）】（状況把握）(2)球殻Bの外側のガウス面を考えると，ガウス面の内部の正味の電荷はQとなる。(4)(5)アースをとると，球殻Bの外表面の正電荷のみが大地に流れる。

② (1)(4)【素過程（一様な電界中での電界と電位差の関係）】，(2)【素過程（電界と電気力の関係）】，(3)【素過程（力のつり合い）】（状況把握）極板間は一様な電界になる。(3)小球に働く力について，水平方向と垂直方向で力のつり合いの式を立てる。(4)小球は中心から$l\sin\theta$だけ右側の位置にある。求める電位は負の値になる。

③ (1)(3)【素過程（点電荷のつくる電位の式）】，(2)【素過程（点電荷のつくる電場の式）】，(3)【素過程（電位差と仕事の関係）】（状況把握）(1)任意の点$P(x, y)$における電位Vを求め，$V=0$とおく。(2)点Aと点Bがつくる電場ベクトルがつり合うには，それぞれのベクトルの大きさが同じで反対方向を向けばよい。したがって，x軸上の点に限定される。(3)点Cの電位をV_Cとすると，外力がする仕事は$W=-q(V_C-V_\infty)$で与えられる。

2 コンデンサー

キーワードチェック

□充電と放電　□電気容量　□平行板コンデンサー　□誘電率, 比誘電率
□静電エネルギー　□コンデンサーの並列接続　□コンデンサーの直列接続

ワンポイントチェック

① コンデンサーに電荷を蓄えることをコンデンサーの　□　といい, 発光ダイオード等につないで蓄えた電荷を消費することを, コンデンサーの　□　という。

② コンデンサーの電気容量の単位は　□　である。電気容量の値が　□　ほど, より多くの電荷を蓄えることができる。

③ 電気容量 C[F] のコンデンサーに電圧 V[V] をかけると, 蓄えられた電気量 q[C] は, 　□　で与えられる。

④ 平行板コンデンサーの極板間では, 　□　な電場ができる。一方, 極板の外側の電場の強さは　□　になる。

⑤ 真空中にある極板の面積が S[m²], 間隔が d[m] の平行板コンデンサーの電気容量 C[F] は, 真空の誘電率を ε_0 とすると, 　□　で与えられる。したがって, 平行板コンデンサーの電気容量を大きくするためには, 極板の面積を　□　, 極板の間隔を　□　するとよい。

⑥ 物質の誘電率を ε とすると, $\varepsilon = \varepsilon_r \varepsilon_0$ と表される。ε_r を　□　といい, 　□　よりも大きい値をとる。

⑦ 電気容量 C[F] のコンデンサーを V[V] で充電し, 電気量 q[C] を蓄えたとき, コンデンサーの静電エネルギー U[J] は, 　□　となる。

⑧ 電気容量 C_1[F] と C_2[F] のコンデンサーを並列につなぐと, 合成容量 C[F] は, 　□　で与えられる。

⑨ 電気容量 C_1[F] と C_2[F] のコンデンサーを直列につなぐと, 合成容量 C[F] の逆数は, 　□　で与えられる。

解答例　① 充電, 放電　② ファラド [F], 大きい　③ $q = CV$　④ 一様, 0　⑤ $C = \varepsilon_0 \dfrac{S}{d}$, 広く (大きく), せまく (小さく)　⑥ 比誘電率, 1　⑦ $U = \dfrac{1}{2} qV = \dfrac{1}{2} CV^2 = \dfrac{q^2}{2C}$　⑧ $C = C_1 + C_2$　⑨ $\dfrac{1}{C} = \dfrac{1}{C_1} + \dfrac{1}{C_2}$

重要事項の解説

1 コンデンサー

平行に置いた2枚の金属板（**極板**という）から構成される素子を，**コンデンサー**（または**キャパシター**）という。図1のようにコンデンサーに電圧 V [V] の電池をつなぐと，回路に電流が流れはじめ，極板Aに正電荷が，極板Bに負電荷が集まるが，まもなく，電流は流れなくなる。この状態から電池を外しても，正電荷 $+q$ [C] と等量異符号の負電荷 $-q$ [C] との間に働く引力により極板上の電荷は保持される。コンデンサーに電荷を蓄える過程を，コンデンサーの**充電**という。充電されたコンデンサーに発光ダイオード等をつなぐと，発光ダイオードはしばらく点灯し，やがて消える。この過程をコンデンサーの**放電**という。（注意：放電と電池との違いに注意したい。）

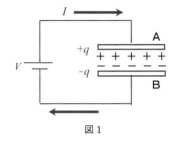

図1

コンデンサーは重要な電子部品であり，携帯電話やパソコン，家電製品の中の電子基板に多く使われている。

定義　コンデンサーの基本式

コンデンサーに蓄えることができる電気量 q [C] は，加える電圧 V [V] に比例する。

$$q = CV \quad \cdots\cdots ①$$

ここで，比例定数 C は**電気容量**といい，極板間を1Vの電位差で充電したときに蓄えられる電気量に等しい。電気容量が大きいコンデンサーほど，多くの電荷を蓄えることができる。①式より，電気容量の単位は [C/V] となり，これを**ファラド** [F] とよぶ。

通常，電子部品で使われるコンデンサーの電気容量は小さく，ピコファラド [pF] やマイクロファラド [μF] が使われる。ここで，$1\,\mathrm{pF} = 10^{-12}\,\mathrm{F}$，$1\,\mu\mathrm{F} = 10^{-6}\,\mathrm{F}$ である。最近では，1Fや10Fの巨大な電気容量をもつコンデンサーも開発され，小学校6学年「電気の利用」でも利用されている。

コンデンサーにある値を超える電圧をかけると，極板間で放電が起こり，極板間の絶縁性が破壊される。コンデンサーに加えることのできる最大電圧を，コンデンサーの**耐電圧**という。

2 平行板コンデンサーの電気容量

同じ形の2枚の平行な金属板からなるコンデンサーを**平行板コンデンサー**という。平行板コンデンサーの電気容量を与える式を求めよう。

第1章　電磁気学

> **例題で確認**　真空中においた極板の面積が S [m²]，極板の間隔が d [m] の平行板コンデンサーの電気容量 C_0 [F] が，
> $$C_0 = \varepsilon_0 \frac{S}{d}$$
> で与えられることを示せ。　　　【滋賀県高校物理（2010年度）改】

状況▶▶　図2のように平行板コンデンサーに電圧 V [V] を加えて，q [C] の電荷を蓄える。

展開▶▶　まず極板間の電場の強さを求める。d に対し S が十分に広いと見なせる場合，第1節の⑦式より，$+q$ に帯電した金属板がつくる電場は面に垂直外向きに一定に，$-q$ に帯電した金属板がつくる電場は面に垂直内向きに一定になる。それらを平行板コンデンサーの配置に置くと，極板間では，電場は同じ方向を向いて強め合い，金属板1枚のときと比べ，電場の強さは2倍になる。すなわち，平行板コンデンサーの極板間の電場の強さ E [N/C] は，

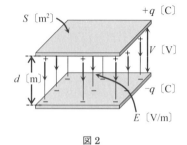

図2

$$E = \frac{\sigma}{2\varepsilon_0} \times 2 = \frac{q}{\varepsilon_0 S} \quad \text{【平行板コンデンサーの極板間 → 一様な電場】}$$

で与えられる。ここで，面電荷密度 σ [C/m²] に対して，$\sigma = \frac{q}{S}$ を代入している。一方，極板の外側では，電場の向きが逆になるので，打ち消し合って0になる。

次に，一様な電場中での電場の強さ E は，$E = \frac{V}{d}$ で与えられる。上で求めた E を代入し，式を整理すると，$q = \varepsilon_0 \frac{S}{d} V$ が得られる。この式を①式と比較する。

> **例題から得られる結論**
> 真空中においた極板の面積が S [m²]，極板の間隔が d [m] の平行板コンデンサーの電気容量 C_0 [F] は，次式で与えられる。
> $$C_0 = \varepsilon_0 \frac{S}{d} \quad \cdots\cdots ② \quad \text{【C_0 は，S に比例し d に反比例】}$$

平行板コンデンサーの**電気容量**は，極板の面積が広いほど，間隔が狭いほど大きくなる。②式の比例定数 ε_0 は，**真空の誘電率**とよばれ，$\varepsilon_0 = \frac{1}{4\pi k_0} = 8.85 \times 10^{-12}$ F/m で与えられる。

> **例題で確認**　極板間が誘電体で満たされた平行板コンデンサーの電気容量 C [F] が，
> $C = \varepsilon \frac{S}{d}$ で与えられることを示せ。

状況▶▶　極板の面積 S [m²]，間隔 d [m] の平行板コンデンサーに電荷 q [C] を与えた場合を考える。

展開▶▶ 極板間が真空のとき、極板間の電場の強さ E_0[N/C] は、$E_0 = \dfrac{q}{\varepsilon_0 S}$ で与えられる。極板間が誘電体で満たされると、図3のように誘電分極が生じ、誘電体の表面には電荷 q' が誘起され、誘電体内部の電場の強さ E は、E_0 よりも弱められる。すなわち、$E = \dfrac{q-q'}{\varepsilon_0 S}$ となる。極板間の電位差を V[V] とすると、$V=Ed$、$q=CV$ より、$C = \dfrac{q}{V} = \dfrac{q}{Ed} = \dfrac{\varepsilon_0 q}{q-q'} \dfrac{S}{d}$ となる。ここで、$\varepsilon = \dfrac{q}{q-q'}\varepsilon_0$ とおくと、次の結論が得られる。

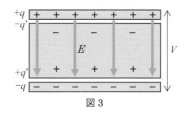

図3

例題から得られる結論

極板間が誘電体で満たされた極板の面積 S[m²]、間隔 d[m] の平行板コンデンサーの電気容量 C[F] は、次式で与えられる。

$$C = \varepsilon \dfrac{S}{d} \quad \cdots\cdots ③$$

ここで、ε を極板間を満たす物質の**誘電率**という。

物質の誘電率 ε を真空の誘電率 ε_0 で割った比 ε_r を、その物質の**比誘電率**とよぶ。すなわち、$\varepsilon_r = \dfrac{\varepsilon}{\varepsilon_0}$ である。$\varepsilon > \varepsilon_0$ であり、比誘電率 ε_r は1よりも大きい値をもつ（表1参照）。比誘電率 ε_r を使うと、C は、

$$C = \varepsilon_r C_0 \quad \cdots\cdots ④$$

と書き直すことができる。

表1 物質の比誘電率

物　質	ε_r
空気	1.0005
パラフィン	2.2
ボール紙	3.2
雲母	7.0
チタン酸バリウム	約5000

発展 様々なコンデンサーの電気容量（円筒形のコンデンサー）

極板間の電場が一様でない場合の電気容量を求めてみよう。

例題で確認 真空中において図4のような長さ l で内径 a、外径 b の2つの金属円筒からなる同軸円筒コンデンサーを考え、内側の円筒に電荷 $+q$、外側の円筒に電荷 $-q$ を与える。コンデンサーの電気容量 C を求めよ。　【宮城県高校物理（2010年度）抜粋】

状況▶▶ 2つの円筒間の間隔 $b-a$ よりも円筒の長さ l が十分に長いとする。円筒の中心軸からの距離を r とすると、電荷のつくる電場の強さ E は、

(1)：$r<a$ では、$E=0$ 　（→導体の内部の電場は **0**）

(2)：$a \leqq r < b$ では、$E = \dfrac{q}{2\pi\varepsilon_0 l r}$

　　　（→内側の円筒面の $+q$ がつくる電場に等しい）

(3)：$b \leqq r$ では、$E=0$ 　（→$+q$ がつくる電場と $-q$ がつくる電場が相殺して **0**）

となる。ここで、(2)の内側の円筒面の $+q$ がつくる電場の式は、第1節においてガウスの法

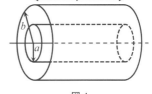

図4

則を使って導出した⑥式として与えられている。なお，⑥式の線電荷密度 λ に対し，$\lambda = \dfrac{q}{l}$ を代入している。

展開▶▶ 内側の円筒面での電位を V_a，外側の円筒面での電位を V_b とする。このとき，$V_a > V_b$ が成り立つ。2つの円筒間の電位差 V は，第1節の⑫式を使って b から a まで積分すると，

$$V = V_a - V_b = -\int_b^a E dr = -\dfrac{q}{2\pi\varepsilon_0 l}\int_b^a \dfrac{1}{r} dr = -\dfrac{q}{2\pi\varepsilon_0 l}\Big[\log r\Big]_b^a = \dfrac{q}{2\pi\varepsilon_0 l}\log\dfrac{b}{a}$$

となる。得られた V を $C = \dfrac{q}{V}$ に代入すると，同軸円筒コンデンサーの電気容量 C は，

$$C = \dfrac{2\pi\varepsilon_0 l}{\log\dfrac{b}{a}} \quad \text{【同軸円筒コンデンサーの電気容量の式】}$$

で与えられる。なお，ここで対数は e を底とする自然対数である。

3 静電エネルギー

充電されたコンデンサーは，発光ダイオードを光らせたり，モーターを回したり，仕事をすることができる。コンデンサーに蓄えられたエネルギーを，**静電エネルギー**とよぶ。

> **例題で確認** 電気容量 C [F] のコンデンサーを電圧 V [V] で充電し，電気量 q [C] を蓄えたとき，コンデンサーの静電エネルギー U [J] は，
>
> $$U = \dfrac{1}{2}qV = \dfrac{1}{2}CV^2 = \dfrac{q^2}{2C}$$
>
> で与えられることを示せ。

状況▶▶ 図5のように極板Bから極板Aまで電荷を少しずつ運ぶ仕事を考える。始めはほとんど仕事を要しないが，電荷がたまるにしたがい，AB間の電位差がだんだん強くなり，必要な仕事も大きくなる。いま，充電の途中で，極板Aに運び上げた電荷が q' [C]，AB間の電位差を V [V] とする。その状態からさらに微小な電荷 dq' を運び上げるという仕事を考える。

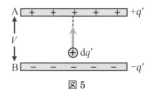

図5

展開▶▶ dq' を運ぶのに必要な仕事は，$dW = Vdq' = \dfrac{q'}{C}dq'$ で与えられる。極板Aに0から q までの電荷を運び上げるのに必要な仕事は，dW を積分して，

$$W = \int_0^q dW = \int_0^q \dfrac{q'}{C}dq' = \dfrac{1}{C}\left[\dfrac{q'^2}{2}\right]_0^q = \dfrac{q^2}{2C}$$

が得られる。さらに，$q = CV$ を使うと次の結論が得られる。

例題から得られる結論 電気容量 C[F]のコンデンサーを電圧 V[V]で充電し，電気量 q[C]を蓄えたとき，コンデンサーの静電エネルギー U[J]は，次式で与えられる。

$$U = \frac{1}{2}qV = \frac{1}{2}CV^2 = \frac{q^2}{2C} \quad \cdots\cdots ⑤ \quad 【係数に注意 → 前に \frac{1}{2} が付く】$$

次に，コンデンサーを電圧 V[V]の電池（電源装置）で充電するとき，電池のする仕事を考える。コンデンサーに蓄えられた電気量を q[C]とすると，充電完了までの間に，電池の内部で電気量 q が電位差 V の電池の−極から＋極に運ばれると考えることができる。したがって，電池がした仕事 W[J]は，

$\quad W = qV$ 【電池の仕事は静電エネルギーの2倍】

で与えられる。⑤式と比較すると，**電池がした仕事の半分がコンデンサーの静電エネルギーとして蓄えられる**。残りの半分は電池内部や導線でのジュール熱の発生等に使われる。

4 コンデンサーの接続

例題で確認 電気容量 C_1[F]，C_2[F]の2つのコンデンサーを並列接続したときの合成容量 C[F]を求めよ。

状況▶▶ 図6のように電圧 V[V]で充電すると，2つのコンデンサーの両端にも V がかかる。C_1，C_2 のコンデンサーに蓄えられる電気量を，それぞれ q_1[C]，q_2[C]とする。

展開▶▶ ①式より，$q_1 = C_1V$，$q_2 = C_2V$ となる。ここで，$q = q_1 + q_2$ とする。合成容量を C とすると，$q = CV$ が成り立つ。したがって，$CV = C_1V + C_2V$ から次の結論が得られる。

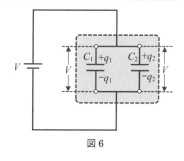

図6

例題から得られる結論（コンデンサーの並列接続）
　電気容量 C_1[F]，C_2[F]の2つのコンデンサーを並列接続したときの合成容量 C[F]は，次式で与えられる。

$\quad C = C_1 + C_2 \quad \cdots\cdots ⑥$ 【並列接続→加法則】

(a)2つのコンデンサーには同じ電圧がかかることと，(b)それぞれのコンデンサーに配分される電気量の比 $q_1 : q_2$ が電気容量の比 $C_1 : C_2$ になることを知っておくとよい。

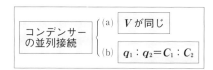

例題で確認 電気容量 C_1[F]，C_2[F]の2つのコンデンサーを直列接続したときの合成容量 C[F]を求めよ。

状況▶▶ 図7のようにコンデンサー全体に電圧 V[V]をかける。C_1，C_2 のコンデンサーに

かかる電圧をそれぞれ V_1, V_2, 蓄えられた電気量をそれぞれ q_1, q_2 とする。このとき，$V=V_1+V_2$ が成り立つ。

展開▶▶ V を加える前，2つのコンデンサーの電気量は0である。図の内側の破線で囲まれた部分について電気量保存の法則を適用すると，$-q_1+q_2=0$ になるので，$q_1=q_2$ が得られる。すなわち，直列に接続したコンデンサーでは，<u>同じ電気量の電荷が蓄えられる</u>。これを改めて q とおくと，V_1, V_2 は，$V_1=\dfrac{q}{C_1}$，$V_2=\dfrac{q}{C_2}$ で与

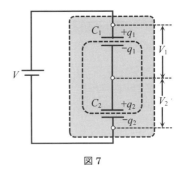

図7

えられる。合成容量を C とすると，$V=\dfrac{q}{C}$ となる。したがって，これらを $V=V_1+V_2$ に代入することで次の結論が得られる。

例題から得られる結論（コンデンサーの直列接続）

電気容量 $C_1[\mathrm{F}]$，$C_2[\mathrm{F}]$ の2つのコンデンサーを直列接続したときの合成容量 $C[\mathrm{F}]$ は，次式で与えられる。

$$\dfrac{1}{C}=\dfrac{1}{C_1}+\dfrac{1}{C_2} \quad \cdots\cdots ⑦ \quad 【直列接続 \to 逆数の加法則】$$

(a)2つのコンデンサーには同じ電気量の電荷が蓄えられることと，(b)それぞれのコンデンサーにかかる電圧の比 $V_1:V_2$ が電気容量の<u>逆比</u> $C_2:C_1$ になることを知っておくとよい。

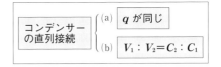

活用例題で学ぶ知識の活用

【活用例題1】　　　　　　　　　　　　　　山口県高校物理2010年度（頻出・やや難）
　真空中に2枚の正方形の金属板を置いて平行板コンデンサーを作った。金属板の一辺の長さをL，金属板の間隔をd，真空の誘電率をε_0とする。
　まず，コンデンサーに電圧Vの電源を接続した。
　次に，図のように，一辺の長さL，厚さd，誘電率εの誘電体を極板間にxだけ入れた状態で

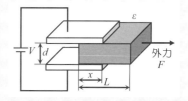

静止させるために，矢印の向きに大きさFの外力を加え続けた。次の(1)～(6)の問いに答えよ。
(1) このときのコンデンサーの電気容量Cを求めよ。
(2) このときのコンデンサーに蓄えられている静電エネルギーUを求めよ。
(3) 図の状態から，誘電体をさらにΔxだけ，極板間にゆっくりと一定の速度で挿入したとき，コンデンサーに蓄えられる静電エネルギーの変化ΔUを求めよ。
(4) (3)のとき，コンデンサーの電気量の変化ΔQを求めよ。
(5) (3)のとき電源のした仕事Wを求めよ。
(6) (3)のとき外力Fの大きさはいくらか。解答の過程を書いて求めよ。

📖 解説　次の4つの素過程から構成される。
【素過程1】コンデンサーの電気容量，並列接続　→　(1)，(4)
【素過程2】静電エネルギー　→　(2)，(3)
【素過程3】電源のする仕事　→　(5)
【素過程4】仕事と静電エネルギーの関係　→　(6)
　極板間の電圧（電源の電圧）一定の状態で誘電体を挿入する問題であり，電源のする仕事も関係する。この場合，<u>外力のする仕事は負になる</u>。

☞ 解答への指針
(1) コンデンサーを誘電体εの入った幅xのコンデンサーC_1と真空ε_0の幅$L-x$のコンデンサーC_2の並列接続と考える。
(3) $x+\Delta x$のときの静電エネルギーをU'とすると，$\Delta U=U'-U$となる。
(6) 外力のする負の仕事を$-F\Delta x$とおく。仕事とエネルギーの関係を図示する。図より，$W-F\Delta x=\Delta U$となる。
　ここで，$\dfrac{1}{2}W=\Delta U=F\Delta x$となることに注意（p.25参照）。

素過程への分解・分析
素過程1 電気容量，並列接続
素過程2 静電エネルギー
素過程4 仕事と静電エネルギーの関係

第1章 電磁気学

すなわち，電源のする仕事 W の半分は，誘電体を挿入する仕事に使われる。

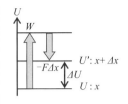

【活用例題2】　　　　　　　　　　岐阜県高校物理2012年度・改題（頻出・普通）

図で，C_1, C_2, C_3 は電気容量がそれぞれ C, $2C$, $3C$ のコンデンサー，V は電圧 V の電池，S はスイッチである。はじめ，C_1, C_2, C_3 のコンデンサーには，電気量が蓄えられていなかったものとする。

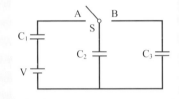

(1) スイッチ S を A 側に閉じた。コンデンサー C_2 の両端の電圧と蓄えられた電気量は，それぞれいくらか。

(2) 次に，スイッチ S を B 側に閉じた。コンデンサー C_3 の両端の電圧と蓄えられた電気量は，それぞれいくらか。

(3) さらに，スイッチ S を A 側に閉じた。コンデンサー C_2 の両端の電圧と電気量は，それぞれいくらか。

📖 解説　まず，3つの素過程を示しておこう。

【素過程1】コンデンサーの直列接続　→　(1), (3)
【素過程2】コンデンサーの並列接続　→　(2)
【素過程3】電気量保存の法則　→　(1)〜(3)

(2)では C_2 が，(3)では C_1 と C_2 があらかじめ電荷を持っていることに注意しながら電気量保存の法則の式を立てるのがポイントとなる。

☞ 解答への指針

(1) C_1 と C_2 は直列接続である。C_1, C_2 にかかる電圧を V_1, V_2 とする。参考図1（次頁の図）の破線部分で電気量保存の法則を適用すると，

$$-CV_1+2CV_2=0$$

となる。電圧の関係式は，$V_1+V_2=V$ であり，これらの連立方程式を解く。（直列接続の電圧の比の関係 $V_1:V_2=C_2:C_1$ を使うと，もっと簡単に解くことができる。）

(2) C_2, C_3 は並列接続であり，どちらも同じ電圧 V_3 になる。参考図2（次頁の図）の破線部分で電気量保存の法則を適用すると，

$$2CV_3+3CV_3=\frac{2}{3}CV$$

となる。右辺の項は，(1)の手順後に C_2 の上の極板にある電

素過程への分解・分析
素過程1　直列接続
素過程3
電気量保存の法則
素過程2　並列接続
素過程3
電気量保存の法則

気量である。

(3) C_1, C_2 にかかる電圧を V_1', V_2' とおく。電気量保存の法則は，

素過程1　直列接続
素過程3　電気量保存の法則

$$-CV_1' + 2CV_2' = -\frac{2}{3}CV + \frac{4}{15}CV$$

となる。右辺の第1項は，(1)の手順後 C_1 の下の極板にある電気量，第2項は，(2)の手順後 C_2 の上の極板にある電気量である。電圧の関係式 $V_1' + V_2' = V$ との連立方程式を解く。

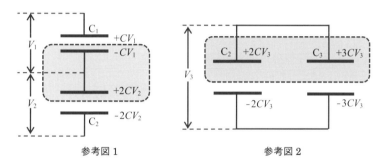

参考図1　　　　　参考図2

解答例

【活用例題1】

(1) $C = \dfrac{\{(\varepsilon - \varepsilon_0)x + \varepsilon_0 L\}L}{d}$　(2) $U = \dfrac{\{(\varepsilon - \varepsilon_0)x + \varepsilon_0 L\}LV^2}{2d}$　(3) $\Delta U = \dfrac{(\varepsilon - \varepsilon_0)LV^2}{2d}\Delta x$

(4) $\Delta Q = \dfrac{(\varepsilon - \varepsilon_0)LV}{d}\Delta x$　(5) $W = \dfrac{(\varepsilon - \varepsilon_0)LV^2}{d}\Delta x$

(6) $F = \dfrac{(\varepsilon - \varepsilon_0)LV^2}{2d}$，解答の過程は省略

【活用例題2】

(1) 電圧 $\dfrac{1}{3}V$，電気量 $\dfrac{2}{3}CV$　(2) 電圧 $\dfrac{2}{15}V$，電気量 $\dfrac{2}{5}CV$

(3) 電圧 $\dfrac{1}{5}V$，電気量 $\dfrac{2}{5}CV$

第1章　電磁気学

実力錬成問題

1 図のように $+Q$[C] の電荷をもつ半径 a[m] の導体球 A を，$-Q$[C] の電荷をもつ内径 b[m]，外径 c[m] の導体球殻 B で，A と B が同心になるように囲んだ。クーロンの法則の比例定数を k[N·m²/C²]，電位の基準を無限遠方とする。

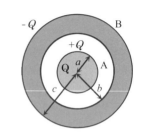

(1) 導体球 A の表面と導体球殻 B の内側の面の電位差を求めよ。

(2) A と B を一つのコンデンサーと考えた場合，このコンデンサーの電気容量は何 F になるか。

【栃木県高校物理（2012年）改】

2 空気中に，電気容量 C，極板の間隔 d の平行平板コンデンサーがスイッチ SW および電圧 V の電池につないである。真空の誘電率を ε_0，空気の比誘電率を 1 とする。

図1のように，スイッチ SW を閉じた状態で，電荷のない厚さ $\frac{1}{3}d$ の金属板を B との間隔を $\frac{1}{3}d$ に保って，B に平行に挿入した。

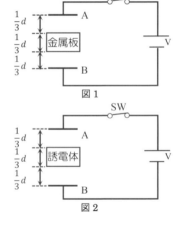

(1) 金属板と極板 A のすきまの電場の強さはいくらか。

(2) 金属板と B との電位差はいくらか。

(3) コンデンサーの電気容量はいくらか。

(4) 極板 A の電荷はいくらか。

次に，図2のように金属板を取り除き，誘電率 ε の誘電体を挿入した。ただし，誘電体の厚さ，挿入する位置は金属板と同じである。

(5) コンデンサーの極板 A の電荷はいくらか。

(6) (5)の状態からスイッチ SW を開き，その後で誘電体を引き抜いた。このときの極板 AB 間の電位差はいくらになるか。

【沖縄県高校物理（2012年）改】

3 真空中において，$+Q$[C] の電荷を持つ金属平板Ⅰと $-Q$[C] の電荷を持つ金属平板Ⅱを使って，面積 S[m²]，間隔 d[m] の平行板コンデンサーを作った。真空の誘電率を ε_0[F/m] として，次の問いに答えよ。ただし，金属平板Ⅰ，Ⅱは厚さが十分に薄いものとする。

(1) 図のように，コンデンサーの金属平板Ⅱをそれに垂直にゆっくり移動させ，極板の

間隔を Δd [m] だけ広げた。広げる前との静電エネルギーの差を求めよ。
(2) コンデンサーの金属平板間に働く引力の大きさを求めよ。

【大阪府高校物理（2010年）抜粋】

4 図は，内部抵抗の無視できる起電力 V [V] の電池 V，電気容量がそれぞれ C [F]，C_1 [F]，C_2 [F] のコンデンサー C，C_1，C_2 およびスイッチ S からなる回路である。今，スイッチ S を閉じて十分に時間が経過し，定常状態になった後，スイッチ S を開いた。そのとき，
(1) コンデンサー C の両端にかかる電圧はいくらか。
(2) コンデンサー C_2 に蓄えられている電気量はいくらか。

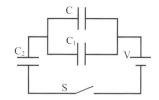

【群馬県高校物理（2010年）抜粋】

5 図のように，真空中に同形で薄い金属板 A，B，C が間隔 d で平行に置かれ，金属板 A と C は導線でつながれている。金属板 A，C にはそれぞれ電気量 $+Q$ の電荷が蓄えられており，金属板 B には電気量 $-2Q$ の電荷が蓄えられていた。金属板 B を A に向かって距離 x だけ移動させたとき，金属板 A に蓄えられている電気量はいくらか。ただし，Q は正とする。

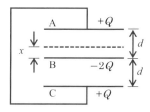

【神奈川県高校物理（2010年）改】

解法への指針

1 (1)【素過程（点電荷のつくる電位）】，(2)【素過程（コンデンサーの基本式）】

2 (1)(2)【素過程（一様な電場中での電場と電位差の関係）】，(3)(5)【素過程（電気容量）】，(4)〜(6)【素過程（コンデンサーの基本式）】（状況把握）(1)〜(4)金属板を挿入すると，間隔が $\frac{2}{3}d$ のコンデンサーと等価になる。(5)(6)誘電体を挿入すると，間隔 $\frac{2}{3}d$ の ε_0 のコンデンサーと間隔 $\frac{1}{3}d$ の ε のコンデンサーの直列接続になる。

3 (1)【素過程（静電エネルギー）】，(2)【素過程（仕事と静電エネルギーの関係）】（状況把握）(1) Q 一定で極板の間隔を広げる問題である。(2)極板間の引力と同じ大きさで反対向きの外力 F を加えながら間隔を広げる仕事を考える。初めの静電エネルギーを U，間隔を広げた後の静電エネルギーを U' とすると，外力のする正の仕事は，$F\Delta d = \Delta U = U' - U$ となる。

第1章 電磁気学

[4] (1)(2)【素過程（コンデンサーの並列接続と直列接続）】

[5]【素過程（並列接続，電気量保存の法則）】（**状況把握**）同じ電気容量のコンデンサーABとコンデンサーCBが，それぞれ $+Q$ の電荷を持って並列に接続されており，その状態から極板の間隔を変える問題に置き換えることができる。移動後も2つのコンデンサーには同じ電圧がかかる。

3 電流と電気回路

キーワードチェック

□電流　□オームの法則　□抵抗の直列接続・並列接続　□電流計・電圧計
□電池の起電力・内部抵抗　□キルヒホッフの法則　□ホイートストンブリッジ
□電力

ワンポイントチェック

① 導体の断面を5秒間に1Cの電荷が通過するときの電流の強さは □ である。電流の単位である[A]は □ を表す。

② 電気抵抗R[Ω]にかかる電圧をV[V], 流れる電流をI[A]とすると, オームの法則は □ と表される。

③ 長さL[m], 断面積S[m^2]の物質の抵抗率をρ[Ω·m]とすると, 抵抗R[Ω]は, □ で与えられる。

④ R_1[Ω]とR_2[Ω]の2つの抵抗を直列に接続したとき, 合成抵抗R[Ω]は □ となる。

⑤ R_1[Ω]とR_2[Ω]の2つの抵抗を並列に接続したとき, 合成抵抗R[Ω]の逆数は □ となる。

⑥ 電流計は回路の測りたい部分に □ に接続する。電流計の内部抵抗の値は □ 方がよい。

⑦ 抵抗にかかる電圧を測る場合, 抵抗に □ に電圧計を接続する。電圧計の内部抵抗の値は □ 方がよい。

⑧ 起電力E[V], 内部抵抗r[Ω]の電池をつないだ回路に電流I[A]が流れるとき, 電池の端子電圧V[V]は, □ と表される。

⑨ キルヒホッフの第1法則:回路中の任意の1点で, 流れ込む電流の総和は, □ の総和に等しい。

⑩ キルヒホッフの第2法則:任意の閉じた経路に沿った起電力の総和と, □ の総和は等しい。

⑪ 未知抵抗の抵抗値を精密に測定するとき, □ の回路が使われる。

⑫ 1Ωの抵抗に0.5Aの電流が流れるとき, その消費電力は □ になる。

解答例　① 0.2A, [C/s]　② $V=RI$　③ $R=\rho\dfrac{L}{S}$　④ $R=R_1+R_2$　⑤ $\dfrac{1}{R}=\dfrac{1}{R_1}+\dfrac{1}{R_2}$　⑥ 直列, 小さい　⑦ 並列, 大きい　⑧ $V=E-rI$　⑨ 流れ出る電流　⑩ 抵抗による電圧降下　⑪ ホイートストンブリッジ　⑫ 0.25W

第1章 電磁気学

重要事項の解説

1 電　流

電荷が導体中を移動するとき，電流が流れるという。電流の強さは，導体の断面を単位時間に通過する電気量の大きさで定義する。

定義 電流の定義

時間 Δt [s] の間に Δq [C] の電気量が通過したとき，電流の強さは，

$$I = \frac{\Delta q}{\Delta t} \quad \cdots\cdots ①$$

と表される。

電流が時々刻々と変化するとき，ある瞬間の電流の強さは，①式で $\Delta t \to 0$ の極限をとった次式で与えられる。

$$I = \lim_{\Delta t \to 0} \frac{\Delta q}{\Delta t} = \frac{dq}{dt}$$

電流の単位はアンペア [A] であり，1A=1C/s（クーロン毎秒）となる。また，**電流の向きは正の電荷が移動する向きとする。**

電流の担い手である電荷をもった粒子を**キャリア**とよぶ。金属では，自由電子がキャリアになる。導体中のキャリアの運動をモデル化して，電流の強さを導いてみよう。

> **例題で確認** 断面積 S [m²] の導体中に，電気量 $-e$ [C]（$e>0$）の自由電子が，**キャリア濃度**（単位体積あたりの個数）n [個/m³] で分布している。すべての自由電子が同じ速さ v [m/s] で等速度運動していると仮定すると，電流の強さ I [A] は，$I=enSv$ で与えられることを示せ。
> 【宮崎県高校物理（2011年度）】

状況▶▶ 電場がない状態では，導体中の自由電子はランダムに運動しており，時間平均をとると正味の移動は0になる。（→電流は0）

図1のように電圧を加えて導体内に電場が生じると，自由電子は電気力を受け加速度運動を始める。加速された自由電子は，短時間に熱振動している金属イオンと衝突をくり返す。結果として，自由電子

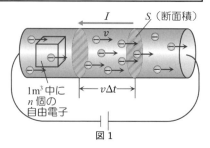

図1

は平均速度（**ドリフト速度**ともいう）v で電場と逆方向に等速度運動をしているとみなすことができる。

展開▶▶ 導体中の断面 S を時間 Δt の間に通過する自由電子は，図1において断面 S ではさまれた長さ $v\Delta t$ の円筒中に含まれている自由電子である。円筒の体積は $Sv\Delta t$ なので，円筒中に含まれる自由電子の個数は $nSv\Delta t$ となり，それらの電気量は $q=-enSv\Delta t$ で与えられ

る。電流の定義式①を使うと，次式が得られる。

> **例題から得られる結論**
>
> 断面積 S[m²] の導体中に，電気量 $-e$[C]（$e>0$）の自由電子が，キャリア濃度 n[個/m³] で分布し，速さ v[m/s] で等速度運動しているとき，導体を流れる電流の強さ I[A] は，次式で与えられる。
>
> $I = enSv$ ……②　【キャリアの運動と電流を結びつける式】

2 電気抵抗

【電気抵抗と電圧，電流の関係（オームの法則）】

導体の両端にかかる電圧 V[V] と流れる電流の強さ I[A] の間には，次の関係式が成り立つ。

> **法則　オームの法則**
>
> 電圧 V[V] は，流れる電流の強さ I[A] に比例する。
>
> $V = RI$ ……③　【V は I に比例。比例定数が R】

ここで，比例定数 R は，電流の流れにくさを示す量で<u>電気抵抗</u>（または単に<u>抵抗</u>）という。電気抵抗の単位として**オーム**[Ω] を使い，1Ω＝1V/A となる。

抵抗の原因は，熱振動する金属イオンや不純物等による原子配列の乱れによって，自由電子の運動が妨げられることに起因する。

実験では，電圧を調節しながら，電流計の値を読み取っていく。したがって，図2に示したように縦軸に電流 I，横軸に電圧 V のグラフを描く。抵抗が一定で変わらないとき，原点を通る直線が得られ，<u>直線の傾きの逆数が抵抗値 R を与える</u>。図2では，抵抗Aよりも抵抗Bの方が抵抗値は大きい。

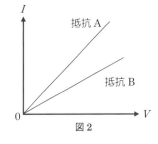

図2

③式はまた，抵抗 R[Ω] の導体に電流 I[A] が流れているとき，抵抗の両端に V[V] の電位差が生じることを示す。このとき，抵抗に電流が入る側の電位よりも，出て行く側の電位は RI[V] だけ低くなる。これを抵抗による**電圧降下**という。

【電気抵抗の性質（抵抗率と温度係数）】

電気抵抗は，物質の種類や長さ，断面積，温度によって異なる値をもつ。

> **公式　電気抵抗とサイズの関係**
>
> 同じ物質では，電気抵抗 R[Ω] は，長さ L[m] に比例し，断面積 S[m²] に反比例する。すなわち，次式が成り立つ。
>
> $R = \rho \dfrac{L}{S}$ ……④　【R は，L に比例し S に反比例】

比例定数 ρ〔Ω・m〕は**抵抗率**とよばれ，物質の種類によって異なる値をもつ（表1参照）。

導体の温度を上げると，金属イオンの熱振動が激しくなり，自由電子はより移動しにくくなるので，結果として，電気抵抗は増加する。純粋な金属では，抵抗率は温度に対してほぼ直線的に増加することが知られている。

表1　物質の抵抗率（0℃）

物　質	抵抗率〔Ω・m〕
銀	1.47×10^{-8}
銅	1.55×10^{-8}
アルミニウム	2.50×10^{-8}
ニクロム線	107.3×10^{-8}

公式　抵抗率の温度変化

0℃での抵抗率を ρ_0 とすると，セ氏温度 t〔℃〕での抵抗率 ρ は次式を満たす。
$$\rho = \rho_0(1+\alpha t) \quad \cdots\cdots ⑤ \quad 【\rho はtに対し直線的に増加】$$

ここで，α〔1/K〕を**抵抗率の温度係数**という。

3　抵抗の接続

例題で確認　2つの抵抗 R_1〔Ω〕，R_2〔Ω〕を直列に接続したときの合成抵抗 R〔Ω〕を求めよ。

状況▶▶ 図3の回路において電圧 V〔V〕を加えると，2つの抵抗には等しい電流 I〔A〕が流れる。抵抗 R_1, R_2 にかかる電圧をそれぞれ，V_1, V_2 とすると，$V=V_1+V_2$ の関係が成り立つ。
展開▶▶ オームの法則より，$V_1=R_1I$, $V_2=R_2I$ が得られる。

合成抵抗を R とすると，$V=RI$ となる。それぞれの式を $V=V_1+V_2$ に代入して整理する。

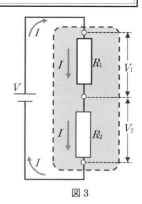

図3

例題から得られる結論

2つの抵抗 R_1〔Ω〕，R_2〔Ω〕を直列に接続したときの合成抵抗 R〔Ω〕は次式で与えられる。
$$R = R_1 + R_2 \quad \cdots\cdots ⑥ \quad 【直列接続→加法則】$$

抵抗の直列接続では，(a) **2つの抵抗には同じ電流が流れる**こと，(b) **それぞれの抵抗にかかる電圧の比 $V_1:V_2$ が抵抗の比 $R_1:R_2$ になる**ことを知っておくとよい。

例題で確認　2つの抵抗 R_1〔Ω〕，R_2〔Ω〕を並列に接続したときの合成抵抗 R〔Ω〕を求めよ。

状況▶▶ 図4の回路において電圧 V〔V〕の電池をつなぐと，2つの抵抗の両端にも同じ V がかかる。電池から流れる電流を I〔A〕とおく。抵抗 R_1, R_2 に流れる電流をそれぞれ，I_1〔A〕，I_2〔A〕とすると，$I=I_1+I_2$ の関係が成り立つ。

展開▶▶ オームの法則より，$I_1=\dfrac{V}{R_1}$, $I_2=\dfrac{V}{R_2}$ が得られる。合成抵抗を R とすると，

$I=\dfrac{V}{R}$ となる。それぞれの式を，$I=I_1+I_2$ に代入して整理する。

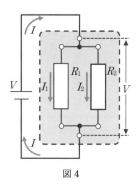

図4

例題から得られる結論

2つの抵抗 R_1〔Ω〕，R_2〔Ω〕を並列に接続したときの合成抵抗 R〔Ω〕は次式で与えられる。

$$\dfrac{1}{R}=\dfrac{1}{R_1}+\dfrac{1}{R_2} \quad \cdots\cdots ⑦$$

【並列接続→逆数の加法則】

抵抗の並列接続では，(a) 2つの抵抗には同じ電圧がかかること，(b) それぞれの抵抗を流れる電流の比 $I_1:I_2$ が抵抗の逆比 $R_2:R_1$ になることを知っておくとよい。

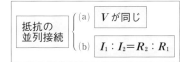

4 電流計と電圧計

【電流計の特徴】

電気回路を流れる電流を測定する場合，図5のように測定したい部分に**電流計**を直列に接続する。このとき，電流計は**内部抵抗**をもつため，電流計を入れることによって回路を流れる電流が変化する。通常の電流計の内部抵抗は十分に小さく，回路に与える影響は小さい。

電流計には測定レンジがあり，測定することができる電流の最大値が決まっている。**分流器**とよばれる抵抗を電流計に並列に接続すると，最大値を超える電流の測定が可能となる。具体的な例題で見ていこう。

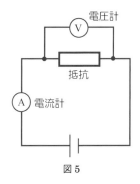

図5

例題で確認 内部抵抗 $1.0\,\Omega$ で $50\,\text{mA}$ まで測定できる電流計を用いて，$1.0\,\text{A}$ までの電流を測定したい。このときに必要な分流器の抵抗値 r〔Ω〕を求め，つなぎ方を図示せよ。

【滋賀県高校物理（2012年度）改】

状況▶▶ 図6のように測定したい部分に $1000\,\text{mA}$ の電流が流れるとする。その内の $50\,\text{mA}$ が電流計に流れ，残りの $950\,\text{mA}$ が分流器に流れるように r を選ぶとよい。

展開▶▶ 並列回路では，電流計と分流器にかかる電圧が等しいので，

$$1.0\,\Omega \times 50\,\text{mA} = r \times 950\,\text{mA}$$

が成り立つ。よって，分流器の抵抗値は $r=0.053\,\Omega$ となる。このように電流計に並列に分流器をつなぐと，測定することができる電流の最大値を広げることができる。

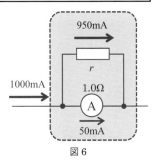

図6

第1章　電磁気学

【電圧計の特徴】
　電気回路の抵抗などにかかる電圧を測定する場合，図5のように電圧計を抵抗に並列に接続する。このとき，電流の一部が電圧計にも流れると，測定したい部分の電圧が変化してしまう。通常の電圧計の内部抵抗は十分に大きく，回路に与える影響は小さい。電流計を電圧計として使うこともできる。例題で見てみよう。

> **例題で確認**　内部抵抗 $1.0\,\Omega$ で $50\,\mathrm{mA}$ まで測定できる電流計を用いて，$3.0\,\mathrm{V}$ までの電圧を測定したい。このときに必要な抵抗値 $r\,[\Omega]$ を求め，つなぎ方を図示せよ。
> 【滋賀県高校物理（2012年度）改】

状況▶▶　図7のように電流計と抵抗を直列につないで，測定したい部分に並列に接続する。このとき，（電流計＋抵抗）に電圧 $3.0\,\mathrm{V}$ がかかって $50\,\mathrm{mA}$ が流れるように r を選ぶとよい。

展開▶▶　電流計と抵抗の合成抵抗は $(1.0+r)\,[\Omega]$ で与えられるので，オームの法則を適用すると，

$$3.0\,\mathrm{V}=(1.0+r)\,\Omega\times0.050\,\mathrm{A}$$

が成り立つ。したがって，抵抗値は $r=59\,\Omega$ となる。このように電流計に直列に抵抗をつなぐと，電圧計として使用できる。

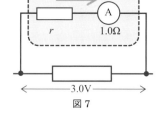
図7

　電圧計で測定できる電圧の最大値を広げるためには，**倍率器**とよばれる抵抗を電圧計に直列に接続し，測定したい部分の電圧の一部だけが電圧計に分配されるようにするとよい。

5　電池の起電力と内部抵抗

　電池は，電荷を電位の低い側から高い側へ運んで，外部に電流を流そうとする働き，すなわち**起電力**をもつ。電池の＋極と－極の間の電圧を，**端子電圧**とよぶ。電池の起電力は電流が0のときの端子電圧で与えられ，単位としてボルト $[\mathrm{V}]$ を使う。

　図8の回路を組み，すべり抵抗器で回路を流れる電流 $I\,[\mathrm{A}]$ を変えながら，電池の端子電圧 $V\,[\mathrm{V}]$ を測定する。回路に電流が流れると，電池の内部抵抗による電圧降下が電池の内部で生じる。その結果，電池の端子電圧が起電力よりも低下する。

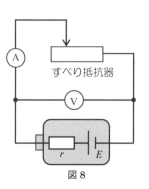
図8

> **公式**　電池の起電力と内部抵抗
> 　起電力 $E\,[\mathrm{V}]$，内部抵抗 $r\,[\Omega]$ の電池をつないだ回路に電流 $I\,[\mathrm{A}]$ が流れるとき，電池の端子電圧 $V\,[\mathrm{V}]$ は，次式で与えられる。
> $$V=E-rI \quad \cdots\cdots ⑧ \quad \text{【電池の起電力と端子電圧の関係】}$$

　⑧式をグラフにすると，図9のような直線で表される。このとき，グラフの V 軸の

切片が起電力 E に，直線の傾きの絶対値が内部抵抗 r の値になる。

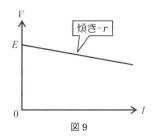
図9

6 キルヒホッフの法則

複雑な電気回路の各部分の電流や電圧を求める場合，キルヒホッフの法則を用いるとよい。例題を通して，その使い方を見ていこう。

> **例題で確認** 起電力が9.0 V，4.0 Vの電池 E_1，E_2 と，抵抗値が1.0 Ω，2.0 Ω，3.0 Ω の抵抗 R_1，R_2，R_3 を図10のように接続したときに，それぞれの抵抗を流れる電流の向きと大きさを求めよ。　　　　　　　　　【鹿児島県中高共通（2012年度）改】

状況▶▶ 図10に示したように抵抗 R_1，R_2，R_3 を流れる電流をそれぞれ I_1，I_2，I_3 とし，矢印の向きを正の向きと仮定する。

展開▶▶ 電気量保存の法則より，電流は回路の途中で勝手に湧き出したり，消滅したりしない。いま，点 c での電流を考えると，点 c に流れ込む電流は I_1+I_2，流れ出る電流は I_3 となる。流れ込む電流の和は流れ出る電流の和に等しいので，

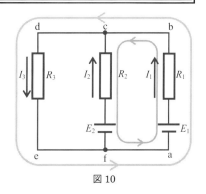
図10

　　$I_1+I_2=I_3$　→キルヒホッフの第1法則の式

の関係式が得られる。

次に，**経路 abcdefa に沿って一周する閉じた回路を考える。電池による電位の上昇と抵抗による電圧降下を経て，経路を一周すると元の電位に戻る。**これを式で表すと，次のようになる。

　　$E_1=R_1I_1+R_3I_3$　→キルヒホッフの第2法則の式

いま，未知数は I_1，I_2，I_3 の3つなので，独立した式がもう一つ必要となる。**経路 abcfa についても同様の式を立てる。**

　　$E_1-E_2=R_1I_1-R_2I_2$　→キルヒホッフの第2法則の式

ここで，経路 abcfa の向きと起電力 E_2 の向きが逆向きなので，負の起電力 $-E_2$ と考え，R_2 による電圧降下も I_2 が逆向きの電流になっているので，負の電圧降下 $-R_2I_2$ と考えることに注意したい。

以上の3つの式に問題文で与えられた起電力と抵抗の値を代入して，連立方程式を解くと，$I_1=3$A，$I_2=-1$A，$I_3=2$A が得られる。I_2 の負の値は，実際に流れる電流の向きが矢印と反対向きになることを示す。また，図を見ると，もう一つの**経路 fcdef** も考えることができる。上で与えた第2法則の2つの式のどちらか一方の代わりに経路 fcdef に沿った式を立

てもよい。

以上から，キルヒホッフの法則は次のようにまとめられる。

> [法則] キルヒホッフの法則
> 第1法則：回路中の任意の1点で，流れ込む電流の総和は，流れ出る電流の総和に等しい。　→【電流保存】
> 第2法則：任意の閉じた経路に沿った起電力の総和と，抵抗による電圧降下の総和は等しい。　→【オームの法則の拡張版】

7 ホイートストンブリッジ

未知の抵抗の抵抗値を測定する場合，**ホイートストンブリッジ**の回路が使われる。図11において，R_1, R_2 は抵抗値のわかっている抵抗，R_3 は可変抵抗，R_x を未知の抵抗とする。G は検流計（微小電流を測定する電流計）である。R_3 の値を変えると検流計に流れる電流も変化するが，検流計 G に電流が流れないように R_3 を調節する。このとき，R_1 を流れる電流 I_1 はそのまま R_3 に流れ，同様に R_2 を流れる電流 I_2 もそのまま R_x に流れる。また，検流計 G に電流が流れないときは点 A と点 B の電位が等しくなるので，各抵抗にかかる電圧の

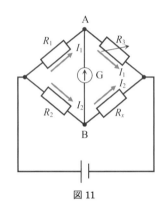

図 11

間に $R_1 I_1 : R_3 I_1 = R_2 I_2 : R_x I_2$ の比の関係が成り立つ。整理すると，次のようになる。

> [ホイートストンブリッジの関係式]
> 図11のホイートストンブリッジの回路において，検流計 G に電流が流れないとき，4つの抵抗の間には次の関係式が成り立つ。
> $$R_1 : R_3 = R_2 : R_x \quad \text{または} \quad \frac{R_1}{R_3} = \frac{R_2}{R_x} \quad \cdots\cdots ⑨$$

この式を使って未知の抵抗 R_x を求めることができる。ホイートストンブリッジの回路では，検流計に電流が流れないときを測定するので，検流計の内部抵抗の影響を受けずに未知の抵抗の抵抗値を精密に測定することができる。

8 電力とジュール熱

単位時間あたりに電源が供給する電気エネルギーを**電力**という。

> [定義] 電力の定義
> R [Ω] の抵抗に電圧 V [V] をかけて電流 I [A] が流れるとき，電力 P は，
> $$P = VI = RI^2 = \frac{V^2}{R} \quad \cdots\cdots ⑩$$
> となる。なお，オームの法則の③式を使って式変形している。

このエネルギーが抵抗でジュール熱に変わる。時間 t [s] の間に発生するジュール熱 Q [J] は，次式で与えられる。

$$Q = Pt = VIt \quad \cdots\cdots ⑪$$

⑪式より電力 P の単位は J/s となり，仕事率と同じ**ワット** [W] を使う。

Q [J] は時間 t [s] の間に<u>電源が供給するエネルギー</u>と見ることもできる。そのときの Q [J] を**電力量**とよぶ。日常生活では，1kW の電力を1時間使ったときの電力量を1kWh として，単位として**キロワット時** [kWh] を使う。

9 電気用図記号

電気回路の回路図は，表2に示した**電気用図記号**を使って作図する。現在の記号は平成10年度に改訂された学習指導要領に基づく教科書から使用されており，それ以前の教科書とは記号の形が違うので注意が必要である。教員採用試験（特に中学校理科）では，簡単な回路図を作図する問題が頻出しており，しっかり確認しておきたい。

表2　電気用図記号

注：電圧計や電流計で直流と交流の違いを表すときは，文字の下にさらに直流記号・交流記号を付け加える

第1章　電磁気学

活用例題で学ぶ知識の活用

【活用例題1】　　　　　　　　　　　　静岡県高校物理2012年度・抜粋（頻出・普通）

電池，内部抵抗 r_V [Ω] をもつ電圧計，内部抵抗 r_A [Ω] をもつ電流計を用いて回路をつくり，未知抵抗の抵抗値を求めたい。未知抵抗の真の抵抗値を R [Ω] として，次の問いに答えよ。

(1) 図1の回路において測定を行ったところ，電圧計，電流計の値はそれぞれ V_1 [V]，I_1 [A] であった。このときの V_1 を求めよ。

(2) V_1 と I_1 の比から得られる未知の抵抗の測定値 r_1 を求めよ。

(3) ここで抵抗の測定値を r としたときの誤差の割合を $\varepsilon = \dfrac{|r-R|}{R}$ とする。この場合の誤差の割合 ε_1 を求めよ。

次に，同じ電圧計と電流計を用いて図2の回路をつくったところ，電圧計，電流計の値はそれぞれ V_2 [V]，I_2 [A] であった。

(4) V_2 と I_2 の比から得られる未知の抵抗の測定値 r_2 を求めよ。

(5) この場合の誤差の割合 ε_2 を求めよ。

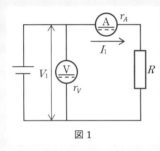
図1

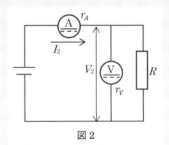
図2

📖解説　複雑に見える問題であっても，結局は次の2つの素過程に帰着する。

【素過程1】抵抗の直列接続と並列接続　→　(1), (2), (4)
【素過程2】電流計と電圧計の特徴と働き　→　(1)〜(5)

電圧計と電流計のつなぐ位置に由来する測定値に与える誤差の影響を調べる問題である。

☞ 解答への指針

(1) 直列に接続した r_A と R の合成抵抗に電流 I_1 が流れ，電圧 V_1 がかかると考える。

(4) 並列に接続した r_V と R の合成抵抗に電圧 V_2 がかかり，電流 I_2 が流れると考える。

求めた誤差の割合 ε_1 と ε_2 を見ると，図1の回路では電流

素過程への分解・分析
素過程1 抵抗の直列接続と並列接続
素過程2 電流計と電圧計の特徴と働き

計の内部抵抗が，図2の回路では電圧計の内部抵抗が，それぞれの測定値の誤差の原因となることがわかる。また，**電流計の内部抵抗の値を十分に小さくして，電圧計の内部抵抗の値を十分に大きくすると，それぞれの誤差の割合は0に近づく。**（←解説 **4** 参照）

【活用例題2】　　　　　　　　　　　　　　新潟県高校物理2012年度・改題（頻出・易）
　図1は，ある豆電球の電流─電圧特性を示したものであり，この豆電球を図2の回路図のように接続した。
(1) 回路を流れる電流をI，豆電球の両端の電圧をVとして，VとIの関係式をキルヒホッフの法則を用いて求めよ。
(2) IとVを求めよ。

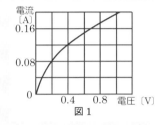
図1

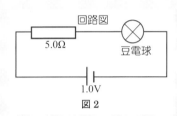
図2

📖解説　次の2つの素過程から構成される。
【素過程1】キルヒホッフの第2法則（オームの法則の拡張版）　→　(1)
【素過程2】非直線抵抗　→　(1), (2)

　豆電球にかかる電圧を上げていくと，フィラメントの温度の上昇と共に抵抗が増大するので，電流は電圧に比例しないで図1のような曲線になる。このような抵抗を**非直線抵抗**（非線形抵抗）という。非直線抵抗の問題のポイントは，グラフを使って問題を解くことである。（←グラフに電圧と電流の情報の全てが与えられている）

☞ 解答への指針
(1) 豆電球に流れる電流をI，またかかる電圧をVとして，回路に対してキルヒホッフの第2法則を適用する。
(2) (1)の解答で表される直線を図1に書き込む。直線とグラフの曲線の交点が，求めるIとVを与える。

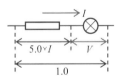

素過程への分解・分析
素過程1
キルヒホッフの第2法則
（オームの法則の拡張版）
素過程2
非直線抵抗の解法のポイント

【活用例題3】　　　　　　　　　　宮崎県高校物理2011年度・改題（頻出・易）

図のように，抵抗値がそれぞれ R_1[Ω]，R_2[Ω] の抵抗 R_1，R_2，電気容量 C[F] のコンデンサー C，スイッチ S をつないだ回路に，内部抵抗が無視できる起電力 E[V] の電池 E をつないだ。

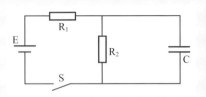

R_1 と R_2 を流れる電流の強さをそれぞれ I_1[A]，I_2[A] とする。

(1) スイッチ S を入れた瞬間の I_1 と I_2 をそれぞれ求めよ。
(2) 十分に時間が経過した後の I_1 と I_2 をそれぞれ求めよ。
(3) (2)のとき，C に蓄えられる電気量 q[C] はいくらか求めよ。

📖 **解説** 次の3つの素過程から構成される。

【素過程1】コンデンサーの充電開始直後と充電終了後の状態　→　(1), (2)
【素過程2】オームの法則，抵抗の直列接続　→　(1)〜(3)
【素過程3】コンデンサーの基本式　→　(3)

抵抗とコンデンサーを組み合わせた回路の問題である。充電開始直後と充電終了後のコンデンサーをどのように扱うかがポイントとなる。

👉 **解答への指針**

(1) 充電開始直後は，まだコンデンサーに電荷はたまっておらず，コンデンサーの両端の電圧は 0 である。すなわち，コンデンサーを導線に置き換え，その部分がショート（短絡）していると考える。（←ポイント）

(2) 充電終了後のコンデンサーには，電流が流れないので，単に R_1 と R_2 の直列回路になる。（←ポイント）

(3) C の両端の電圧は，R_2 にかかるに電圧に等しい。

コンデンサーの充電開始直後と充電終了後の状態を問う問題は頻出であり，

充電開始直後：コンデンサーを導線に置き換える
充電終了後：コンデンサーに電流は流れない

の扱いを確認しておきたい。

素過程への分解・分析
素過程1 コンデンサーの充電開始直後の状態
素過程1 コンデンサーの充電終了後の状態

解答例

【活用例題1】

(1) $V_1 = I_1(R + r_A)$[V]　(2) $r_1 = R + r_A$[Ω]　(3) $\varepsilon_1 = \dfrac{r_A}{R}$　(4) $r_2 = \dfrac{Rr_V}{R + r_V}$[Ω]

(5) $\varepsilon_2 = \dfrac{R}{R + r_V}$

【活用例題 2 】
(1) $1.0 = 5.0I + V$ (2) $I = 0.12\,\text{A}$, $V = 0.4\,\text{V}$

【活用例題 3 】
(1) $I_1 = \dfrac{E}{R_1}$ [A], $I_2 = 0\,\text{A}$ (2) $I_1 = I_2 = \dfrac{E}{R_1 + R_2}$ [A] (3) $q = \dfrac{R_2}{R_1 + R_2} CE$ [C]

第1章　電磁気学

実力錬成問題

1 2階建ての階段の照明は，階段の下のスイッチからでも上のスイッチからでも，自由に点灯・消灯ができる。このような回路を，電気用図記号を使って回路図に表せ。ただし，電球は一つで，電源は直流電源を使うものとする。

【長崎県中学理科（2012年度）】

2 3つの抵抗 R_1（30Ω），R_2（20Ω），R_3（8Ω）と 10 V の電池を図のように接続した。
(1) 3個の抵抗の合成抵抗はいくらか。
(2) R_3 を流れる電流はいくらか。
(3) AB 間の電圧はいくらか。
(4) R_1 を流れる電流はいくらか。

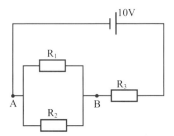

【愛媛県中学理科（2011年度）改】

3 抵抗値が R_1 の抵抗2つと R_2 の抵抗1つを図1や図2のようにつないだ。
(1) 図1のようにつないだとき，R_2 の抵抗の両端にかかる電圧が ab 間にかかる電圧の $\dfrac{1}{n}$ になるためには，R_2 をどのような値にすればよいか。
(2) 図2のようにつないだとき，R_2 の抵抗に流れる電流の大きさが電源から流れる電流の大きさの $\dfrac{1}{n}$ になるためには，R_2 をどのような値にすればよいか。

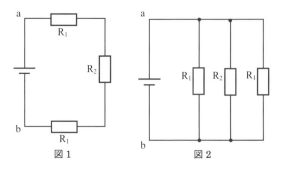

【佐賀県中学理科（2012年度）改】

4 図において，E は内部抵抗が無視できる起電力 $E=60$ V の電池，R_1，R_2，R_3 は抵抗値がそれぞれ $R_1=10$ Ω，$R_2=10$ Ω，$R_3=40$ Ω の抵抗，C_1，C_2 は容量が $C_1=C_2=2$ μF のコンデンサーである。スイッチ S_1，S_2 ははじめ開いており，コンデンサーははじめ充電されていないものとする。

最初にスイッチ S_1 のみを閉じ，十分に時間がたった。

(1) 回路に流れている電流 I を求めよ。
(2) コンデンサー C_1 の電荷 Q を求めよ。
(3) A 点と B 点の電位差は何ボルトか求め，またどちらの電位が高いかを答えよ。

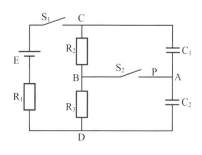

さらに，スイッチ S_1 を閉じたまま，スイッチ S_2 を閉じ，十分に時間がたった。

(4) このとき，図の P 点を通過した電気量の大きさと向きを求めよ。

【岩手県高校物理（2011年度）】

⑤ 100 V の電源につないだときの消費電力が 40 W と 60 W の白熱電球がある。ただし，電気抵抗の大きさは温度によって変化しないものとする。
(1) 40 W の白熱電球の電気抵抗の大きさを求めよ。
(2) 100 V の電源に 2 つの電球を直列につないだとき，明るいのはどちらか。理由も含めて書け。

【福島県中高理科共通問題（2011年度）】

⑥ 図のように，起電力 E，内部抵抗 r の電池に，外部抵抗 R をつないだ。
(1) この回路に流れる電流を求めよ。
(2) 外部抵抗 R での消費電力を求めよ。
(3) 外部抵抗 R の値を変化させて，外部抵抗での消費電力を最大にしたい。R の値をいくらにしたらよいか。またそのときの消費電力を求めよ。

【茨城県高校物理（2011年度）改】

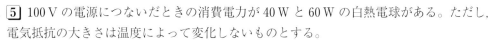

解法への指針

① 【素過程（電気用図記号）】（状況把握）階段の交差スイッチは，しばしば取り上げられる有名な回路であり，覚えておきたい。

② (1)〜(4)【素過程（抵抗の直列接続と並列接続）】

③ (1)【素過程（抵抗の直列接続）】，(2)【素過程（抵抗の並列接続）】（状況把握）(1) V_2 を求め，$\dfrac{V}{n}$ とおく。(2) I_2 を求め，$\dfrac{I}{n}$ とおく。

④ (1)〜(4)【素過程（抵抗の直列接続，コンデンサーの直列接続）】（状況把握）(4) S_2 を閉じると，AB 間は等電位になる。充電後もコンデンサー側に電流が流れないので，CB 間と

第 1 章　電磁気学

BD 間の電圧は S_2 を閉じる前の電圧と変わらない。

⑤ (1)(2)【素過程（電力）】，(2)【素過程（抵抗の直列接続）】（状況把握）(2)電球の明るさは，消費電力で決まる。中学校の理科教科書にも出てくる問題であり，生徒にもわかるように言葉で説明できるようにしておきたい。

⑥ (1)【素過程（電池の起電力と内部抵抗）】，(2)(3)【素過程（電力）】（状況把握）(3)電力の式の最大値を求める。R で微分し，0 とおく（極値問題）。

4 電流と磁場

キーワードチェック

□磁場 □右ねじの法則 □直線電流がつくる磁場 □ソレノイド内部の磁場
□フレミングの左手の法則 □磁束密度 □ローレンツ力

ワンポイントチェック

① 磁石が鉄片を引きつける力を [　　　] といい，磁石の両端の磁気力が最も強く働く部分を [　　　] という。方位磁針で北を向く磁極を [　　　]，南を向く磁極を [　　　] とする。

② ある点に置いた磁気量 m [Wb] の磁極に磁気力 $\vec{F}$ [N] が働くとき，その点の磁場 $\vec{H}$ [N/Wb] は [　　　] で与えられる。

③ 電流の向きと電流がつくる磁場の向きは，[　　　] の法則にしたがう。

④ 直線電流は，電流に垂直な平面上に [　　　] の磁場をつくる。このとき，電流 I [A] から距離 r [m] の点の磁場の強さ H [A/m] は，[　　　] で与えられる。

⑤ 1m あたりの巻数が n のソレノイドに電流 I [A] を流したとき，ソレノイド内部にできる [　　　] な磁場の強さ H [A/m] は，[　　　] となる。

⑥ 磁場中では，磁場に対して垂直な方向に流れる電流は力を受ける。このときの磁場，電流，力の方向は，[　　　] の法則にしたがう。すなわち，左手の親指，人差し指，中指を互いに直交するように立てたとき，中指の指す向きが [　　　]，人差し指の指す向きが [　　　]，親指の指す向きが [　　　] の各方向を与える。

⑦ 真空中における磁束密度 $\vec{B}$ [T] と磁場 $\vec{H}$ [A/m] の間の関係式は，真空の透磁率を μ_0 とすると，[　　　] で与えられる。

⑧ 磁束密度 $\vec{B}$ [T] 中を正の電荷 q [C] を持つ粒子が速度 $\vec{v}$ [m/s] で運動するとき，荷電粒子に働く力 $\vec{f}$ [N] は，[　　　] となる。この力を [　　　] という。

⑨ 一様な磁束密度 B [T] 中において，磁束密度に垂直な平面内に速さ v [m/s] で電気量 q [C] の粒子を入射すると，粒子は v と垂直方向にローレンツ力 [　　　] を受け，[　　　] を始める。

解答例　① 磁気力，磁極，N極，S極　② $\vec{H}=\dfrac{\vec{F}}{m}$　③ 右ねじ　④ 同心円状，$H=\dfrac{I}{2\pi r}$　⑤ 一様，$H=nI$　⑥ フレミングの左手，電流，磁場，力　⑦ $\vec{B}=\mu_0\vec{H}$　⑧ $\vec{f}=q\vec{v}\times\vec{B}$，ローレンツ力　⑨ qvB，等速円運動

重要事項の解説

1 磁　場

磁石が鉄片を引きつける力を**磁気力**という。磁気力がもっとも強い磁石の両端の部分を**磁極**とよぶ。方位磁針で北を示す磁極が**N極**，南を示す磁極が**S極**である。同種の磁極の間には斥力が働き，異種の磁極の間には引力が働く。磁極の強さを表す量を**磁気量**といい，単位に**ウェーバ**〔Wb〕を用いる。N極の磁気量を正，S極の磁気量を負とする。

2つの磁極の間に働く磁気力の大きさは，**磁気力に関するクーロンの法則**で表される。

法則 磁気力に関するクーロンの法則

図1のように磁気量が m_1〔Wb〕，m_2〔Wb〕の磁極が距離 r〔m〕だけ離れているとき，磁極の間に働く力の大きさ F〔N〕は，次式で与えられる。

$$F = k_m \frac{m_1 m_2}{r^2} \quad \cdots\cdots ①$$

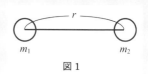

図1

ここで，比例定数 k_m は，真空中では次の値になる。

$$k_m = \frac{10^7}{(4\pi)^2} = 6.33 \times 10^4 \, \text{N} \cdot \text{m}^2/\text{Wb}^2$$

①式は，静電気のクーロンの法則と同じ形式になることに注意したい。

電荷が電場をつくるのと同様に，磁極はその周りに**磁場**（または**磁界**）をつくる。磁場の強さと向きは，磁気力を使って次のように定義する。ある場所の磁場の強さと向きは，その場所に磁石のN極を置いたときにそのN極が1Wbあたりに受ける力の大きさと向きに等しい。このとき，磁場と磁気力の間には次の関係式が得られる。

定義 磁場と磁気力の関係

磁場ベクトルが $\vec{H}$ である点に磁気量 m〔Wb〕の磁極を置いたとき，磁極に働く磁気力ベクトル $\vec{F}$〔N〕は，次式で与えられる。

$$\vec{F} = m\vec{H} \quad \cdots\cdots ②$$

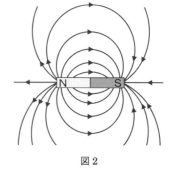

図2

②式より，磁場の単位は**ニュートン毎ウェーバ**〔N/Wb〕となる。

磁場の様子を表すのに**磁力線**が使われる。磁力線は，磁場中に置いた小磁針のN極が指す向きに小磁針を少しずつ動かしたときにできる曲線である。磁力線は磁石のN

極から出てS極に入り，磁力線の接線の方向がその点の磁場の方向を与える。また，磁力線が密な場所ほど磁場は強い。図2に棒磁石の周りにできる磁力線を示す。

2 電流がつくる磁場

図3のように，十分に長い直線状の導線に流れる電流（直線電流という）がつくる磁場は，導線に垂直な面に同心円状にできる。このときの磁場の向きは，右ねじの法則で与えられる。

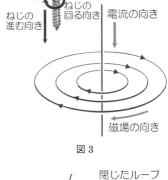
図3

法則 右ねじの法則（磁場の向きを定める法則）
　電流の向きに右ねじを進めるとき，磁場の向きはねじを回す向きになる。

一方，磁場の強さを与える式は，アンペールの法則を使って導くことができる。図4のように磁場が存在する空間に，任意のループ状の閉じた経路を考える。経路中の微小区間ベクトルを $\vec{ds}$，その点での磁場を $\vec{H}$ とし，$\vec{H}$ と $\vec{ds}$ の内積をとりながら，閉じたループに沿って線積分する。

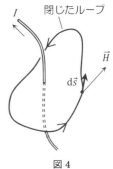
図4

法則 アンペールの法則（磁場の強さを定める法則）
　磁場の存在する空間において，閉じたループに沿って $\vec{H}$ と $\vec{ds}$ の内積を線積分した $\oint \vec{H} \cdot \vec{ds}$ は，ループの中を通る正味の電流 $I[\mathrm{A}]$ に等しい。

$$\oint \vec{H} \cdot \vec{ds} = I \quad \cdots\cdots ③$$

以下，アンペールの法則を使って，直線電流やソレノイドがつくる磁場の強さを求めよう。

【直線電流がつくる磁場】

例題で確認 強さ $I[\mathrm{A}]$ の直線電流から距離 $r[\mathrm{m}]$ の点にできる磁場の強さ $H[\mathrm{N/Wb}]$ を求めよ。

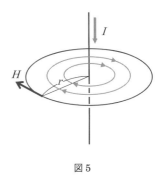
図5

状況▶▶ 図5のように導線に対して半径 r の同心円を閉じたループとする。ループ上の各点で，磁場は接線方向を向き，その強さは等しい。

展開▶▶ $\vec{H}$ と $\vec{ds}$ は同じ方向を向くので，$\vec{H} \cdot \vec{ds} = Hds$ となる。また，同心円上では H は一定なので積分の外に出すことができる。したがって，アンペールの法則は，

第1章 電磁気学

$$\oint \vec{H}\cdot d\vec{s} = H\oint ds = 2\pi rH = I$$

となる。これより，強さ I [A] の直線電流から距離 r [m] 離れた点にできる磁場の強さ H [N/Wb] は次のようになる。

例題から得られる結論 直線電流がつくる磁場

$$H = \frac{I}{2\pi r} \quad \cdots\cdots ④ \quad 【H は I に比例し，r に反比例】$$

このように，③式の左辺の積分が容易に計算できるとき，電流がつくる磁場の強さはアンペールの法則を使って簡単に求めることができる。なお，④式から，磁場の強さの単位は，アンペア毎メートル [A/m] でも表わすことができる。この単位もよく使われる。

【ソレノイドがつくる磁場】
　導線を円筒状に巻いたコイルを**ソレノイド**という。図6に示したように，ソレノイドに電流を流したときにできる磁場は，ソレノイド内部では，場所によらず強さも向きも一定の**一様な磁場**ができ，ソレノイド外部では，棒磁石と同じような磁場ができる。

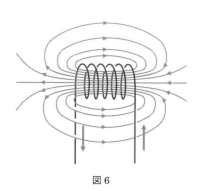

図6

例題で確認 ソレノイドの長さが半径に比べて十分に長く，導線を密に巻いた理想的なソレノイドを考える。1mあたりの巻数が n のソレノイドに電流 I [A] を流したとき，ソレノイド内部の磁場の強さ H [A/m] を求めよ。

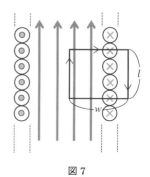

図7

状況▶▶ 図7のようにソレノイドの断面に対し，長さ l，幅 w の長方形を閉じたループとする。理想的なソレノイドでは，ソレノイドの外部に出るループ部分の磁場は0になる。なお，図中の⊙は電流が紙面に垂直に裏から表側に流れ，⊗は紙面に垂直に表から裏側に流れることを示す。

展開▶▶ ソレノイド内部のループで，一様な磁場は長方形の l 方向と同じ方向を向くが，w 方向とは垂直になる。また，ソレノイド外部の磁場は0なので，$\vec{H}\cdot d\vec{s}$ は内部の l の経路だけ考えればよい。したがって，アンペールの法則は，

$$\oint \vec{H}\cdot d\vec{s} = Hl = NI$$

となる。ここで，N [回] は長さが l のときのコイルの巻数であり，$N = nl$ が成り立つ。したがって，1mあたりの巻数が n のソレノイドに電流 I [A] を流したとき，ソレノイド内部の磁場の強さ H は次式で与

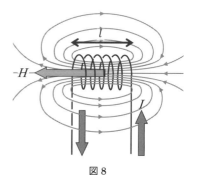

図8

えられる。

例題から得られる結論 ソレノイド内部の磁場
$$H = nI \quad \cdots\cdots ⑤ \quad 【一様な磁場】$$

このときも磁場の単位は，〔A/m〕で表わすことができる。

【円形電流がつくる磁場】

1回巻きの円形コイルに電流を流した（**円形電流**という）ときにできる磁場を図9に示す。このとき，電流の強さ I〔A〕，半径 r〔m〕の円形電流の中心での磁場の強さ H〔A/m〕は，次式で与えられる。

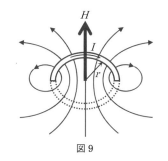

図9

公式 円形電流のつくる磁場
$$H = \frac{I}{2r} \quad \cdots\cdots ⑥$$
【1回巻きの円形電流による磁場】

N回巻きのコイルは N 倍の電流が流れるので，磁場の強さも N 倍になる。残念ながら，アンペールの法則を使って⑥式を導くことは不可能であり，より一般的な磁場を与えるビオ・サバールの法則が必要となる。これについては「第6節発展」で取り扱うことにする。

③ 電流が磁場から受ける力

図10のように，U字形磁石の磁極の間に導線をつり下げて電流を流すと，導線は磁石のつくる磁場から力を受ける。このときの電流，磁場および力の向きの関係は**フレミングの左手の法則**で示される。

左手の親指，人差し指，中指をそれぞれ直交するように立てたとき，次の対応関係が成り立つ。

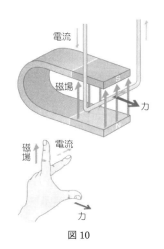

法則 フレミングの左手の法則（力の向きに関する法則）
- 中指の向き　　……電流の向き
- 人差し指の向き……磁場の向き
- 親指の向き　　……電流が受ける力の向き

図10

磁場は，磁場中においた磁極に働く力で定義した。ここで磁場中の電流に働く力を使って磁場と類似した量，**磁束密度** $\vec{B}$ を定義しよう。すなわち，電流の向きをもち，大きさが導線の長さ l〔m〕に等しいベクトル $\vec{l}$ を考え，磁束密度 $\vec{B}$ 中でこの導線に電流 I〔A〕を流したとき，長さ l の導線に働く力 $\vec{F}$〔N〕は次式で与えられる。

定義 磁束密度中の電流に働く力

$$\vec{F} = I\vec{l} \times \vec{B} \quad \cdots\cdots ⑦$$

→力の大きさ：$F = IBl\sin\theta$

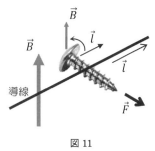

図11

ここで演算子「×」はベクトルの外積（ベクトル積）であり，「右ねじを使って，電流の方向である $\vec{l}$ から $\vec{B}$ の向きにねじを回すと，ねじの進む方向が $\vec{F}$ を与える」を表わす（図11）。⑦式より，磁束密度の単位は $[N/(A \cdot m)]$ となるが，これを**テスラ** $[T]$ とする。

$\vec{l}$ と $\vec{B}$ のなす角が θ のとき，力の大きさ F は，⑦式の絶対値をとると，$F = IBl\sin\theta$ となる。特に，$\theta = 90°$，すなわち電流と磁束密度が垂直のときは，$F = IBl$ となり，力の大きさ F は最大となる。この値が，フレミングの左手の法則のときの F の値である。

なお，真空中において，磁束密度 $\vec{B}$ は磁場 $\vec{H}$ との間には次の関係がある。

公式 磁束密度と磁場の関係

真空中における磁束密度 $\vec{B}$ は，磁場 $\vec{H}$ に比例する。

$$\vec{B} = \mu_0 \vec{H} \quad \cdots\cdots ⑧$$

ここで μ_0 は**真空の透磁率**とよばれ，$\mu_0 = 4\pi \times 10^{-7} \mathrm{N/A^2}$ の値をもつ。

4 平行電流間に働く力

図12のように，真空中で十分に長い2本の導線P，Qが $r[m]$ の距離で平行に置かれている。導線Pに電流 $I_1[A]$ を流すと，Pの周りに同心円状に磁場が生じる。導線Qの位置にできる磁場の強さ $H_1[A/m]$ は，④式（直線電流がつくる磁場）より，

$$H_1 = \frac{I_1}{2\pi r}$$

となる。導線Qに電流 $I_2[A]$ が流れていると，I_2 は磁場 H_1 から力 $\vec{F}$ を受ける。導線Qの長さ $l[m]$ の部分が受ける力の大きさ $F[N]$ は，$F = IBl$ に $B = \mu_0 H_1$ を代入して，

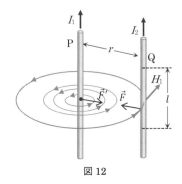

図12

$$F = \mu_0 I_2 H_1 l = \frac{\mu_0 I_1 I_2}{2\pi r} l \quad \cdots\cdots ⑨ \quad 【平行電流間に働く力】$$

となる。

同様に，導線Qのつくる磁場によって，導線Pの長さ l の部分が受ける力 $\vec{F'}$ も考えることができる。このとき，$\vec{F}$ と $\vec{F'}$ は大きさが等しく向きが反対になり，作用・反作用の関係になる。図のように I_1 と I_2 が同じ方向を向くとき，$\vec{F}$ と $\vec{F'}$ はお互いに引力

として働き，I_1 と I_2 が反対方向を向くときは斥力になる。

5 ローレンツ力

電流は荷電粒子の流れ（動き）であり，磁場の中で運動する荷電粒子が磁場から力を受けていると見ることができる。荷電粒子が磁場から受ける力を**ローレンツ力**という。

定義 ローレンツ力の定義

図13のように磁束密度 $\vec{B}$[T] 中を正の荷電粒子 q[C] が速度 $\vec{v}$[m/s] で運動するとき，荷電粒子に働く力 $\vec{f}$[N] は，

$$\vec{f} = q\vec{v} \times \vec{B} \quad \cdots\cdots ⑩$$

で与えられる（積はベクトル積を表す）。

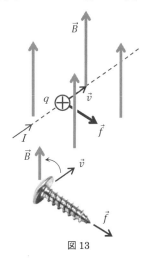

図13

$\vec{f}$ は，$\vec{v}$ と $\vec{B}$ がつくる平面に対して垂直な方向を向く。右ねじでは，図のように $\vec{v}$ から $\vec{B}$ にねじを回すと，ねじの進む方向が $\vec{f}$ の方向を与える。フレミングの左手の法則を使う場合，荷電粒子の運動を電流に戻して使うとよい。

$\vec{v}$ と $\vec{B}$ のなす角を θ とすると，力の大きさ f は，$f = qvB\sin\theta$ となる。特に，v と B が垂直なとき $f = qvB$ となり f は最大になる。また，負の荷電粒子のときは，$\vec{f} = -q\vec{v} \times \vec{B}$ となるので，$\vec{v}$ から $\vec{B}$ にねじを回すとき，$\vec{f}$ はねじの進む方向と逆方向に働く。

6 磁場中の荷電粒子の運動

例題で確認 真空中に一様な磁束密度 B[T] の磁場がある。質量 m[kg]，電気量 q[C] の正の荷電粒子を速さ v[m/s] で，この磁場に垂直に入射させると，荷電粒子は磁場に垂直な平面内で等速円運動をした。等速円運動の半径 r[m] と周期 T[s] を求めよ。　　　　　　　　　　　　　　　　　　　【高知県中高理科共通（2012年度）改】

状況▶▶ 磁場中を運動する荷電粒子には運動方向に垂直にローレンツ力 $f = qvB$[N] が働く。ローレンツ力によって荷電粒子は運動の方向を変えるが，f の方向は運動の方向に垂直なので，v は一定のまま，方向だけを変える。このとき，図14に示すように荷電粒子は，ローレンツ力が向心力となり，速さ v の等速円運動をする。

展開▶▶ 向心力はローレンツ力なので，

$$m\frac{v^2}{r} = qvB$$

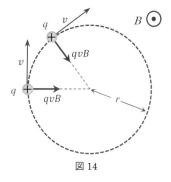

図14

が成り立つ。式を整理すると，半径 r が求まる。周期 T は，$T = \dfrac{2\pi r}{v}$ に代入する。

例題から得られる結論

荷電粒子は磁束密度 B に垂直な平面内で，次式で与えられる半径および周期で等速円運動をする。

半径：$r = \dfrac{mv}{qB}$ ……⑪

周期：$T = \dfrac{2\pi m}{qB}$ ……⑫ 【周期 T は，v と r によらない】

磁場中を円運動する荷電粒子の運動を利用した装置として，**質量分析器**や**サイクロトロン加速器**が挙げられる。

7 磁 化

磁石にくっついた鉄釘は，磁石になる。このように外からかけた磁場（**外部磁場**）によって物質が磁石になることを**磁化**という。

鉄，ニッケル，コバルトのように強い磁化が起こる物質を**強磁性体**という。強磁性体では，図15のように**磁区**とよばれる微小領域に分かれている。一つの磁区の中では N 極と S 極が決まっていて，小磁石になっているが，物質全体として見ると，磁区毎の NS の並びが相殺しあい磁化していない。そこに外部磁場がかかると，磁区毎の NS の並びが磁場の方向にそろい，

図15

物質全体として磁化が起こる。電磁石では強磁性体を芯材にすることにより，強い磁場をつくり出している。

強磁性体以外の物質は普通の磁石程度では反応しないが，強い外部磁場では磁化が起こる。磁化によって磁石に吸い寄せられる（引力が働く）物質を**常磁性体**といい，磁石と反発しあう（斥力が働く）物質を**反磁性体**という。

外部磁場 H[N/Wb] の場所に物質を置くと，物質中の磁束密度 B[T] は，H による磁束密度と物質の磁化による磁束密度の和になる。このとき，H と B の関係式は次のようになる。

公式 外部磁場中の物質の磁束密度

外部磁場 H[N/Wb] の場所に物質を置くと，物質中の磁束密度 B[T] は，
$$B = \mu H \quad \cdots\cdots ⑬$$
と表される。

表1 物質の比透磁率

物　質		μ_r
強磁性体	純鉄	最大18000
常磁性体	アルミニウム	1.000021
	酸素	1.00000191
反磁性体	銅	0.999990
	水	0.999991

比例定数 μ を**物質の透磁率**といい，真空の透磁率との比 $\mu_r = \dfrac{\mu}{\mu_0}$ を**比透磁率**という（表1参照）。

活用例題で学ぶ知識の活用

活用例題と実力錬成問題において「磁場」と「磁界」は，原文のまま使用する。

【活用例題1】　　　　　　　　　　長野県中学理科2011年度・抜粋（頻出・普通）

図のように，真空中で，十分長い直線の導線Lと長方形PQRSのコイルが並べて置かれている。導線Lには，AからBの向きにI_1 [A]，コイルにはI_2 [A]の電流が矢印の向きに流れている。コイルの辺PQの長さはa [m]，辺QRの長さはb [m]で，導線Lと辺PQは平行になっており，その間隔はr [m]である。真空の透磁率をμ_0 [N/A²]として，次の問いに答えよ。

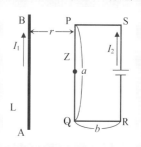

(1) コイルの辺PQ上の中点をZとする。
　① 電流I_1が点Zにつくる磁界の強さ [A/m] と，磁束密度の大きさ [N/(A·m)] を求めよ。
　② 電流I_1を3倍にし，導線Lとコイルの距離を$\dfrac{r}{2}$まで近づけたとき，電流I_1が点Zにつくる磁界の強さは，①で求めた点Zにつくる磁界の強さの何倍になるか求めよ。

(2) コイルの辺PQが電流I_1から受ける力の大きさ [N] を求めよ。また，力の向きを矢印で書け。矢印の始点は点Zとする。

(3) コイルが電流I_1，電流I_2から受ける力の合力の大きさ [N] を求めよ。

📖 **解説** 本例題は平行電流に働く力の応用問題であり，次の4つの素過程から成ることを見抜くことができればよい。

【素過程1】直線電流がつくる磁界　→　(1)①②
【素過程2】磁界と磁束密度の関係　→　(1)①
【素過程3】磁界中の電流に働く力　→　(2)，(3)
【素過程4】合力（ベクトルの合成）　→　(3)

コイルの4辺に力が働くが，それぞれの力の大きさと向きを見極めることがポイントになる。

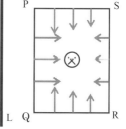

☞ **解答への指針**
(2) 磁界と電流の向きは垂直なので，$\theta = 90°$である。
(3) コイルに働く力は，図のようになる。そのとき，PS間とQR間の力は相殺し合う。したがって，求める合力は
　　　　（PQ間に働く力）−（SR間に働く力）
である。

素過程への分解・分析
素過程3
磁界中の電流に働く力
素過程4
ベクトルの合成

【活用例題2】　　　　　　　　　　　　茨城県高校物理2012年度・抜粋（頻出・普通）

図はサイクロトロンの概略図である。真空中に半径 R_0 の中空で薄い円柱の形の電極を直径に沿って半分に切り，2つの加速電極 D_1，D_2 をつくる。この2つの電極を距離 d だけ離して置く。ただし，d は R_0 に比べて十分小さいとする。この電極の半円の面に垂直に磁束密度 B_0 の一様な磁場を与え，D_1，D_2 に電圧の最大値が V_0 である高周波電源をつなぐ。簡単のために，重力や

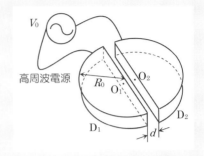

D_1，D_2 のすきまの部分での磁場の影響はないとする。また，荷電粒子がすきまを通過する間，D_1，D_2 内の高周波電源による電極間の電場は一様かつ均一であるとする。

D_1 が正極，D_2 が負極で，電圧が最大になった瞬間に D_1 の半円の中心部 O_1 に質量 m，電荷 $q(>0)$ の荷電粒子を初速度0で置いたところ，電場の影響を受け，D_2 の半円の中心部 O_2 に向かって加速が始まった。

(1) 運動を始めた直後の荷電粒子の加速度の大きさを求めよ。
(2) D_2 に入る直前の荷電粒子の速さを求めよ。

その後，荷電粒子は D_2 内で等速円運動をし，D_2 から出る。

(3) 等速円運動の半径を求めよ。
(4) この装置がサイクロトロンとして稼働するための，高周波電源の周波数を求めよ。

高周波電源が(4)の条件を満たせば，荷電粒子が D_2 を出る瞬間に，電圧が逆向きに最大になっているので，荷電粒子は加速され D_1 に入り，等速円運動をする。これを繰り返すことにより荷電粒子はどんどん加速され，描く円軌道の半径はしだいに大きくなる。

(5) 上の原理だけだとサイクロトロンは R_0 さえ大きくすれば，いくらでも加速できることになる。しかし，実際は大きさには限界がある。その理由の一つは大きな範囲での一様な磁場をつくることが難しいこともある。しかし，それを克服したとしても原理的に加速できなくなることがわかっている。その理由は1905年に出された論文が関係している。加速できない理由を理論名と学者名も含めて説明せよ。

📖 **解説** 磁場中の荷電粒子の運動に関する問題であり，次の4つの素過程から構成されている。

【素過程1】電荷が電場から受ける力　→　(1)
【素過程2】電位差と電気力による位置エネルギーの関係　→　(2)
【素過程3】ローレンツ力，等速円運動と向心力　→　(3), (4)
【素過程4】特殊相対性理論　→　(5)

本例題を通して，サイクロトロン加速器の原理に関する基礎・基本をマスターしよう。

☞ 解答への指針

(1) 電場 E の中で荷電粒子に働く電気力 F は，$F=qE=\dfrac{qV_0}{d}$ である。

(2) 始めに荷電粒子がもつ電気力による位置エネルギーは qV_0 であり，これが運動エネルギーに変わる。

(3) ローレンツ力 qvB_0 が，等速円運動の向心力 $m\dfrac{v^2}{r}$ になる。

(4) 等速円運動の半周期毎に，D_1，D_2 の極性が反転すればよい。すなわち，高周波電源の周波数と等速円運動の回転数の一致が条件になる。回転数 f は，$f=\dfrac{1}{T}=\dfrac{v}{2\pi r}$ で与えられる。

(5) アインシュタインの特殊相対性理論によると，荷電粒子の速さが光速に近づくと，荷電粒子の質量は大きくなる。

素過程への分解・分析
素過程1 電荷が電場から受ける力
素過程2 電位差と位置エネルギー
素過程3 ローレンツ力，等速円運動と向心力
素過程4 特殊相対性理論

【活用例題3】 富山県高校物理2012年度（頻出・普通）

図のように x, y, z 軸をとり，幅 w，高さ h の長方形の断面を持つ直方体の不純物半導体に図の向き（y 軸正）に電流を流す。このとき不純物半導体には単位体積あたり n 個のキャリアがあり，速さ v で移動している。キャリア1個のもつ電気量の大きさは q であり，その正負はわからない。

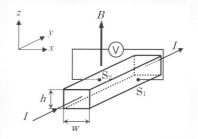

(1) 不純物半導体中を流れている電流の大きさ I を求めよ。

次に，この直方体に z 軸正の向きに磁束密度 B の磁場（磁界）をかけた。すると，y-z 平面に平行な面 S_1，S_2 間に電位差が生じた。

(2) キャリアが磁場から受ける力の大きさと向きを答えよ。

(3) キャリアは S_1，S_2 間に生じた一様な電場（電界）から受ける力と(2)の磁場から受ける力がつり合いながら移動し続ける。S_1，S_2 間に生じた電場の大きさ E を求めよ。

(4) n を q，h，B，I と S_1，S_2 間の電位差 V を用いて表せ。

(5) このキャリアが正孔（ホール）か電子かを確認する方法を説明せよ。

📖 解説
まず，本例題を構成する4つの素過程を示しておこう。

【素過程1】キャリアの運動と電流をむすぶ式 → (1)
【素過程2】ローレンツ力 → (2), (3)
【素過程3】電荷が電場から受ける力 → (3)
【素過程4】一様な電場と電位差の関係 → (4)

第1章　電磁気学

　半導体や金属に電流を流しながら磁場をかけると，それらに垂直な方向に電位差が生じる現象を**ホール効果**という。ホール効果は，磁束密度を測定する磁束計に利用されている。半導体には，負のキャリア（電子）をもつ**N型半導体**と正のキャリア（正孔，またはホール）をもつ**P型半導体**がある。

☞ 解答への指針

(1) 第3節 $\boxed{1}$ を参照のこと。
(2) キャリアにローレンツ力が働く。このとき，正のキャリアと負のキャリアの運動方向は逆なので，ローレンツ力はどちらも x 軸の正の方向を向くことに注意。
(3) まず，負のキャリアと仮定する。ローレンツ力によって S_1 に負のキャリアが集まると，S_2 は正に帯電する。その結果，S_2 から S_1（x 軸の正の方向）に向かって一様な電場 E が生じるので，負のキャリアは電場と反対方向（x 軸の負の方向）に電気力 qE を受ける。このときローレンツ力と電気力がつり合い，負のキャリアは直進（等速度運動）するようになる。
(4) 電位差は $V=Ew$ で与えられる。(3)と(1)で求めた結果を使う。
(5) S_1, S_2 間の電位差 V が，どちら側が高電位かで決まる。

素過程への分解・分析
素過程1 キャリアの運動と電流
素過程2 ローレンツ力
素過程3 電荷が電場から受ける力
素過程4 一様な電場と電位差の関係

解答例

【活用例題1】

(1) ① 磁界の強さ $\dfrac{I_1}{2\pi r}$ [A/m]，

磁束密度の大きさ $\dfrac{\mu_0 I_1}{2\pi r}$ [N/(A·m)]

② 6倍

(2) 力の大きさ $\dfrac{\mu_0 I_1 I_2 a}{2\pi r}$ [N]，力の向きは右図

(3) $\dfrac{\mu_0 I_1 I_2 ab}{2\pi r(r+b)}$ [N]

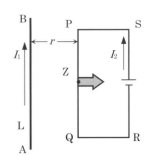

【活用例題2】

(1) $\dfrac{qV_0}{md}$　(2) $\sqrt{\dfrac{2qV_0}{m}}$　(3) $\dfrac{1}{B_0}\sqrt{\dfrac{2mV_0}{q}}$　(4) $\dfrac{qB_0}{2\pi m}$

(5) アインシュタインの特殊相対性理論によれば，荷電粒子の速さが光速に近づくほど，荷電粒子の質量は大きくなる。その結果，円運動の周期が変化してしまう。

4 電流と磁場

【活用例題3】

(1) $I = qnvhw$ (2) 大きさ：qvB，向き：x 軸の正の向き (3) $E = vB$ (4) $n = \dfrac{IB}{qVh}$

(5) 電圧計を使って S_1 と S_2 のどちらの面が高電位か調べるとよい。そのとき，S_1 側が高電位のときのキャリアは正孔，S_2 側が高電位のときのキャリアは電子となる。

Coffee Break 2　心眼をもったファラデー

　科学，特に物理学は数学がわからなくてはどうしようもないと考えている人が多いのではないでしょうか。

　「式の代わりに，力線による図で理解するしかないんだ。お絵かきなんてレベルが低い。でも，数学が不得意だから仕方ない。」かのファラデーだって数学は得意ではなく，力線を武器に電磁気学の世界にただ一人分け入っていったのです。

　では，このようなファラデーについて，数学を駆使しては電磁気学をまとめていったマクスウェルはどのように考えていたのでしょう。マクスウェルは，その著「電磁気学」の序文で次のように述べています（参考のために，英文を示しておきましょう）。

　As I proceeded with the study of Faraday, I perceived that his method of conceiving the phenomena was also a mathematical one, though not exhibited in the conventional form of mathematical symbols. I also found that these methods were capable of being expressed in the ordinary mathematical forms, and thus compared with those of the professed mathematicians.

　<u>For instance, Faraday, in his mind's eye, saw lines of force traversing a space where the mathematicians saw centres of force attracting at a distance: Faraday saw a medium where they saw nothing but distance: Faraday sought the seat of the phenomena in real actions going on in the medium, they were satisfied that they had found it in a power of action at a distance impressed on the electric fluids.</u>

　When I had translated what I considered to be Faraday's ideas into a mathematical form, I found that in general the results of the two methods coincided, so that the same phenomena were accounted for, and the same laws of action deduced by both methods, but Faraday's methods resembled those in which we begin with whole and arrive at the parts by analysis, while the ordinary mathematical methods were founded on the principle of beginning with the parts and building up the whole by synthesis.

　　　　　(Maxwell:「A treatise on Electricity and Magnetism (1940)」より)

　特に，下線を施した箇所に，ファラデーへの高い評価が見て取れます。訳してみましょう。

　「ファラデーは，その『心眼』によって空間全体に広がっている力線を感じた。数学者ときたら，その同じ空間に作用しあう力の中心しか見出せないのだ。空間とは，数学者にとっては空っぽの入れ物に過ぎないのに，ファラデーには力を伝える『媒質』がしっかりと見えたのだ。そして，その現象のより所として，彼はこの媒質を伝わっていく作用そのものを求めようとした。それに引きかえ，数学者は電荷に働く力の大きさを知ることだ

けでもう満足してしまっている。」

後半では，普通の数学の方法とファラデーの現象を理解する方法とを比べて次のように言っています。

「通常の数学の方法は，細部から入って全体に至るという『総合』という手法をとるのに対して，ファラデーの方法は，まず全体をつかみ，そして細部に至る『分析』という手法を用いている。」

ファラデーが力線を駆使して，現象の核心に迫っていく姿は，マクスウェルにとっては，まさに「心眼」と映ったのに違いありません。数字に振り回されることなく，私たちも，しっかりとした「心眼」をもちたいものです。

実力錬成問題

1 磁力の影響を受けない材質でできた，ニュートン表示のばねばかりと台はかりを用いて，重さ W_1〔N〕の磁石Aと重さ W_2〔N〕の磁石Bについて，以下のような実験を行った。ただし，磁力は磁石Aと磁石Bの間のみ働くものとする。

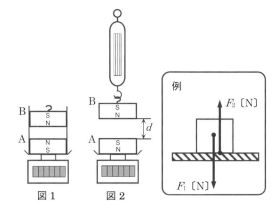

(1) 図1のように，台はかりの上に透明で重さの無視できる円筒を置く。そして，その中で磁石Aと磁石BのN極どうしを向かい合わせ，磁石Bを浮かせた状態で静止させた。磁石Aに働く力とそれぞれの力の大きさを，例の表記にならって記せ。円筒とそれぞれの磁石の間には，摩擦はないものとする。

(2) 図2のように，台はかりに磁石Aをのせ，その上に異極が向かい合うように磁石Bをばねばかりでつるして，d〔m〕の間隔に保ったところ，台はかりの目盛りは W_3〔N〕を示した。解答は，答を導き出す過程も書くこと。
 ① 磁石Aと磁石Bの間に働く力の大きさを求めよ。
 ② このとき，ばねばかりが示す目盛りは何Nか求めよ。

【大阪府中高理科共通（2011年度）抜粋】

2 図のように，辺ABの長さが a，辺ACの長さが $2a$，辺BCの長さが $\sqrt{3}a$ の直角三角形ABCの各頂点A，B，Cにそれぞれ紙面に垂直に，平行で無限に長い直線の導線P，Q，Rを配置する。図の⊙印は紙面裏から表に向かって電流が流れていることを示し，⊗印は紙面表から裏に向かって電流が流れていることを示している。導線Pには2A，Qには1A，Rには4Aの電流が流れている。透磁率を μ_0 とする。

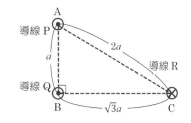

(1) 導線QとRの電流が，Aの位置につくる磁場（合成磁場）の向きを図中に作図し，合成磁場の大きさを解答の過程を書いて求めよ。

(2) 導線Pが1mあたりに，導線QとRの電流から受ける力（合成力）の向きを図中に作図し，合成力の大きさを解答の過程を書いて求めよ。

【山口県高校物理（2011年度）】

第1章 電磁気学

3 図は，直流モーターを模式的に示したものである。
(1) このモーターにおける「整流子とブラシ」の役割について，簡潔に説明せよ。
(2) このモーターのコイルが図のような位置にあるとき，A点が磁石の磁界から受ける力の向きを矢印で書け。

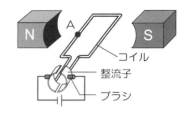

【群馬県中学理科（2012年度）】

4 地球には宇宙から宇宙線が降り注いでいる。宇宙線の中には高速の荷電粒子があるが，これは生物には大変有害である。ところが，地球には磁場があってバリアの役目を果たすことで，生物を守っている。今，地球の周りを取り巻くように南極から北極に向く磁場があり，赤道上の宇宙空間に宇宙線の一種である陽子が飛び込んできたとする。
(1) 赤道の真上にある場所を一様な磁場（磁束密度 B）がある空間とする。この空間に飛び込んできた陽子（電気量 e，質量 m）を観測すると，その速度は磁場の方向に対して角度 θ であり，速さは v であった。陽子はこの後，らせん運動を行う。このらせん運動の軌道半径を答えよ。
(2) このらせん運動のピッチ（1回転する間に磁場方向に進行する距離）を答えよ。
(3) 地球の磁場の方向に沿ってらせん運動をする荷電粒子は北極や南極の近くへ移動し，発光を伴う自然現象を引き起こす。この自然現象は何とよばれているか。

【長崎県高校物理（2011年度）】

解法への指針

1 (1)(2)【素過程（磁気力，力のつり合い）】（状況把握）(1)磁石AB間に働く磁気力は，斥力で作用・反作用の関係。浮いている磁石Bでは，その磁気力と重さ W_2 がつり合っている。(2)台はかりの目盛り W_3 は，磁石Aに働く垂直抗力に等しい。

2 (1)【素過程（直線電流のつくる磁場，ベクトルの合成）】，(2)【素過程（磁場中の電流に働く力，ベクトルの合成）】

3 (1)(2)【素過程（直流モーターの原理，フレミングの左手の法則）】

4 (1)(2)【素過程（ローレンツ力，等速円運動と向心力）】（状況把握）陽子が磁場に対し θ の角度で入射すると，磁場に垂直な平面内で等速円運動，磁場に平行な方向で等速直線運動をする。その結果，磁場方向に進むらせん運動を行う。v を B に垂直な成分と平行な成分に分解するとよい。

5 電磁誘導と交流

キーワードチェック

□誘導起電力　□誘導電流　□レンツの法則　□ファラデーの電磁誘導の法則
□自己誘導　□相互誘導　□交流　□実効値　□リアクタンス　□インピーダンス
□共振回路と共振周波数

ワンポイントチェック

① 図1のようにコイルに磁石を近づけたり遠ざけたりすると，検流計の針が動く。このような現象を _____ といい，発生する電圧を _____ ，流れる電流を _____ という。

② コイルを貫く磁束が時間 Δt [s] の間に $\Delta\Phi$ [Wb] だけ変化するとき，N 回巻きコイルに発生する誘導起電力 V [V] は _____ で与えられる。これを _____ の法則という。誘導起電力の向きを定める法則が _____ である。

③ 自己インダクタンス L [H] のコイルにおいて，時間 Δt [s] の間に電流が ΔI [A] だけ変化するとき，コイルに発生する自己誘導の起電力 V [V] は _____ となる。

④ 2つのコイルを向かい合わせに置き，一方のコイルに流す電流を変化させると他方のコイルには _____ が発生する。この現象を _____ という。

⑤ R [Ω] の抵抗に交流電圧が加わるとき，抵抗に流れる電流の位相と電圧の位相は _____ である。また，電圧と電流の実効値をそれぞれ V_e，I_e とすると，抵抗での消費電力の時間平均 $\overline{P}$ [W] は _____ となる。

⑥ 電気容量 C [F] のコンデンサーに角周波数 ω [rad/s] の交流電圧が加わるとき，コンデンサーに流れる電流の位相は電圧の位相よりも _____ 。また，コンデンサーのリアクタンス [Ω] は _____ で与えられる。

⑦ 自己インダクタンス L [H] のコイルに角周波数 ω [rad/s] の交流電圧が加わるとき，コイルに流れる電流の位相は電圧の位相よりも _____ 。また，コイルのリアクタンス [Ω] は _____ で与えられる。

解答例　① 電磁誘導，誘導起電力，誘導電流　② $V = -N\dfrac{\Delta\Phi}{\Delta t}$，ファラデーの電磁誘導，レンツの法則　③ $V = -L\dfrac{\Delta I}{\Delta t}$　④ 誘導起電力，相互誘導　⑤ 同位相，$\overline{P} = V_e I_e$　⑥ $\dfrac{\pi}{2}$ だけ進む，$\dfrac{1}{\omega C}$　⑦ $\dfrac{\pi}{2}$ だけ遅れる，ωL

第1章 電磁気学

重要事項の解説

1 電磁誘導の法則

図2のようなコイルに検流計をつないだ回路で，棒磁石をコイルに近づけたり遠ざけたりすると回路には電流が流れる。このようにコイルの中の磁場が変化すると，コイルに電圧が発生する現象を**電磁誘導**といい，発生する電圧を**誘導起電力**，流れる電流を**誘導電流**という。

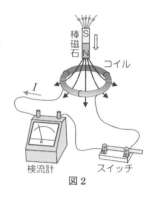

図2

電磁誘導を詳しく見ていく前に，まず磁束について定義しておこう。磁場 $\vec{H}$[A/m] を表すのに磁力線を用いたように磁束密度 $\vec{B}$[T] を表すのに**磁束線**を使う。磁束線は，$\vec{B}$ に垂直な単位面積を貫く磁束線の本数がちょうど磁束密度の大きさ（B 本）になるように定める。すなわち，**磁束**は $\vec{B}$ に垂直な面積を貫く磁束線の本数で与えられる。

いま，大きさが S[m²] で面の法線方向を向く面積ベクトル $\vec{S}$ を考える。$\vec{B}$ と $\vec{S}$ のなす角が θ のとき，磁束 Φ は $\vec{B}$ と $\vec{S}$ の内積で与えられる（図3）。

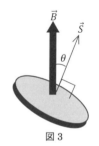

図3

$$\Phi = \vec{B} \cdot \vec{S} = BS\cos\theta \quad \cdots\cdots ① \quad \text{【磁束の定義式】}$$

$\theta=0$ のとき，すなわち，B と S が垂直のときは，$\Phi=BS$ となり最大になる。磁束の単位を磁気量と同じ単位**ウェーバ**[Wb]を使うと，①式より磁束密度の単位[T]は[Wb/m²]に等しいことがわかる。

図4のように磁石をコイルに近づけたり遠ざけたりすると，コイルには矢印の向きに誘導電流が流れる。すなわち，誘導電流がつくる磁場（**内部磁場**とよぼう）の向きは，(a)コイルを貫く磁束（**外部磁場**とよぼう）が増加するときは，磁束を減らす向き，また(b)磁束が減少するときは，磁束を増やす向きになる。

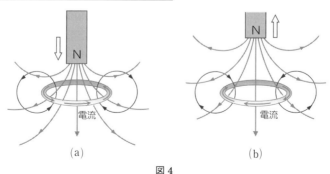

図4

このようにコイルに流れる誘導電流によって，外部磁場を相殺するように内部磁場が生まれる。この誘導起電力の向きを定める法則がレンツの法則である。

法則 レンツの法則
　誘導起電力は，誘導電流のつくる磁束がコイルを貫く磁束の変化を妨げる向きに生じる。

また図4で，磁石を速く動かすほど，コイルに発生する誘導起電力は大きくなる。誘導起電力の大きさは，コイルを貫く磁束の単位時間あたりの変化に比例する。すなわち，コイルを貫く磁束 Φ [Wb] が時間 Δt [s] の間に $\Delta\Phi$ [Wb] だけ変化するとき，1回巻きコイルには $\left|\dfrac{\Delta\Phi}{\Delta t}\right|$ の大きさの誘導起電力が発生する。N 回巻きコイルでは誘導起電力は N 倍になる。

法則 ファラデーの電磁誘導の法則
　N 回巻きコイルに発生する誘導起電力 V [V] は，次式で与えられる。
$$V=-N\dfrac{\Delta\Phi}{\Delta t} \quad \cdots\cdots ②$$

②式で $\Delta t \to 0$ の極限を取ると，$V=-N\dfrac{d\Phi}{dt}$（微分形式）が得られる。

ここで負の符号はレンツの法則，すなわち，磁束の変化を妨げる向きに誘導起電力が発生することを表す。

2 磁場中を運動する導体棒

> **例題で確認** 図5のように，一様な磁束密度 B [T] の磁場に垂直な平面内に，間隔 L [m] で2本の導体のレールが置かれ，R [Ω] の抵抗が接続されている。このレール上に長さ L [m] の導体棒 PQ を置き，PQ に外力を加え，一定の速さ v [m/s] でレール上を移動させた。PQ はレール上を滑らかにレールと垂直に移動するものとする。PQ に生じる誘導起電力の大きさを求めよ。　　【埼玉県高校物理（2010年度）抜粋】

状況▶▶ 抵抗の接続されたレールと導体棒 PQ でコイル（1回巻きコイル）を形成している。
展開▶▶ 時間 Δt [s] の間にコイルの面積は $L \times v\Delta t$ [m²] 増加するので，コイルを貫く磁束は $\Delta\Phi=BLv\Delta t$ [Wb] だけ増える。②式を使うと，発生する誘導起電力が得られる。このとき，回路に流れる電流の向きは Q→抵抗→P→Q となる。

例題から得られる結論
　図5において，導体棒 PQ に生じる誘導起電力の大きさ V [V] は，次式で与えられる。
$$V=vBL \quad \cdots\cdots ③$$
【電磁誘導の法則から導出】

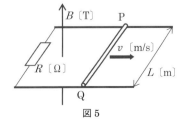
図5

第1章 電磁気学

　導体棒にはPからQの向きに誘導電流が流れ，誘導起電力はQが高電位となる。これは，導体棒PQが電池の働きをしていると考えればよい。

　誘導起電力は，ローレンツ力を使って導くこともできる。

> **例題で確認** 図6のように長さ L [m] の導体棒が，磁束密度 B [T] の一様な磁場に垂直に速さ v [m/s] で進むとき，導体棒に生じる誘導起電力を求めよ。

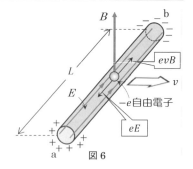

図6

状況▶▶ 前頁の例題との違いは，コイルをつくる必要がなく，導体棒は単独で運動している。導体棒中の自由電子の運動に着目する。

展開▶▶ 導体棒の中の $-e$ [C] の自由電子も速さ v で導体棒とともに動くので，電子には，図のaからbの向きにローレンツ力 evB [N] が働く。ローレンツ力によって電子はbの方へ移動し，bは負にaは正に帯電する。その結果，aからbに向かう電場 E [V/m] が発生する。電場によって，電子は電場と反対方向に eE [N] の電気力を受ける。ローレンツ力と電気力がつり合うところで電子の移動は止まる。このとき $evB=eE$ より $E=vB$ となる。したがって，導体棒ab間の電位差 V [V] は，

$$V=EL=vBL \quad 【ローレンツ力から導出】$$

となり，③式と一致する。このように，回路を貫く磁場の変化から求めた起電力（③式）と自由電子に働くローレンツ力のする仕事から求めた起電力とが，導出の方法は異なるが同じ結果を与えることになる。同一の現象を2つの異なる視点で捉えている点に注目したい。

　図5に戻り，回路でのエネルギーの出入りを確認しておこう。

> **例題で確認** 図5において，導体棒PQを一定の速さで動かすことにより，抵抗に電流が流れる。抵抗で消費される電力と導体棒PQに加えた外力のする仕事率が等しいことを説明せよ。
> 【埼玉県高校物理（2010年度）抜粋】

状況▶▶ 導体棒には誘導起電力 $V=vBL$ [V] が発生したが，この起電力が抵抗 R [Ω] にかかる電圧となる。なお，電力は抵抗にかかる電圧と流れる電流の積で表される。

展開▶▶ 導体棒に流れる誘導電流を I [A] とする。フレミングの左手の法則より，導体棒は磁場から IBL [N] の力を v [m/s] と反対方向に受ける。したがって，導体棒を一定の速さ v で動かし続けるには v の方向に外力 F [N] を加え続ける必要がある。外力 F のする仕事率 Fv [W] は，

$$仕事率 \to Fv=(IBL)v=(vBL)I=VI \leftarrow 電力$$

となり，抵抗 R で単位時間あたりに発生するジュール熱に等しい。外力のする仕事率が Fv となることは，力学編第1章第4節「仕事とエネルギー」の項を参照のこと。

3 コイルの自己誘導，相互誘導
【自己誘導】
　図7のようなコイルをつないだ回路において，スイッチを入れたり切ったりしてコイ

ルに流れる電流を増減させると，コイルを貫く磁束も増減し，電流の変化を妨げる向きに誘導起電力が発生する。すなわち，コイルは電流を一定に保とうとする性質をもつ。コイルに誘導起電力が発生する現象をコイルの**自己誘導**といい，自己誘導による起電力を**逆起電力**ともいう。

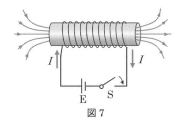

図7

> **公式** コイルの自己誘導
>
> 時間 Δt [s] の間に電流が ΔI [A] だけ変化するとき，コイルに発生する自己誘導の起電力 V [V] は次式で与えられる。
>
> $$V = -L\frac{\Delta I}{\Delta t} \quad \cdots\cdots ④ \quad 【自己インダクタンス L】$$

④式で $\Delta t \to 0$ の極限を取ると，$V = -L\dfrac{dI}{dt}$（微分形式）が得られる。

負の符号は，電流の変化を妨げる向きに起電力 V が生じることを示す。比例定数 L を，コイルの**自己インダクタンス**という。④式より自己インダクタンスの単位は [V·s/A] となるが，これを**ヘンリー [H]** とする。

ソレノイドの自己インダクタンスを求めてみよう。

> **例題で確認** 断面積 S [m²]，透磁率 μ [N/A²] の丸棒に導線を N 回巻いて，長さ l [m] のソレノイドをつくった。このソレノイドの自己インダクタンス L [H] を求めよ。
>
> 【福岡県高校物理（2010年度）改】

状況▶▶ 電流 I [A] が流れるとき，ソレノイド内部の磁場の強さ H [A/m] は $H = \dfrac{N}{l}I$ となるので，ソレノイドを貫く磁束 Φ [Wb] は $\Phi = \mu HS = \dfrac{\mu NS}{l}I$ となる。

展開▶▶ コイルを流れる電流が Δt の間に ΔI だけ変化するとき，磁束も $\Delta\Phi = \dfrac{\mu NS}{l}\Delta I$ 変化する。したがって，N 回巻きのソレノイドに発生する誘導起電力 V [V] は，$V = -N\dfrac{\Delta\Phi}{\Delta t} = -\dfrac{\mu N^2 S}{l}\dfrac{\Delta I}{\Delta t}$ で与えられる。

> **例題から得られる結論**
>
> 透磁率 μ [N/A²] の芯棒の入った断面積 S [m²]，N 回巻き，長さ l [m] のソレノイドの自己インダクタンス L [H] は次式で与えられる。
>
> $$L = \frac{\mu N^2 S}{l} \quad \cdots\cdots ⑤ \quad 【ソレノイドの自己インダクタンス】$$

⑤式から，自己インダクタンス L の値を大きくするには，巻数 N を増やしたり，芯棒を透磁率 μ の大きい強磁性体にするとよい。

図7でスイッチを切ったにもかかわらず，その直後にコイルに誘導起電力が発生し誘導電流が流れたということは，コイルにはエネルギーが蓄えられていたとみることができる。

> **公式** コイルに蓄えられるエネルギー
> 自己インダクタンス L [H] のコイルに電流 I [A] が流れているとき，コイルに蓄えられているエネルギー U [J] は次式で与えられる。
> $$U=\frac{1}{2}LI^2 \quad \cdots\cdots ⑥$$

では，このエネルギーはコイルのどこに蓄えられているのだろうか。実は，コイルのつくる磁場の「場」にエネルギーが蓄えられると考えるのである。

【相互誘導】
図8のように1本の芯棒に2つのコイルを並べて巻く。1次コイルの電流 I_1 [A] を変化させると，2次コイルに誘導起電力が発生する現象をコイルの**相互誘導**という。

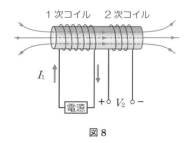

図8

> **公式** コイルの相互誘導
> 1次コイルの電流が時間 Δt [s] の間に ΔI_1 [A] だけ変化するとき，2次コイルに発生する相互誘導の起電力 V_2 [V] は次式で与えられる。
> $$V_2 = -M\frac{\Delta I_1}{\Delta t} \quad \cdots\cdots ⑦ \quad 【相互インダクタンス M】$$

⑦式で $\Delta t \to 0$ の極限を取ると，$V_2 = -M\dfrac{dI_1}{dt}$（微分形式）を得る。

負の符号は，磁束の変化を妨げる向きに誘導起電力が発生することを示す。比例定数 M を**相互インダクタンス**といい，単位として自己インダクタンスと同じヘンリー [H] を用いる。相互インダクタンスの値は，コイルの形状や芯棒の材質に加えて，2つのコイルの位置関係にも依存する。

4 LC回路：電気振動

図9に示すあらかじめ充電されたコンデンサー C とコイル L からなる回路（**LC回路**）を考える。コイルの両端にオシロスコープをつないで回路のスイッチ S を入れると，図10のオ

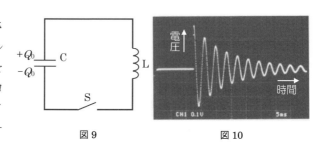

図9　　　図10

シロスコープの画面のようにコイルの両端の電圧は時間とともに振動（**電気振動**という）する。なお，図10では時間の経過とともに電圧が減衰していくが，これは回路自身が持つ抵抗成分によるものであり，理想的なLC回路では減衰なしに電気振動が続く。このとき，エネルギーは消費されず保存する（次頁⑨式参照）。

> **例題で確認** 図9に示すように，あらかじめ Q_0[C]に充電された電気容量 C[F]のコンデンサーと自己インダクタンス L[H]のコイルでLC回路を構成する。スイッチSを閉じた時刻を $t=0$ として，ある時刻 t[s]のときのコンデンサーの電荷 Q[C]と回路を流れる電流 I[A]（時計回りの向きを正とする）を t の関数で表せ。また，電気振動の角周波数 ω[rad/s]を求めよ。　　　【富山県中高物理（2011年度）改】

状況 ▶▶ 時刻 t のとき，コンデンサーにかかる電圧は $V=\dfrac{Q}{C}$ であり，コイルに発生する逆起電力は $V=-L\dfrac{dI}{dt}$ である。また，Q と I の関係は $I=-\dfrac{dQ}{dt}$ となる。ここで，負の符号はコンデンサーの電荷が減少（$\Delta Q<0$）して正の電流が流れることを表す。

展開 ▶▶ 回路にキルヒホッフの第2法則を適用する。

$$\frac{Q}{C} - L\frac{dI}{dt} = 0$$

ここで，$I=-\dfrac{dQ}{dt}$ を代入すると $\dfrac{Q}{C}+L\dfrac{d^2Q}{dt^2}=0$ となる。整理して $\dfrac{1}{LC}=\omega^2$ とおくと，

$$\frac{d^2Q}{dt^2} = -\frac{1}{LC}Q = -\omega^2 Q$$

となり，<u>単振動の運動方程式</u>が得られる（力学編（第一分冊 p.40）参照）。一般解は $Q=A\cos(\omega t+\delta)$ で与えられ，初期条件「$t=0$ で $Q=Q_0$」から $Q=Q_0\cos\omega t$，電流 I は $I=-\dfrac{dQ}{dt}=\omega Q_0\sin\omega t = I_0\sin\omega t$ となる。

例題から得られる結論

　LC回路において，コイルを流れる電流 I[A]とコンデンサーの電荷 Q[C]は，次の角周波数で電気振動する。

　　角周波数 $\omega=\dfrac{1}{\sqrt{LC}}$[rad/s]　……⑧　【LC回路の角周波数】

LC回路でコンデンサーにかかる電圧 $V=\dfrac{Q}{C}$[V]とコイルを流れる電流 I[A]のグラフを図11に示す。V が最大・最小のときに I は0になり，I が最大・最小のときに V は0になる。すなわち，V と I は位相が $\dfrac{\pi}{2}$ 異なる。したがって，図12のように<u>コンデンサーに蓄えられる電場のエネルギー（静電エネルギー）とコイルに蓄えられる磁場のエネルギーの和は一定となり，保存される</u>。

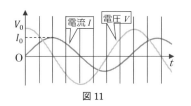
図11

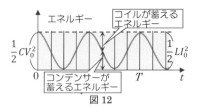
図12

法則 LC回路のエネルギー保存則
$$\frac{1}{2}CV_0^2 = \frac{1}{2}CV^2 + \frac{1}{2}LI^2 = \frac{1}{2}LI_0^2 \quad \cdots\cdots ⑨$$

静電エネルギー ⟺ 磁場のエネルギー

5 交流の発生

　交流発電機は，磁場中に置いたコイルを回転させて，周期的に変動する電流（**交流**という）をつくり出している（図13）。

> **例題で確認** 図13のように磁束密度 B [T] の一様な磁場中で，これに直交する軸のまわりに1回巻きのコイルを一定の角速度 ω [rad/s] で回転させる。コイルの面積を S [m²]，コイル面の法線ベクトルが磁場の向きとなす角度を θ [rad] とし，$\theta=0$ のときの時刻を $t=0$ とする。時刻 t [s] のとき，コイルに発生する起電力 V [V] を t の関数として求めよ。　　　　　　　　【徳島県高校物理（2012年度）抜粋】

状況▶▶ 時間 t [s] の間にコイル（の法線ベクトル）は ωt [rad] だけ回転する。

展開▶▶ 時刻 t でコイルを貫く磁束 Φ [Wb] は，$\Phi = BS\cos\omega t$ となる。発生する起電力は $V = -\dfrac{d\Phi}{dt}$ から求まる。

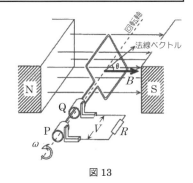
図13

例題から得られる結論
　磁場中でコイルを回転させると，交流の起電力
$$V = BS\omega\sin\omega t = V_0 \sin\omega t \quad \cdots\cdots ⑩$$
が発生する。

　ここで，$V_0 = BS\omega$ は起電力の最大値である。

　交流の周期 T [s] は回転するコイルの周期に等しい。交流の**周波数** f [Hz] と**角周波数** ω [rad/s] は，それぞれ次式で与えられる。

$$f = \frac{1}{T}, \quad \omega = 2\pi f \quad \cdots\cdots ⑪$$

　また，回路に抵抗をつないでコイルに電流が流れると，コイルにはコイルの回転を妨げる方向に力が働く。したがって，コイルを回し続けるには外力を加えて仕事をする必要がある。ちなみに水力発電所では，流れ落ちる水によってコイル（タービン）を回し続けている。

6 抵抗に流れる交流

交流電源に抵抗 $R[\Omega]$ を接続したとき，回路に流れる電流（交流）を求めよう（図14）。このとき，交流電源の電圧 $V[V]$ は次式で与えられるものとする。

$$V = V_0 \sin\omega t \quad \cdots\cdots ⑫$$

電圧，また電流も変化するが，各瞬間にはオームの法則が成り立つので，抵抗を流れる電流 $I[A]$ は，

$$I = \frac{V}{R} = \frac{V_0}{R}\sin\omega t$$

$$= I_0 \sin\omega t \quad \left(ただし I_0 = \frac{V_0}{R}\right) \quad \cdots\cdots ⑬$$

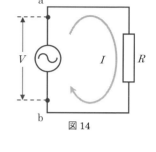

図14

⑫，⑬式から，V と I の時間変化を円運動で表した図とグラフにすると図15のようになる。

抵抗 R にかかる電圧と流れる電流には次の関係が成り立つ。

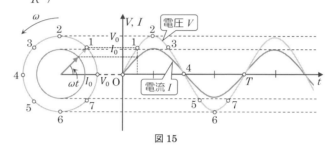

図15

[抵抗にかかる電圧と流れる電流の関係]

　電圧 $V = V_0\sin\omega t$，電流 $I = I_0\sin\omega t$ から，
　① 電圧と電流の位相は等しい（同位相）。
　② 電圧と電流の最大値にもオームの法則 $V_0 = RI_0$ が成り立つ。

【実効値】

抵抗 $R[\Omega]$ に流れる電流は，抵抗の両端にかかる電圧同様に時間的に変化する。このとき，抵抗 R で消費される電力 $P[W]$ を求めると，

$$P = I \times V = I_0 V_0 \sin^2\omega t = \frac{I_0 V_0}{2}(1 - \cos 2\omega t) \quad \cdots\cdots ⑭$$

やはり時間的に変化する。

交流の消費電力は，⑭式の瞬間の値（これを**瞬時値**という）を考えるのではなく時間的に平均した値が使われる。⑭式を一周期にわたって平均した値を $\overline{P}$ とすると，

$$\overline{P} = \frac{I_0 V_0}{2} \times \frac{1}{T}\int_0^T (1 - \cos 2\omega t)dt = \frac{I_0 V_0}{2}\left\{1 - \frac{1}{T}\int_0^{2\pi}\frac{\cos 2\omega t}{\omega}d(\omega t)\right\} = \frac{I_0 V_0}{2}$$

となる。そこで，次のような V_e や I_e を導入することで交流の電力を<u>抵抗 R に直流を流したときと同じ形式で扱うことができる</u>。なお，上式では $t = T$ のとき $\omega T = \frac{\omega}{f} = 2\pi$ を用いた。

第1章 電磁気学

定義 実効値の導入

交流電圧，電流の最大値を V_0, I_0, 実効値を V_e, I_e とすると，これらには次の関係がある。

$$\text{交流電圧の実効値 } V_e = \frac{V_0}{\sqrt{2}}$$
$$\text{交流電流の実効値 } I_e = \frac{I_0}{\sqrt{2}} \Longrightarrow \overline{P} = \frac{I_0 V_0}{2} = \frac{I_0}{\sqrt{2}} \times \frac{V_0}{\sqrt{2}} = I_e \times V_e \quad \cdots\cdots ⑮$$

交流の場合，単に電圧や電流というときは実効値を使う。また家庭で使用する電気機器の電圧，電流の値も実効値である。

7 コンデンサーに流れる交流

例題で確認 図16の回路で，電気容量 C〔F〕のコンデンサーに交流電圧 $V = V_0 \sin\omega t$〔V〕を加えるとき，コンデンサーに流れる電流 I〔A〕を求めよ。

【滋賀県高校物理（2012年度）改】

状況▶▶ コンデンサーに電圧 V がかかると，コンデンサーには $q = CV$〔C〕の電荷がたまる。

展開▶▶ コンデンサーに交流電圧をかけると，コンデンサーの電荷は $q = CV_0\sin\omega t$ で変化する。このとき，コンデンサーに流れ込む電流 I は $I = \dfrac{dq}{dt}$ で与えられる。

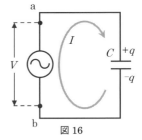

図 16

例題から得られる結論

図16の回路で，電気容量 C〔F〕のコンデンサーに加わる電圧 V〔V〕と流れ込む電流 I〔A〕は，それぞれ次式で与えられる。

$$V = V_0\sin\omega t, \quad I = \omega C V_0\cos\omega t = I_0\sin\left(\omega t + \frac{\pi}{2}\right) \quad \cdots\cdots ⑯$$

電流の位相は電圧よりも $\dfrac{\pi}{2}$ 進んでいる。

V と I の時間変化を図17に示す。図17や⑯式からわかるように，<u>電流の位相は電圧の位相よりも $\dfrac{\pi}{2}$ だけ進んでいる</u>。これは，コンデンサーでは，先に電流が流れて電荷（または電圧）は遅れてたまっていくので電流

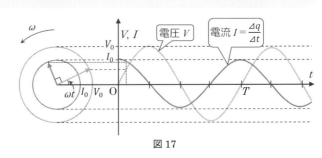

図 17

の位相が先になる。また，電圧と電流の最大値と実効値の間には，それぞれ

$$V_0 = \frac{1}{\omega C} I_0, \quad V_e = \frac{1}{\omega C} I_e \quad \cdots\cdots ⑰$$

のオームの法則に似た関係式が成り立つ。

電気抵抗に相当する $\frac{1}{\omega C}$ をコンデンサーの**リアクタンス**（**容量リアクタンス**）とよび，単位に抵抗と同じ**オーム**〔Ω〕を使う。⑰式より，<u>電気容量 C や周波数 ω が大きいほどコンデンサーのリアクタンスは小さくなり交流を通しやすくなる。</u>

コンデンサーの消費電力 P〔W〕は，

$$P = VI = V_0 I_0 \sin\omega t \cos\omega t = \frac{V_0 I_0}{2} \sin 2\omega t$$

となる。図18からわかるように電力の平均値は0となる。すなわち，コンデンサーは単に電源との間でエネルギーの吸い込みと吐き出しを行うだけで電気エネルギーを消費しない。

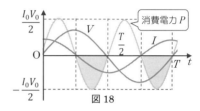

図 18

8 コイルに流れる交流

例題で確認 図19の回路で，自己インダクタンス L〔H〕のコイルに交流電流 $I = I_0 \sin\omega t$〔A〕が流れているとき，電源電圧（コイルに加わる電圧）V〔V〕を求めよ。
【滋賀県高校物理（2012年度）改】

状況▶▶ コイルには電流の変化を妨げる逆起電力 $-L\frac{dI}{dt}$〔V〕が発生する。

展開▶▶ 回路にキルヒホッフの第2法則を適用すると，

$$V - L\frac{dI}{dt} = 0 \longrightarrow V = L\frac{dI}{dt}$$

となる。

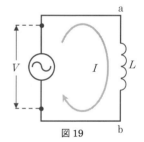

図 19

例題から得られる結論

自己インダクタンス L〔H〕のコイルに流れる電流 I〔A〕と加わる電圧 V〔V〕は，それぞれ次式で与えられる。

$$I = I_0 \sin\omega t, \quad V = \omega L I_0 \cos\omega t = V_0 \sin\left(\omega t + \frac{\pi}{2}\right) \quad \cdots\cdots ⑱$$

電流の位相は電圧よりも $\frac{\pi}{2}$ 遅れている（⑯式との違いに注意）。

I と V の時間変化を図20に示す。図20や⑱式からわかるように，<u>電流の位相は電圧の位相よりも $\frac{\pi}{2}$ だけ遅れている</u>。これは，コイルでは，先に逆起電力が発生して電流を流れにくくさせているので，電圧の位相が先になる。電圧と電流の最大値と実効値の間には，それぞれ，

$V_0=\omega LI_0$,
$V_e=\omega LI_e$ ……⑲

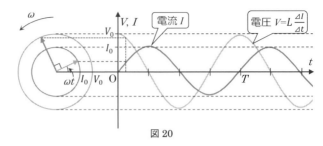

図20

の関係式が成り立つ。電気抵抗に相当するωLをコイルのリアクタンス（誘導リアクタンス）とよび単位にオーム〔Ω〕を使う。⑲式より，自己インダクタンスLや周波数ωが大きいほどコイルのリアクタンスは大きくなり交流を通しにくくなる。

コイルの消費電力P〔W〕は，

$$P=VI=V_0I_0\sin\omega t\cos\omega t=\frac{V_0I_0}{2}\sin2\omega t$$

となりコンデンサーの消費電力と同じ式になる。すなわち，電力の平均値は0でありコイルは電気エネルギーを消費しない。

9 RLC回路

> **例題で確認** 図21のように抵抗値R〔Ω〕の抵抗，自己インダクタンスL〔H〕のコイル及び電気容量C〔F〕のコンデンサーを直列に接続し，交流電源につないだ回路をつくる。この回路に流れる交流電流を$I=I_0\sin\omega t$〔A〕として，この回路のインピーダンスを求めよ。　　　　　　　　　　【広島県高校物理（2010年度）】

状況▶▶ 交流電源の電圧をV〔V〕，抵抗，コイル，コンデンサーにかかる電圧をそれぞれV_R〔V〕，V_L〔V〕，V_C〔V〕とすると，$V=V_R+V_L+V_C$が成り立つ。

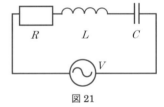

図21

展開▶▶ V_R，V_L，V_Cを具体的に見ていこう。⑫，⑯，および⑱式から，

$V_R=RI_0\sin\omega t$

$V_L=\omega LI_0\cos\omega t$，　$V_C=-\dfrac{I_0}{\omega C}\cos\omega t$

ここでは，コイルにかかる電圧V_Lは，電流の位相より$\dfrac{\pi}{2}$だけ進み最大値がωLI_0，またコンデンサーにかかる電圧V_Cは，電流の位相より$\dfrac{\pi}{2}$だけ遅れ最大値が$\dfrac{I_0}{\omega C}$になることを用いている。

したがって，3式をまとめると

$$V=V_R+V_L+V_C=I_0\left\{R\sin\omega t+\left(\omega L-\dfrac{1}{\omega C}\right)\cos\omega t\right\}=ZI_0\sin(\omega t+\theta)$$

となる。

例題から得られる結論

RLC 直列回路で，回路を流れる電流 I [A] と回路全体に加わる電圧 V [V] は，それぞれ次式で与えられる。

$$I = I_0 \sin\omega t, \quad V = ZI_0 \sin(\omega t + \theta) \begin{cases} Z = \sqrt{R^2 + \left(\omega L - \dfrac{1}{\omega C}\right)^2} \\ \tan\theta = \dfrac{\omega L - \dfrac{1}{\omega C}}{R} \quad \left(-\dfrac{\pi}{2} \leq \theta \leq \dfrac{\pi}{2}\right) \end{cases} \quad \cdots\cdots ⑳$$

電気抵抗に相当する Z をインピーダンスといい，単位にオーム〔Ω〕を使う。RLC 直列回路では，電圧の位相は電流の位相よりも θ だけ進む。電圧と電流の最大値と実効値の間には，それぞれ

$$V_0 = ZI_0, \quad V_e = ZI_e \quad \cdots\cdots ㉑$$

の関係式が成り立つ。

交流のベクトル表示を使うと，⑳式が理解しやすくな

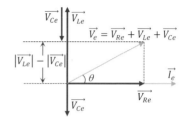

図22

る。図22において，電流の実効値ベクトル $\vec{I_e}$ を x 軸正の向きにとる。これは回転角 $\omega t = 0$ に対応する。

抵抗の電圧の位相は電流と同じなので，$\vec{V_{Re}}$ も x 軸正の方向を向く。コイルの電圧は電流よりも $\dfrac{\pi}{2}$ だけ進むので，$\vec{V_{Le}}$ は y 軸正の方向になる。コンデンサーの電圧は電流よりも $\dfrac{\pi}{2}$ だけ遅れるので，$\vec{V_{Ce}}$ は y 軸負の方向になる。これらの電圧ベクトルの合成ベクトルが回路全体の電圧の実効値ベクトル $\vec{V_e}$ を与える。

絶対値をとると，

$$V_e = \sqrt{V_{Re}^2 + (V_{Le} - V_{Ce})^2} = I_e \sqrt{R^2 + \left(\omega L - \dfrac{1}{\omega C}\right)^2}$$

となり，インピーダンス Z が与えられることになる。なお，$R = 0$ のときのインピーダンスを特にリアクタンスという。他方，$\vec{V_e}$ と $\vec{I_e}$ のなす角を θ とすると，

$$\tan\theta = \dfrac{V_{Le} - V_{Ce}}{V_{Re}} = \dfrac{\omega L - \dfrac{1}{\omega C}}{R}$$

となり，位相のずれが得られる。

RLC 直列回路で，$\omega L = \dfrac{1}{\omega C}$ になるときの周波数を**固有周波数**（または**固有振動数**）という。

公式 RLC 直列回路の固有周波数

固有周波数 f_0 [Hz] は，次式で与えられる。

$$f_0 = \dfrac{\omega}{2\pi} = \dfrac{1}{2\pi\sqrt{LC}} \quad \cdots\cdots ㉒$$

電源から加わる電圧の周波数が固有周波数と一致すると，⑳式からインピーダンスZが最小となるので回路を流れる電流は最大になり共振状態になる（図23に一例を示す）。RLC直列回路は**共振回路**であり，固有周波数を**共振周波数**ともいう。

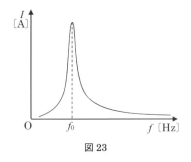

図23

共振回路はラジオの受信回路として用いられており，複数の周波数から特定の周波数を選択するのに使われている。

一方，RLC直列回路で消費する電力P〔W〕は，

$$P = VI = V_0\sin(\omega t+\theta)\cdot I_0\sin\omega t = V_0 I_0 \sin^2\omega t\cos\theta + V_0 I_0 \sin\omega t\cos\omega t\sin\theta$$

となる。電力の時間平均$\overline{P}$を考えると，

$$\overline{\sin^2\omega t} = \frac{1}{2}\ （\boxed{6}\text{を参照}），\quad \overline{\sin\omega t\cos\omega t} = 0\ （\boxed{7}\text{を参照}）$$

であるから，

$$\overline{P} = \frac{V_0 I_0}{2}\cos\theta = V_e I_e \cos\theta \quad \cdots\cdots ㉓$$

が得られる。なお㉓式で$\cos\theta$を**力率**という。回路が抵抗だけからできているときは，すでに見たように電流と電圧の位相の違いは$\theta=0$となるので平均電力は電圧と電流の実効値の積として表される。他方，コイルやコンデンサーのみの場合は，$\theta=\pm\dfrac{\pi}{2}$であるから平均電力はいずれも0となる。

活用例題で学ぶ知識の活用

【活用例題 1】　　　　　　　　　　　大阪府高校物理2011年度・抜粋（頻出・普通）

図のように，鉛直上向き，磁束密度 B の一様な磁場中に，l の間隔で 2 本の導線を水平に置き，電気抵抗 R の抵抗及び内部抵抗が無視できる電池を導線の一端に接続した。導線の上に軽くて摩擦と抵抗の無視できる導体棒を置き，軽い滑車を通して質量 m のおもりをつないだ。重力加速度を g とし，誘導電流による外部磁場への影響はないものとする。

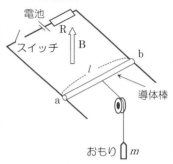

(1) 電池の起電力を V_0 にしてスイッチを閉じると，導体棒は静止状態で止まったままであった。V_0 を求めよ。
(2) 電池を起電力 V_1 のものに換え，スイッチを閉じると同時に，導体棒は動き出し，おもりは上昇し始め，やがて導体棒は一定の速さ v_0 になった。このときに回路を流れる電流 I と v_0 を求めよ。また，電池の供給する電力 P を求めよ。

📖 **解説**　本例題は，次の 4 つの素過程から構成される。いずれも了解済みのものだが，どの素過程をどこで用いるかは本例題を通して体得するしかない。

【素過程 1】電流が磁場から受ける力　→　(1), (2)
【素過程 2】磁場中を運動する導体棒に生じる誘導起電力　→　(2)
【素過程 3】キルヒホッフの第 2 法則　→　(2)
【素過程 4】力のつり合い　→　(1), (2)

☞ **解答への指針**

(1) 電流 $\dfrac{V_0}{R}$ が磁場から受ける力（フレミングの左手の法則で指し示す力）とおもりの重力がつり合う。
(2) おもりが等速で上昇しているとき，導体棒には b を高電位側とする誘導起電力 $v_0 Bl$ が発生する。回路にキルヒホッフの第 2 法則を適用すると，
$$V_1 - v_0 Bl = RI$$
となる。この電流 I が磁場から受ける力とおもりの重力がつり合う。電池の電力は $P = V_1 I$ となる。ここで，電池から供給されるエネルギーは抵抗でのジュール熱とおもりの位置エネルギーの増加に変わる。

素過程への分解・分析
素過程 1　電流が受ける力 素過程 4　力のつり合い
素過程 2　誘導起電力
素過程 3 キルヒホッフの第 2 法則
素過程 1　電流が受ける力 素過程 4　力のつり合い

第1章 電磁気学

【活用例題2】　　　　　　　　　富山県中高理科2011年度・改題（頻出・やや難）

図のように，紙面垂直手前向きに一様な磁場（磁束密度 B）がある。この磁場内で長さ l の導体棒が，その一方の端点 O を中心として一定の角速度 ω で，図の破線の矢印の向きに回転運動している。この回転運動は紙面と平行な同一平面内で行われている。

いま，点 O を原点とする x 軸を導体棒のもう一方の端点 A を通るように設定する。この x 軸は導体棒とともに回転する。

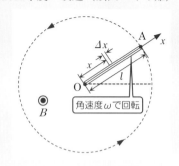

(1) 点 O と点 A はどちらが高電位か。
(2) 導体棒中の座標が x から $x+\Delta x$ までの微小部分（長さ Δx）に生じる誘導起電力 ΔV を求めよ。ただし，微小部分の速さは座標 x の位置の速さに等しいとする。
(3) 導体棒全体に生じる誘導起電力 V を求めよ。

📖 解説　導体棒の回転という意表を突く内容ではあるが，しかし本例題の素過程は次の3つである（3つしかない）。

【素過程1】荷電粒子に働くローレンツ力と電気力　→　(1), (2)
【素過程2】等速円運動　→　(1), (2)
【素過程3】電場が一様でないときの電位差　→　(3)

☞ 解答への指針
(1)(2) 微小部分の速さは $x\omega$ である。電子に働くローレンツ力と電場による力がつり合う。微小部分の電位差は $\Delta V = E\Delta x$ で与えられる。
(3) 電場 E は x に依存するので，微小部分について 0 から l までの積分，すなわち $V = \int_0^l dV$ を計算する。

素過程への分解・分析
素過程1 ローレンツ力と電気力
素過程2　等速円運動
素過程3 電場が一様でない電位差

【活用例題3】　　　　　　　　　　広島県高校物理2010年度（頻出・普通）

図は，自己インダクタンス L [H] のコイルと電気容量 C [F] のコンデンサーを並列に接続し，これに電圧 $V = V_0 \sin\omega t$ [V] の交流電源を接続した回路図を示したものである。交流電源の周波数 f [Hz] は可変であり，f を変化させることで交流電源に流れる電流を 0 にすることができる。このときの f を求めよ。ただし，コイル及びコンデンサーにおける電流の損失は無視できるものとする。

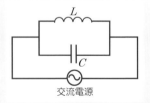

📖 解説　本例題は L と C が並列に配置された共振回路に関する問題である。次の2つの素過程から構成される。

【素過程1】コイルとコンデンサーに流れる交流

【素過程2】交流回路のインピーダンス，共振周波数

なお，LC並列回路は，回路のインピーダンスが無限大になる共振回路である。

☞ 解答への指針

コンデンサーに流れる電流 I_C [A] は電圧よりも位相が $\frac{\pi}{2}$ 進み，リアクタンスは $\frac{1}{\omega C}$ [Ω] となるので

$$I_C = \omega C V_0 \cos\omega t$$

コイルに流れる電流 I_L [A] は電圧よりも位相が $\frac{\pi}{2}$ 遅れ，リアクタンスは ωL [Ω] となるので

$$I_L = -\frac{V_0}{\omega L}\cos\omega t$$

となる。すなわち，I_C と I_L は常に逆向きに流れることになる。

交流電源を流れる電流を I [A] とすると

$$I = I_C + I_L = \left(\omega C - \frac{1}{\omega L}\right)V_0\cos\omega t = \frac{V_0}{Z}\cos\omega t$$

ただし，$\frac{1}{Z} = \left|\omega C - \frac{1}{\omega L}\right|$ となる。ここで，$\omega C = \frac{1}{\omega L}$ となる共振周波数では，I_C と I_L の大きさが等しくなるので，$I=0$，すなわち回路のインピーダンス Z は無限大となる。このような共振回路は，ラジオ等で特定の周波数の電波を選局するのに用いられる。

素過程への分解・分析
素過程1 コンデンサーに流れる交流
素過程1 コイルに流れる交流
素過程2 回路のインピーダンスと共振周波数

解答例

【活用例題1】

(1) $V_0 = \dfrac{mgR}{Bl}$ (2) $I = \dfrac{mg}{Bl}$, $v_0 = \dfrac{V_1}{Bl} - \dfrac{Rmg}{B^2l^2}$, $P = \dfrac{V_1 mg}{Bl}$

【活用例題2】

(1) 点A (2) $\varDelta V = \omega Bx\varDelta x$ (3) $V = \dfrac{1}{2}\omega Bl^2$

【活用例題3】

$f = \dfrac{1}{2\pi\sqrt{LC}}$ [Hz]

実力錬成問題

[1] 近年，各家庭には電磁調理器が普及してきている。この電磁調理器の上に鉄製のなべを置くと，なべが発熱し，調理することができる。この仕組みを中学校での学習内容を踏まえて説明せよ。

【山口県中学理科（2011年度）】

[2] 全幅（翼の端から端までの長さ）が 60 m の飛行機が，高松から羽田に向かって東向きに時速 720 km の速さで水平飛行している。地磁気の鉛直下向きの成分を 3.0×10^{-5} T とするとき，翼の両端に生じる電位差は何 V か。また，翼の北側と南側のどちらが高電位になるか。

【香川県高校物理（2012年度）】

[3] 図のように，鉛直上向きで磁束密度 B の一様な磁場中に，距離 L を隔てた2本の平行な導体棒でできた十分に長いレールが水平面となす角 θ で置かれている。レールの一端には電気抵抗 R の抵抗器が接続されている。質量 m の金属棒をレール上に直交するように置いたところ，金属棒は水平になった。金属棒はレールの上をすべり出し，やがて一定の速さ v で

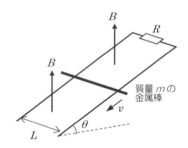

すべり落ちるようになった。このときの v を表す式を求めよ。ただし，レールと金属棒の間の摩擦力，抵抗器以外の部分の電気抵抗は無視できる。また，重力加速度の大きさは g とする。

【神奈川県高校物理（2011年度）改】

[4] 図のように電力損失のない変圧器があり，二次コイルに 2 kΩ の抵抗を接続し，一次コイルに 100 V の交流電圧を加えたところ，二次コイル側に 3000 V の電圧が生じた。一次コイル内の磁束のすべてが二次コイルを貫いているものとする。

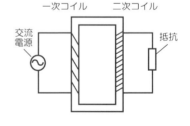

(1) 一次コイルの巻き数 n_1 と，二次コイルの巻き数 n_2 の比を求めよ。
(2) 一次コイル，二次コイルに流れる電流はそれぞれ何 A か。
(3) このとき，抵抗で消費される電力は何 kW か。
(4) 電力を輸送する場合は，電圧を大きくして輸送し，消費地において必要な電圧に変圧する。この理由について送電線の抵抗を R〔Ω〕として簡潔に説明せよ。

【栃木県中学理科（2011年度）】

5 図はGe（ゲルマニウム）ダイオードラジオの回路を模式的に示したものである。これを製作し，AM放送を受信する生徒実験を行った。コイルはエナメル線を巻いて製作し，可変コンデンサーは2枚の厚紙にアルミホイルを貼り付けたものを極板として用いる。製作後にコイルやコンデンサーの状態を調整していた生徒が，周波数729 kHzの放送を受信できた。この状態から，周波数1053kHzの放送を受信できるようにするために行うべき可変コンデンサーまたはコイルの調整方法について述べた次の①から④の文章について，正しい番号をすべて選べ。

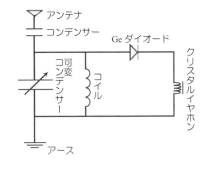

① 可変コンデンサーの極板間の距離を広げていく。
② 可変コンデンサーの極板の重なる面積を減らしていく。
③ コイルに鉄心を挿入していく。
④ コイルを徐々にほどいて巻き数を減らしていく。

【三重県高校物理（2012年度）改】

解法への指針

1 【素過程（電磁誘導，ジュール熱）】（状況把握）電磁誘導はコイルだけでなく導体板でも起こる。そのときの誘導電流をうず電流という。

2 【素過程（磁場中を運動する導体棒に生じる誘導起電力）】（状況把握）$V=BvL$ を用いるが，その単位に注意すること。

3 【素過程（金属棒に生じる誘導起電力，電流が磁場から受ける力）】（状況把握）金属棒には誘導起電力 $vBL\cos\theta$ が発生する。電流が流れる金属棒が磁場から受ける力 F は水平面方向を向く。F と棒の重力のレールに平行な成分とがつり合う。

4 【素過程（変圧器の巻数と電圧の関係）】（状況把握）(1)変圧器では一次コイルと二次コイルを貫く磁束の変化率 $\dfrac{\Delta\Phi}{\Delta t}$ が等しいので，電圧の実効値と巻き数の比に $V_{1e}:V_{2e}=n_1:n_2$ の関係が成り立つ。(2)電力損失のない理想的な変圧器では，$V_{1e}I_{1e}=V_{2e}I_{2e}$ となる。(4)送電線で発生する単位時間あたりのジュール熱は RI^2 で与えられる。

5 【素過程（LC並列回路，共振周波数）】（状況把握）共振周波数の式（活用例題3参照）より，L と C を小さくすればよい。

6 発展：電磁気学の数理的扱い

キーワードチェック

☐大きさのある電荷がつくる電場　☐ビオ・サバールの法則
☐コンデンサーの充電と放電の時間応答　☐RL回路の時間応答
☐半導体（n型，p型）　☐ダイオードの整流作用　☐マクスウェルの方程式
☐電磁波

ワンポイントチェック

① 図1のような電流 I[A] が流れる任意の形状の導線の微小要素 ds が，ds と θ の角度をなす距離 r[m] 離れた点 P につくる磁場の強さ dH[A/m] は，□□□ の法則より，□□□ で与えられる。

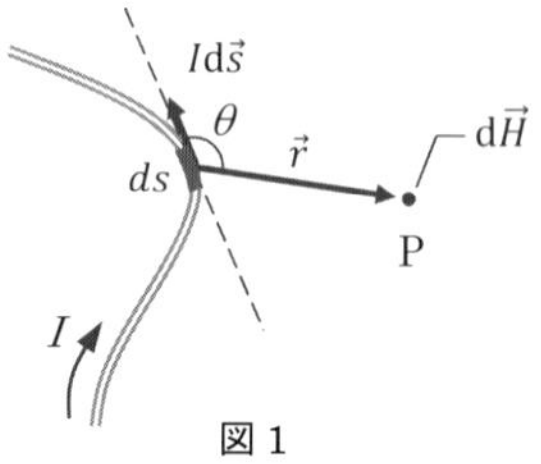

② 起電力 E[V] の電池に R[Ω] の抵抗と電気容量 C[F] のコンデンサーを直列に接続した RC 回路において，時刻 $t=0$ に充電を開始すると時刻 t[s] における回路を流れる電流 I[A] は □□□ で与えられる。このとき，$\tau=RC$ を □□□ という。

③ 起電力 E[V] の電池に R[Ω] の抵抗と自己インダクタンス L[H] のコイルを直列に接続した RL 回路では，流れる電流 I[A] は □□□ で与えられ，時定数 τ[s] は □□□ となる。

④ 価電子の数が 4 個の Si や Ge に，価電子の数が 5 個のリン P やアンチモン Sb をわずかに添加した半導体を □□□ という。このときのキャリアは □□□ が担う。

⑤ Si や Ge に価電子が 3 個のホウ素 B やインジウム In をわずかに添加した半導体を □□□ という。このときのキャリアは □□□ が担う。

⑥ p 型半導体と n 型半導体を接合させた構造をもつ素子を □□□ という。この素子は，順方向には電流を流すことができるが逆方向にはできない。このような性質を □□□ という。

⑦ 電場と磁場に関する 4 つの基本方程式を □□□ とよぶ。1864年，□□□ はこれらの方程式を基に，磁場と電場が互いに変動しながら波となって伝わる □□□ の存在を理論的に予言した。その後，□□□ は実験的に電磁波の存在を確かめた。

図1

解答例　① ビオ・サバール，$dH=\dfrac{I}{4\pi}\dfrac{ds\sin\theta}{r^2}$　② $I=I_0 e^{-\frac{t}{RC}}$，時定数　③ $I=I_0(1-e^{-\frac{R}{L}t})$，$\tau=\dfrac{L}{R}$　④ n 型半導体，電子　⑤ p 型半導体，ホール（正孔）　⑥ ダイオード，整流作用　⑦ マクスウェル方程式，マクスウェル，電磁波，ヘルツ

重要事項の解説

1 大きさのある電荷がつくる電場

電気量 q [C] の点電荷が，距離 r [m] だけ離れた点につくる電場の強さ E [N/C] は，k をクーロンの法則の比例定数として次式で与えられた。

$$E = k\frac{q}{r^2}$$

この式を拡張して大きさのある電荷がつくる電場を求めてみよう。

> **例題で確認** 図2のような半径 R のリングが一様に帯電している。リングの全電荷を q とする。リングの中心軸上にあり，リング面からの距離が z の点 P における電場の強さ E を求めよ。
> 【新潟県高校物理（2010年度）改】

状況▶▶ 電荷の線密度を λ とする。リングの円周に沿った長さ ds の微小要素を考える。微小要素がもつ電荷は $dq = \lambda ds$ となる。

展開▶▶ 微小要素が点 P につくる電場の強さは，

$$dE = k\frac{dq}{r^2} = k\frac{\lambda ds}{r^2} = k\frac{\lambda ds}{z^2 + R^2}$$

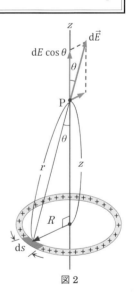

図2

となる。ここで，r は微小要素から点 P までの距離で $r^2 = z^2 + R^2$ を満たす。$\vec{dE}$ の方向は，図2に示すように微小要素から点 P に向かう方向にとる。いま，$\vec{dE}$ を中心軸に平行な成分と垂直な成分に分解する。垂直成分はリングの反対側の微小要素がつくる電場の垂直成分と相殺されるので，平行成分だけが残る。中心軸と $\vec{dE}$ のなす角を θ とすると，$\cos\theta = \dfrac{z}{\sqrt{z^2 + R^2}}$ から微小要素が点 P につくる電場の強さの平行成分は $dE\cos\theta = k\dfrac{\lambda z}{(z^2 + R^2)^{\frac{3}{2}}} ds$ となる。リングに沿って積分して，

$$E = \int dE\cos\theta = k\frac{\lambda z}{(z^2 + R^2)^{\frac{3}{2}}} \int_0^{2\pi R} ds = k\frac{\lambda z}{(z^2 + R^2)^{\frac{3}{2}}} (2\pi R)$$

$2\pi R\lambda = q$ を代入すると，次の結論が得られる。

例題から得られる結論

電荷 q [C] をもつ半径 R [m] のリングが中心軸上の距離 z [m] の位置につくる電場は，中心軸上を向き，その強さ E [N/C] は次式で与えられる。

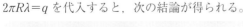

$$E = k\frac{qz}{(z^2 + R^2)^{\frac{3}{2}}} \quad \cdots\cdots ① \quad 【リングがつくる電場】$$

例題で確認 図3のように電荷が面密度 σ で一様に帯電した半径 R の円板がある。円板の中心軸上の距離 z にある点Pにおける電場の強さ E を求めよ。

【新潟県高校物理（2010年度）改】

状況▶▶ 円板を同心状のリングに分割する。半径 r で半径方向の幅 dr のリングの面積は $2\pi r dr$ なので、リングの電荷は $dq = 2\pi\sigma r dr$ となる。

展開▶▶ リングが点Pにつくる電場は、中心軸方向を向き、その強さは①式より $dE = \pi k \sigma z \dfrac{2r dr}{(z^2 + r^2)^{\frac{3}{2}}}$ となる。円板の半径方向に積分すると、

$$E = \int dE = \pi k \sigma z \int_0^R \frac{2r dr}{(z^2+r^2)^{\frac{3}{2}}} = \pi k \sigma z \left[\frac{(z^2+r^2)^{-\frac{1}{2}}}{-\frac{1}{2}}\right]_0^R$$

$$= 2\pi k \sigma \left(1 - \frac{z}{\sqrt{z^2+R^2}}\right)$$

となる。

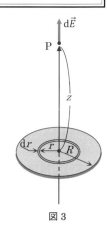

図3

例題から得られる結論

面密度 σ [C/m²] で一様に帯電した半径 R [m] の円板が中心軸上の距離 z [m] の位置につくる電場は、中心軸上を向き、その強さ E [N/C] は次式で与えられる。

$$E = 2\pi k \sigma \left(1 - \frac{z}{\sqrt{z^2+R^2}}\right) \quad \cdots\cdots ② \quad 【円板がつくる電場】$$

②式で、$R \to \infty$ をとると $E = 2\pi k \sigma$ となり、第1節においてガウスの法則を使って求めた無限に広い平面板がつくる電場の強さに一致する。

2 任意の電流がつくる磁場：ビオ・サバールの法則

図4のような任意の形状の導線に電流 I [A] が流れている。ビオ・サバールの法則を用いて導線の近傍の点Pにおける磁場を求めることにする。まず、導線を微小要素 ds [m] に分割する。このとき、ベクトル $\vec{ds}$ は、大きさが ds で電流の流れる方向を向く。さらに微小要素から点Pまでの距離を r [m]（そのベクトルを $\vec{r}$）とする。

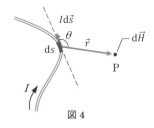

図4

法則 ビオ・サバールの法則

導線の微小要素 ds [m] に流れる電流要素 $I\vec{ds}$ [A·m] が点 P につくる磁場 $d\vec{H}$ [A/m] は，次式で与えられる．

【ベクトル形式】　　　　【スカラー形式】
$$d\vec{H} = \frac{I}{4\pi} \frac{\vec{ds} \times \vec{r}}{r^3} \quad \left(dH = \frac{I}{4\pi} \frac{ds\sin\theta}{r^2} \right) \quad \cdots\cdots ③$$

ねじを $\vec{ds}$ から $\vec{r}$ に回したとき，ねじの進む方向が $d\vec{H}$ を与える．このとき，磁場の強さは $dH = \dfrac{I}{4\pi} \dfrac{ds\sin\theta}{r^2}$ となる．ここで，θ は $\vec{ds}$ と $\vec{r}$ のなす角である．$d\vec{H}$ を導線に沿って線積分すると，電流がつくる磁場 $\vec{H}$ が得られる．以下の例題で確かめよう．

例題で確認 電流 I の流れる半径 R の円形電流がある．円の中心軸上にある距離 z の点 P における磁場の強さ H を求めよ． 【茨城県高校物理（2012年度）改】

状況▶▶ 円に沿った長さ ds の微小要素を考える．微小要素から点 P までの距離を r とすると，ds と r の方向は直交する．

展開▶▶ 微小要素 ds を流れる電流要素 Ids が点 P につくる磁場の強さは，

$$dH = \frac{I}{4\pi} \frac{ds\sin 90°}{r^2} = \frac{I}{4\pi} \frac{ds}{R^2 + z^2}$$

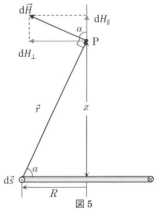

図 5

となる．磁場 dH の方向は図 5 の断面図に示すように ds と r を含む平面の法線方向を向く．dH を中心軸に平行成分と垂直成分に分解する．電流の対称性より，垂直成分は互いにキャンセルし合い，平行成分だけが残る．dH と中心軸のなす角を α とすると，$\cos\alpha = \dfrac{R}{\sqrt{R^2 + z^2}}$ なので，磁場の平行成分は，

$$dH\cos\alpha = \frac{I}{4\pi} \frac{Rds}{(R^2 + z^2)^{\frac{3}{2}}}$$

となる．円に沿って積分すると以下のように求める磁場の強さが得られる．

$$H = \int dH\cos\alpha = \frac{IR}{4\pi(R^2 + z^2)^{\frac{3}{2}}} \int_0^{2\pi R} ds = \frac{IR}{4\pi(R^2 + z^2)^{\frac{3}{2}}} (2\pi R) = \frac{IR^2}{2(R^2 + z^2)^{\frac{3}{2}}}$$

例題から得られる結論

電流 I [A] が流れる半径 R [m] の円形電流が中心軸上の距離 z [m] の位置につくる磁場は，中心軸上を向き，その強さ H [A/m] は次式で与えられる．

$$H = \frac{IR^2}{2(R^2 + z^2)^{\frac{3}{2}}} \quad \cdots\cdots ④ \quad 【円形電流がつくる磁場】$$

第1章　電磁気学

④式に $z=0$ を代入すると，$H=\dfrac{I}{2R}$ となり円形電流の中心の磁場の強さを与える式になる。

3 コンデンサーの充電と放電：RC 回路

図6のように起電力 E [V] の電池に R [Ω] の抵抗と電気容量 C [F] のコンデンサーを直列につなぐ。コンデンサーは，あらかじめ充電されていないとする。時刻 $t=0$ でスイッチを閉じると，回路に電流が流れ，コンデンサーは充電されていき，充電が完了するまでに時間がかかる。このときの時間応答の式を求めてみよう。

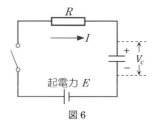

図6

充電の途中で，回路にキルヒホッフの第2法則を適用すると，

$$E=RI+\dfrac{q}{C} \quad \text{【キルヒホッフの第2法則】}$$

が得られる。両辺を時間で微分して，I と q との関係式 $I=\dfrac{dq}{dt}$ を用いると，

$$R\dfrac{dI}{dt}+\dfrac{I}{C}=0 \quad \text{【微分方程式】}$$

となる。式変形すると，$\dfrac{dI}{I}=-\dfrac{1}{RC}dt$ となる。初期条件を「$t=0$ のとき $I=I_0$」として，両辺を積分すると，

$$\int_{I_0}^{I}\dfrac{dI}{I}=-\dfrac{1}{RC}\int_{0}^{t}dt \longrightarrow \log_e\left(\dfrac{I}{I_0}\right)=-\dfrac{t}{RC}$$

すなわち，RC 回路を流れる電流は次のようになる。

公式　コンデンサーの充電（電流の時間応答）

　RC 回路でコンデンサーを充電するとき，回路に流れる電流 I [A] は次式で与えられる。

$$I=I_0 e^{-\frac{t}{RC}}=\dfrac{E}{R}e^{-\frac{t}{RC}} \quad \cdots\cdots ⑤$$

ここで，$I_0=\dfrac{E}{R}$ は初期電流で，電流 I は指数関数的に減少する。

q を求めるには，⑤式に $I=\dfrac{dq}{dt}$ を代入して整理すると $dq=\dfrac{E}{R}e^{-\frac{t}{RC}}dt$ となり，初期条件「$t=0$ のとき $q=0$」として積分すると次式が与えられる。

$$q=CE(1-e^{-\frac{t}{RC}})=q_0(1-e^{-\frac{t}{RC}}) \quad \cdots\cdots ⑥ \quad \text{【コンデンサーの充電】}$$

ここで，$q_0=CE$ はコンデンサーに蓄えることのできる最大の電気量である。

図7にコンデンサーにかかる電圧 V_C（上の(a)）と回路を流れる電流 I（下の(b)）の時間変化を示す。$V=\dfrac{q}{C}$ より，V_C のグラフは，⑥式の q に対応している。時間 t とと

6 発展：電磁気学の数理的扱い

もに指数関数的に I が減少し，電荷がたまっていくのが見てとれる。

⑤式と⑥式において

$$\tau = RC \quad \cdots\cdots ⑦$$

を**時定数** τ（タウと読む）とよぶ。時刻 $t = \tau$ で I は I_0 の $e^{-1} = 0.37$ 倍に q は q_0 の $(1-e^{-1}) = 0.63$ 倍になる。すなわち，R と C の値を変えることによって，充電の時間軸をコントロールすることができる。

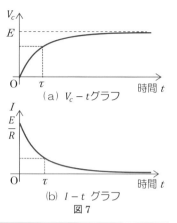

(a) $V_c - t$ グラフ

(b) $I - t$ グラフ

図7

> **例題で確認** あらかじめ電荷 Q_0 に充電された電気容量 C のコンデンサーと抵抗値 R の抵抗で図8のような回路をつくる。スイッチを閉じた瞬間を $t=0$ として，任意の時刻 t におけるコンデンサーの電荷 q と回路を流れる電流 I を求めよ。
>
> 【富山県中高理科（2012年度）改】

状況▶▶ コンデンサーにかかる初期電圧は $V_0 = \dfrac{Q_0}{C}$，回路を流れる初期電流は $I_0 = \dfrac{V_0}{R} = \dfrac{Q_0}{RC}$ である。

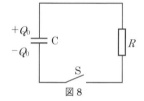

図8

展開▶▶ 時刻 t のとき，回路にキルヒホッフの第2法則を適用すると，

$$\frac{q}{C} = RI \quad \text{【キルヒホッフの第2法則】}$$

が得られる。コンデンサーの放電では，電流 I が流れると共に電荷 q が減少するので $I = -\dfrac{dq}{dt}$ となる。この式を代入すると，

$$R\frac{dq}{dt} + \frac{q}{C} = 0 \quad \text{【微分方程式】}$$

となる。式変形して $\dfrac{dq}{q} = -\dfrac{1}{RC}dt$ から，初期条件「$t=0$ のとき，$q = Q_0$」で積分すると，

$$\int_{Q_0}^{q} \frac{dq}{q} = -\frac{1}{RC}\int_0^t dt \longrightarrow \log_e\left(\frac{q}{Q_0}\right) = -\frac{t}{RC}$$

すなわち，電荷 q と回路を流れる電流 I は次のようになる。

例題から得られる結論

RC 回路でコンデンサーを放電させるとき，コンデンサーの電荷 q [C] と回路を流れる電流 I [A] は，それぞれ次式で与えられる。

$$\left. \begin{array}{l} q = Q_0 e^{-\frac{t}{RC}} \\ I = \dfrac{Q_0}{RC} e^{-\frac{t}{RC}} = I_0 e^{-\frac{t}{RC}} \quad \left(\text{ただし，} I_0 = \dfrac{Q_0}{RC}\right) \end{array} \right\} \quad \cdots\cdots ⑧ \text{【コンデンサーの放電】}$$

ここでも，時定数 $\tau = RC$ を定義できる。q と I は時定数 τ で時間とともに指数関数的に減少していく。

4 コイルの時間応答：RL 回路

> **例題で確認** 図9のように起電力 E の電池に R の抵抗と自己インダクタンス L のコイルを直列に接続する。スイッチを閉じた時刻を $t=0$ として，回路に流れる電流 I を求め電流 I の時間変化をグラフに示せ。【群馬県高校物理（2011年度）】

状況▶▶ 時刻 $t=0$ では $I=0$ であり，十分な時間が経過すると $I = I_0 = \dfrac{E}{R}$ となる。この間の様子を探る。

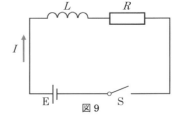

図9

展開▶▶ 時刻 t で，回路にキルヒホッフの第2法則を適用すると，

$$E - L\frac{dI}{dt} = RI \quad \text{【キルヒホッフの第2法則】}$$

が得られる。式変形すると，

$$\frac{dI}{dt} = \frac{R}{L}\left(\frac{E}{R} - I\right)$$

となる。ここで変数変換をする。すなわち，$x = \dfrac{E}{R} - I$ とおくと $\dfrac{dx}{dt} = -\dfrac{dI}{dt}$ から上式は次の方程式を満たす。

$$\frac{dx}{dt} + \frac{R}{L}x = 0 \quad \cdots\cdots ⑨ \quad \text{【微分方程式】}$$

⑨式はコンデンサーの充電・放電と同じ形式の微分方程式である。初期条件「$t=0$ のとき $I=0$」を考慮すると，RL 回路における電流の変化は次のようになる。

> **例題から得られる結論**
> RL 回路において，時刻 $t=0$ でスイッチを入れると，コイルを流れる電流 I [A] は次式で与えられる。
> $$I = \frac{E}{R}\left(1 - e^{-\frac{R}{L}t}\right) = I_0\left(1 - e^{-\frac{R}{L}t}\right) \quad \cdots\cdots ⑩$$

図10に I-t グラフを示す。RL 回路の**時定数**は $\tau = \dfrac{L}{R}$ となる。時定数は，RL 回路に電流を流しはじめてから定常電流になるまでの目安を与えていると考えてよい。時間が時定数を超えはじめると電流は定常電流 $\left(I_0 = \dfrac{E}{R}\right)$ に近づく。

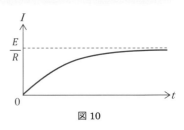

図10

5 半 導 体
ケイ素 Si やゲルマニウム Ge などの半導体に，ごく微量の不純物を添加すると電気

的性質を大きく変えることができる。

 Si や Ge の価電子の数は 4 個であり，これらの純粋な結晶では各原子が sp³ 混成軌道をつくって共有結合している。ここに価電子の数が 5 個のリン P やアンチモン Sb をわずかに添加したものを **n 型半導体**という。図11に Si に Sb を添加した模式図を示す。Sb の 5 個の価電子のうち，4 個が Si との結合に使われる。余った 1 個の電子は，有限の温度による熱エネルギーをもつので Sb イオンの電気力による束縛から離れ，自由電子として動きまわることができる。

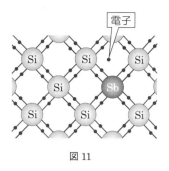

図 11

 Si や Ge に価電子が 3 個のホウ素 B やインジウム In をわずかに添加したものを **p 型半導体**という。図12に Si に In を添加した模式図を示す。In が Si と結合すると，電子が不足する結合，すなわち，ホール（正孔）ができる。熱エネルギーにより，近くの電子が移動してホールを埋めると，その電子のあとに新たにホールができる。このようにして，ホールが結晶内を自由に移動し，正の荷電粒子のように振る舞う。

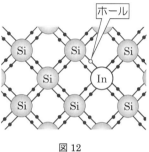

図 12

 ダイオードは p 型半導体と n 型半導体を接合（**pn 接合**）させ，電極を取り付けた構造をもつ。図13(a)のように p 型の電極に正，n 型の電極に負の電圧を加えると，p 型半導体のホールと n 型半導体の自由電子が接合部に移動し，そこで両者が合体して消滅する（再結合）。それと同時に，p 型半導体では電子が電極側に取られて新たにホールが生じ，n 型半導体には電極側から自由電子が供給される。すなわち，ダイオードには電流が流れる。このような電圧の加え方を**順方向**という。

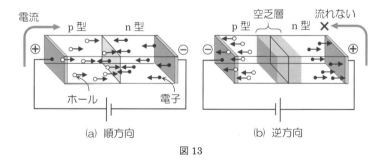

図 13

 図13(b)に p 型の電極に負，n 型の電極に正の電圧を加えた場合を示す。p 型半導体のホールと n 型半導体の自由電子は，それぞれの電極側に移動し，接合部付近にはキャリアのない**空乏層**ができる。すなわち，電流は流れない。この電圧の加え方を**逆方向**という。

 このように，ダイオードは p 型から n 型への一方向のみ電流を流すことができる。このような作用を**整流作用**という。図14にダイオードの **I-V 特性**を示す。

発光ダイオード（**LED**）は，電子とホールが再結合するときに生じるエネルギーが光に変換され接合部から光を放射する素子である。その際，光の波長は半導体の種類によって決まる。2014年にノーベル物理学賞を受賞した赤崎勇，天野浩，中村修司の三氏が開発した**青色発光ダイオード**には，窒化ガリウム（GaN）半導体が使われている。

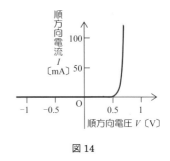

図14

6 マクスウェルの方程式と電磁波

電場と磁場を記述する4つの基本方程式「**マクスウェルの方程式**」を以下に示す（積分形）。マクスウェルの方程式は，この積分形以外に微分形で示されることもあるが，ここでは省略する。

$$\oint \vec{E} \cdot d\vec{A} = \frac{q}{\varepsilon_0} \quad \text{【電場に関するガウスの法則】}$$

$$\oint \vec{B} \cdot d\vec{A} = 0 \quad \text{【磁場に関するガウスの法則】}$$

$$\oint \vec{E} \cdot d\vec{s} = -\frac{d\Phi_m}{dt} \quad \text{【ファラデーの電磁誘導の法則】}$$

$$\oint \vec{B} \cdot d\vec{s} = \mu_0 I + \mu_0 \varepsilon_0 \frac{d\Phi_e}{dt} \quad \text{【アンペール―マクスウェルの法則】}$$

以下，この4つの式の意味（式の後ろに該当する法則名を示した）について説明しよう。

まず1番目の**電場に関するガウスの法則**は，第1節で示したガウスの法則であり，電荷 q の周囲の空間に電場が生じることを表している。

2番目の**磁場に関するガウスの法則**は，右辺が0であることから，磁極は電荷と異なりN極の近くには必ずS極が存在し，たとえN極を囲む閉曲面を考えても，閉曲面に入る磁力線は必ず出て行き，正味の磁力線が0になることを示している。すなわち，磁極の場合，単一の磁極（モノポール）は存在しないことを表している。

3番目の**ファラデーの電磁誘導の法則**は，第5節に示した法則である。ただし，誘導起電力 V を電場の線積分の形式に直してある。磁束，すなわち磁場が時間で変動すると電場が生じることを表している。

4番目の**アンペール―マクスウェルの法則**は，右辺の第2項がない形は第4節のアンペールの法則であり電流の周りに磁場が生じることを示す。この場合の電流 I は時間的に変わらない定常電流である。マクスウェルは右辺第2項を加えて，時間的に変わる変位電流もまた磁場を生じさせる要因であるとしてアンペールの法則を拡張した。ここで，Φ_e は $\Phi_e = \oint \vec{E} \cdot d\vec{A}$ で与えられる。すなわち，この法則は電場が時間で変動すると磁場が生じることを表している。

1864年，マクスウェルはこれらの方程式を基に，磁場と電場が互いに変動しながら波となって伝わる**電磁波**の存在を理論的に予言した。さらに，電磁波の速さが光速に等し

いことを見いだし，光は電磁波の一種であると考えた。このとき，光速 c[m/s] は，次式で与えられる。

$$c = \frac{1}{\sqrt{\varepsilon_0 \mu_0}} \quad \cdots\cdots ⑪$$

ヘルツは，1888年，電気振動を利用して電磁波の発生とその検出の実験を行い，電磁波の存在を実証した。

電磁波は横波であり，電場と磁場は図15のように進行方向に垂直な面内で互いに垂直方向に振動しながら空間を伝わっていく。また，光と同じ波の性質，すなわち，直進・反射・屈折・回折・偏光等の性質をもつ。これらの性質については，波動編（第3節光波）で示した通りである。なお，最後に波長と周波数（振動数）で分けられる電磁波の種類を下の表に示す。

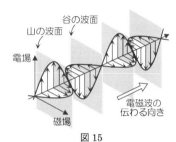

図15

波長 [m]	周波数 [Hz]	名称		主な利用例
10^5	3×10^3	超長波（VLF）	電波	
10^4	3×10^4	長波（LF）		電波時計，電波航行
10^3	3×10^5	中波（MF）		国内のラジオ放送，船舶・航空機の通信
10^2	3×10^6	短波（HF）		遠距離のラジオ放送，船舶・航空機の通信
10^1	3×10^7	超短波（VHF）		FM放送
1	3×10^8	極超短波（UHF）	マイクロ波	テレビ放送，電子レンジ，携帯電話
10^{-1}	3×10^9	センチ波（SHF）		レーダー，電話中継，気象衛星，衛星放送
10^{-2}	3×10^{10}	ミリ波（EHF）		レーダー，衛星通信，電波望遠鏡
10^{-3}	3×10^{11}	サブミリ波	テラヘルツ波	
10^{-4}	3×10^{12}	（遠赤外線）	赤外線	テラヘルツ技術（がん検診，非破壊検査など）
10^{-5}	3×10^{13}			熱線医療，食品加工，赤外線写真
10^{-6}	3×10^{14}	約 7.7×10^{-7} m	可視光線	光学機器，光通信
10^{-7}	3×10^{15}	約 3.8×10^{-7} m	紫外線	殺菌，医療
10^{-8}	3×10^{16}			
10^{-9}	3×10^{17}		X線	
10^{-10}	3×10^{18}			X線写真，医療，結晶構造解析
10^{-11}	3×10^{19}			
10^{-12}	3×10^{20}		γ線	材料検査，医療
10^{-13}	3×10^{21}			

第1章 電磁気学

活用例題で学ぶ知識の活用

【活用例題1】　　　　　　　　　　　　　　　宮城県高校物理2012年度（頻出・難）
　図のようにz軸正方向に置かれた1本の無限に長い直線状の導線に電流Iが流れている。導線からRだけ離れた点Pにおける磁束密度の大きさBを，ビオ・サバールの法則より求めよ。図中の$-z$は導線上Q点の位置，Idzは電流素片とし，真空の透磁率をμ_0とする。

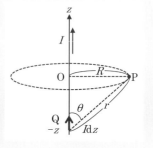

📖 **解説** 本例題の素過程はただ1つ，ビオ・サバールの法則の運用である。ビオ・サバールの法則は，電流素片が任意の場所に作る磁場を求める法則だが，変数をいかに設定するかが鍵になる。

【素過程】ビオ・サバールの法則

☞ 解答への指針

　電流素片Idzが点Pにつくる磁束密度の大きさは，ビオ・サバールの法則より，

$$dB = \frac{\mu_0 I}{4\pi} \frac{dz \sin\theta}{r^2} \quad \cdots\cdots ①$$

で与えられる。ここで，変数をzからθに変換する。$z = -\dfrac{R}{\tan\theta}$より，$dz = \dfrac{R}{\sin^2\theta}d\theta$となる。また，$r = \dfrac{R}{\sin\theta}$なので，これらを①式に代入すると，$dB$は次のようになる。

$$dB = \frac{\mu_0 I}{4\pi R} \sin\theta\, d\theta \quad \cdots\cdots ②$$

②式をθについて，0からπまで積分すると，直線電流のつくる磁束密度Bが求まる。

　第4節の重要事項の解説の②において，アンペールの法則を使って直線電流のつくる磁場の強さを導いた。それと比べると計算がかなり複雑になっているのがわかる。なお，ビオ・サバールの法則では，積分が容易に行えるように，たとえば図形の対称性などを利用することが多い。

> **素過程への分解・分析**
>
> **素過程**
> ビオ・サバールの法則
> ①式を基礎として，本問題の状況に合うように変数変換を行う。

【活用例題2】　　　　　岐阜県高校物理2011年度・改題（頻出・普通）

右のグラフはダイオードDの順方向電圧と電流の関係を示したものである。このダイオードDを用いて下のような回路をつくる。Eは12Vの直流電源，Rは200Ωの抵抗である。

(1) ダイオードDに流れる電流を求めよ。
(2) ダイオードDで消費される電力を求めよ。

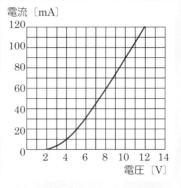

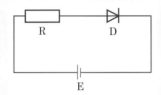

📖 **解説** 本例題は，次の3つの素過程から構成される。ダイオードの電流，また電圧の情報はすべて，I-V特性（グラフ）に含まれている。ダイオードを白熱電球に置き換えればよく見る問題（非線形問題）である。

【素過程1】ダイオードのI-V特性　→　(1)
【素過程2】キルヒホッフの第2法則　→　(1)
【素過程3】電力　→　(2)

☞ **解答への指針**

(1) ダイオードのI-V特性は，グラフのように非線形になる。回路を流れる電流をI〔mA〕，ダイオードにかかる電圧をV〔V〕として，回路にキルヒホッフの第2法則を適用すると，

$$12 = V + 200I \times 10^{-3}$$

となる。この式が表す直線をグラフに書き込み，曲線との交点を求める。単位に注意すること。

(2) 電力は$P = VI$で与えられる。

素過程への分解・分析
素過程1 ダイオードのI-V特性
素過程2 キルヒホッフの第2法則を用いて式を立てる。
素過程3　電力 $P = IV$

解答例

【活用例題1】

$$B = \frac{\mu_0 I}{2\pi R}$$

【活用例題2】
(1) 30 mA　(2) 0.18 W

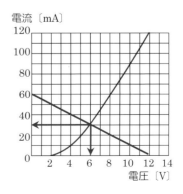

実力錬成問題

1 電源装置を使ってコンデンサーを充電する際に，流れ込む電流の時間変化からその容量を調べる実験をする。

次の図1のように電源装置，スイッチ，コンデンサーC，100Ωの抵抗，電流計を直列に接続し，スイッチを入れた瞬間から50sごとに回路に流れる電流を300sまで測定した。次の表はその測定値であり，図2は表の値をグラフに表したものである。電流計や電源装置の内部抵抗は無視できるものとする。

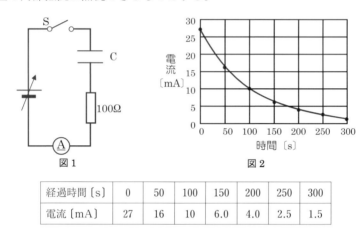

図1　図2

経過時間〔s〕	0	50	100	150	200	250	300
電流〔mA〕	27	16	10	6.0	4.0	2.5	1.5

(1) グラフをもとに，スイッチを入れて300s後にコンデンサーCに蓄えられた電気量のおおよその値を求めたい。その方法を簡単に説明し，この値を求めよ。

(2) コンデンサーCに充電した際の電源装置の電圧を求めよ。

(3) コンデンサーCの電圧の変化をグラフに表せ。グラフの縦軸には適当な値を記入すること。

(4) (1)，(2)より考えられるコンデンサーCの容量を求めよ。その求め方も含めて書け。

(5) 放電の時定数から考えられるコンデンサーCの容量を求めよ。その求め方も含めて書け。ただし，$e=2.7$ とする。

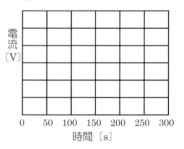

【香川県高校物理（2012年度）抜粋】

2 右図は，ハンドルを回すと交流電流が発生する交流手回し発電機である。この発電機を交流電源とし，ダイオードと電球をそれぞれ2個ずつ用いて，2つの電球が交互に点灯する装置をつくる。下に示した電気用図記号を用いて，この装置の回路図をかけ。

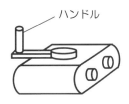

 ダイオード

 電球

 交流電源

【山口県高校物理（2012年度）抜粋】

3 2011年7月24日までに一部地域を除き，テレビのアナログ放送は終了し，デジタル放送に移行する。これはデジタル化をすることにより電波を有効利用するためである。電波は電磁波の一種であり，電磁波は波長（周波数）によって分類されている。

(1) 空気中を伝わる周波数 500 MHz の電波の波長は何 m か，有効数字 2 桁で答えよ。ただし，空気中を伝わる電磁波の速さを 3.0×10^8 m/s とする。

(2) テレビ放送で使われる電波の波長を λ_A，レントゲン撮影で使われているX線の波長を λ_B，電気製品のリモコンで使われている赤外線の波長を λ_C とする。これらの電磁波の波長の長短を不等号「＞」で示せ。

【長崎県高校物理（2012年度）改】

解法への指針

1 (1)〜(5)【素過程（コンデンサーの充電の時間応答）】（状況把握）(1) I–t グラフの曲線の面積を求める。(3) $V = \dfrac{q}{C} = V_0(1 - e^{-\frac{t}{RC}})$ となる。(5)時刻 τ で，$I = I_0 e^{-1} = \dfrac{I_0}{2.7}$ となる。

2 【素過程（ダイオードの整流作用）】

3 (1)【素過程（波の波長と振動数の関係）】(2)【素過程（電磁波の種類と波長）】（状況把握）(1) $v = f\lambda$ を使う。

第 2 章 原子物理

1 電子の発見
2 光の粒子性と物質の波動性
3 原子と原子核の構造
4 発展：原子核反応，素粒子

1 電子の発見

キーワードチェック

□陰極線 □クルックス管 □トムソンの実験 □比電荷 □電子
□ミリカンの実験 □電気素量 □原子モデル □ラザフォードの実験 □原子核

ワンポイントチェック

① 図1のようにクルックス管の電極に高電圧を加えると，蛍光板の上に明るい光のすじができるのは，一極から負の電荷をもつ粒子が飛び出すためであり，この粒子の流れを □□□□ という。

② 図において，光のすじの部分に，U字型磁石を手前がN極，向こう側がS極になるように近づけると，光のすじは □□□□ 側に曲がる。

③ 光のすじの正体である粒子の $\dfrac{e}{m}$（□□□□ という）は，1897年，□□□□ によって測定された。その値は，当時知られていた水素イオンの比電荷よりも約 □□□□ 倍も大きいことがわかった。この粒子は □□□□ とよばれるようになる。

④ 電子の電気量は，1909年 □□□□ によって精密に測定された。□□□□ を帯電させてその電気量を測定したところ，得られた電気量はある値の整数倍しか存在せず，電気量には最小単位があることがわかった。この値を □□□□ といい，有効数字3桁で表すと □□□□ となる。

⑤ 20世紀初めに支配的であった原子モデルは，一様に広がった正電荷の球の中に電子が等間隔に並ぶ構造をもち，□□□□ によって提唱された。一方，□□□□ は土星の輪の部分に電子が並ぶモデルを提唱した。

⑥ 1909年，ラザフォードらはラジウムから出る □□□□ を薄い金箔に当て，その散乱の様子を調べる実験を行った。その結果，一部のα粒子が大きく進路を曲げられ，□□□□ の原子モデルでは実験結果を説明できないことがわかった。

⑦ 1911年，□□□□ は，正電荷が原子の中心の小さな部分に集中して，その回りを電子が円運動するという原子モデルに基づいて実験結果を説明した。原子の中心の正電荷の部分は，□□□□ と名づけられた。

解答例 ① 陰極線 ② 下 ③ 比電荷，J. J. トムソン，2000，電子 ④ ミリカン，油滴，電気素量，1.60×10^{-19} C ⑤ J. J. トムソン，長岡半太郎 ⑥ α粒子，J. J. トムソン ⑦ ラザフォード，原子核

重要事項の解説

1 陰極線

図2のように両端に電極を組み込んだガラス管（放電管）に気体を入れて，誘導コイルを電極につないで高電圧をかける。気体が1気圧（atm）では何も起こらないが，その状態から真空ポンプを使って管内の気体を抜いていくと，やがて気体は光りはじめ，その模様が圧力とともに変化していく（**真空放電**）。管内の圧力をさらに下げると（約 10^{-5} atm），次第に気体からの発光はなくなり，陰極から陽極に向かって，管壁が黄緑色の蛍光を発するようになる。図3にガラス管の様子を示す。管壁が蛍光を発するのは，陰極から何かが出て管壁にぶつかるためと考え，**陰極線**と名づけられた。

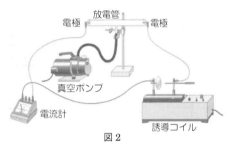

図2

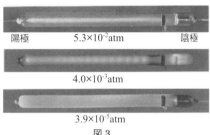

図3

いろいろな実験の結果，陰極線には次の性質があることが明らかになった。
① 物体によってさえぎられ，影ができる（直進性がある）。
② 負の電荷を運ぶ。
③ 物体の温度を上昇させる（エネルギーを運ぶ）。
④ 電場や磁場によって，軌道が曲げられる（荷電粒子の流れである）。

これらのことから，**陰極線は負の電荷をもつ粒子の流れ**だと考えられるようになった。図4に**クルックス管**を用いた陰極線の実験の様子を示す。

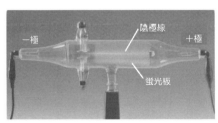
(a) 直進する陰極線

(b) 電場で曲げられる陰極線

図4

2 トムソンの実験

電荷をもった粒子の電気量の大きさ e と質量 m との比 $\dfrac{e}{m}$ を**比電荷**とよぶ。1897年，

第2章 原子物理

J. J. トムソンは陰極線の比電荷を測定した。得られた値は当時知られていたイオンの比電荷に比べて非常に大きく（水素イオンの約2000倍），また，陰極の金属の種類を変えても同じ値が得られた。いろいろな物質に共通に含まれるこの粒子は，後に**電子**とよばれる。トムソンの実験を詳しく見てみよう。

> **例題で確認** 陰極から出た質量 m [kg]，電気量 $-e$ [C] の電子は，陽極の小孔を通った後，電圧 V [V] がかけられた間隔 d [m] の平行板電極（**偏向板**という）MN 間に速さ v_0 [m/s] で入り，その後，進行方向（x 軸正方向）に垂直な y 軸方向に置かれた蛍光面に当たる（図5）。偏向板の幅を l [m]，偏向板の端から蛍光面までの距離を L [m] として，蛍光面上の OP 間の距離 y [m] を求めよ。
>
> 【三重県高校物理（2012年度）改】

状況▶▶ MN 間に電場がないときは，電子は x 軸正方向に直進して蛍光面上の点 O に当たる。MN 間に電圧 V をかけると，電子は MN 間の電場と逆向きに曲げられ，蛍光面上の点 P に当たる。なお，電子に働く重力の影響は無視するものとする。

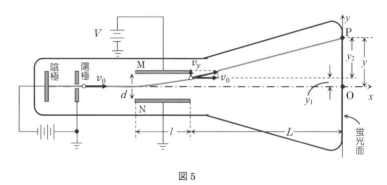

図5

展開▶▶ 間隔 d の偏向板 MN 間には，強さ $\dfrac{V}{d}$ [V/m] の一様な電場が生じる。このとき電子には上向きに一定の力 $\dfrac{eV}{d}$ [N] が働くので，運動方程式より，電子の加速度は y 軸正方向に $a_y = \dfrac{eV}{dm}$ [m/s^2] となる。偏向板を通過する時間は $t_1 = \dfrac{l}{v_0}$ [s] であり，偏向板を出るときの速度の y 成分 v_y [m/s] と変位 y_1 [m] は，等加速度運動の式を使って求めると，それぞれ次のようになる。

$$v_y = a_y t_1 = \frac{elV}{dmv_0}, \quad y_1 = \frac{1}{2} a_y t_1^2 = \frac{el^2 V}{2dmv_0^2}$$

偏向板を通り抜けた後，電子は等速直線運動をする。偏向板を出てから P 点に達するまでの時間は $t_2 = \dfrac{L}{v_0}$ [s] で与えられる。したがって，図5の y_2 [m] は

$$y_2 = v_y t_2 = \frac{elLV}{dmv_0^2}$$

となる。よって，求める蛍光面上の OP 間の距離 $y = y_1 + y_2$ は次のようになる。

例題から得られる結論

初速度 v_0[m/s] の電子が偏向板 MN で曲げられ、蛍光面に当たるとき、OP 間の距離 y[m] は

$$y = \frac{el^2 V}{2dmv_0^2} + \frac{elLV}{dmv_0^2} = \frac{el(l+2L)}{2dmv_0^2}V \quad \cdots\cdots ① \quad 【y は V に比例】$$

となる。電子の比電荷 $\frac{e}{m}$[C/kg] は次式で与えられる。

$$\frac{e}{m} = \frac{2dv_0^2 y}{l(l+2L)V} \quad \cdots\cdots ② \quad 【比電荷の式】$$

トムソンは、図 5 において、MN 間に紙面に垂直に磁場を加える実験を行い、それより初速度 v_0 を求め、②式に代入して電子の比電荷 $\frac{e}{m}$ の値を決定した。今日知られている電子の比電荷の値は、次の通りである。

$$\frac{e}{m} = 1.758820088 \times 10^{11}\,\text{C/kg} \quad (約\ 1.76 \times 10^{11}\,\text{C/kg})$$

3 ミリカンの実験

1909年、ミリカンは油滴を帯電させて、その電気量を精密に測定した。その結果、得られた電気量はすべて、ある値の整数倍となり、電気量には最小単位が存在することがわかった。この値を **電気素量**（記号 e）といい、電子の電気量の絶対値に相当する。ミリカンの実験を詳しく見ていこう。

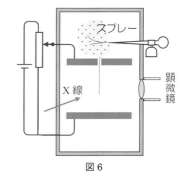

図 6

図 6 のような装置において、スプレーで直径数 μm の油滴を吹き込み、空気中に置かれた平行板電極の間にある油滴の運動を顕微鏡で観察する。その際、X 線を当てて、油滴を帯電させておく。（油滴は正・負どちらにも帯電するが、ここでは負に帯電した油滴を考える。）

まず、平行板電極に電圧をかけないで質量 M の油滴を落下させる（図 7 (a)）。油滴は軽いので、すぐに空気抵抗により終端速度 v_g に達して等速度運動を始める。空気抵抗の比例定数を k とすると、空気の抵抗力と重力がつり合うので、次式が成り立つ。

$$Mg = kv_g \quad \cdots\cdots ③$$

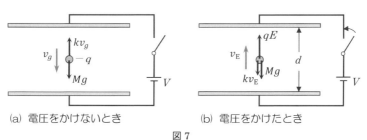

(a) 電圧をかけないとき　　(b) 電圧をかけたとき

図 7

次に，下線_平行板電極に電圧 V をかけ_，同じ油滴を図7(b)のように上昇させる。この場合も，油滴はすぐに終端速度 v_E に達する。平行板電極の間隔を d とすると，電極間の電場は下向きに $E=\dfrac{V}{d}$ であり，電気量 $-q$ （$q>0$）をもつ油滴には上向きに電場からの力 $qE=\dfrac{qV}{d}$ が働く。したがって，このときの力のつり合いの式は，

$$\frac{qV}{d} = Mg + kv_E \quad \cdots\cdots ④$$

となる。③式と④式より Mg を消去して油滴に帯電した電気量 q を求める。

> **公式** ミリカンの実験の式
>
> 油滴に帯電した電気量の大きさ q〔C〕は，油滴の終端速度 v_g〔m/s〕，v_E〔m/s〕を用いて次式で与えられる。
>
> $$q = \frac{dk(v_g + v_E)}{V} \quad \cdots\cdots ⑤ \quad 【q は (v_g+v_E) に比例】$$
>
> なお，d〔m〕，V〔V〕はそれぞれ平行板電極の間隔と電圧を表す。

ここで，空気抵抗の比例定数 k は $k=6\pi\eta a$ で与えられる。a は油滴の半径，η は空気の粘性率を表す。したがって，油滴の半径 a がわかると k が既知量となり，⑤式を使って v_g と v_E の測定値から q を求めることができる。今日知られている電気素量 e は次の値をもつ。

$$e = 1.602176565 \times 10^{-19} \text{ C} \quad (約 1.6 \times 10^{-19} \text{ C})$$

e と電子の比電荷 $\dfrac{e}{m}$ の値を使うと，電子の質量 m を求めることができる。

$$m = 9.10938291 \times 10^{-31} \text{ kg} \quad (約 9.1 \times 10^{-31} \text{ kg})$$

4 原子の構造

陰極線の正体は電子であり，すべての元素の原子は電子をもつことが明らかになった。一方，原子は電気的に中性であり，正の電荷をもつ部分も存在する。現在，教科書等で目にする原子核と電子からなる原子の構造を示す図は，電子発見の当初から，このように考えられたわけではなかった。ここでは，**原子モデルの歴史**を見ていこう。

原子を表す atom という言葉の起源は古く，遠く紀元前にまで遡ることができる。それ以上分割できないものという，いわば抽象的な概念であった原子が，電子の発見以降，その構造が注目されはじめたのである。

1904年，J. J. トムソンは，一様に広がった正電荷の球の中で，電子が同心円上に等間隔に並んでいるという原子モデルを提唱した。これに対し，長岡半太郎は，正の電荷は原子の中心に集まっていて，その回りを電子が回っているという原子モデル（土星型モデル）を考えた。図8(a)にトムソンの原子モデルを，図8(b)に長岡の原子モデルを示す。

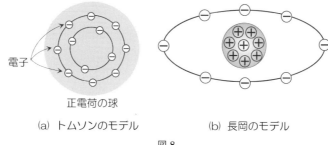

(a) トムソンのモデル　　(b) 長岡のモデル

図 8

　その後，1909年，ラザフォードらは，真空中において図9に示すようにラジウム原子から出るα粒子（高速のHeの原子核）を薄い金箔にあて，その散乱の様子を調べた。実験の結果，大部分のα粒子は素通りするが，数は少ないが90°以上に大きく曲げられる粒子があった（図10）。α粒子の質量は電子の約7300倍であり，電子で大きく曲げられることはない。さらに，トムソンのモデルでは，正電荷と電子のつくる電場がほぼ打ち消し合うので，α粒子が大きく曲げられることはなく，実験結果を説明できない。

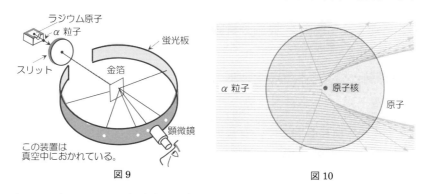

図 9　　　　　　　　　　　　　図 10

　1911年，ラザフォードは実験結果をうまく説明する散乱の理論式を導くことに成功した。その結果，原子の中の正電荷は原子の大きさの $\frac{1}{10000}$ 以下の部分に集中していることが明らかになり，**原子核**と名づけられた。こうして，小さくて重い原子核の回りを軽い電子が円運動するという原子モデル（有核型原子模型）が広まった。原子の大きさは 10^{-10} m 程度，原子核の大きさは $10^{-15} \sim 10^{-14}$ m である。この大きさの違いを実感する例を挙げると，両翼100mの野球場を原子にたとえると，その中心に置いた数mmの米粒が原子核の大きさに相当する。

活用例題で学ぶ知識の活用

【活用例題1】　　　　　　　　　　　　　栃木県高校物理2010年度（頻出・やや難）

図のように，真空中に xyz 直交座標系をとり，原点 O から質量 m，電気量 q ($q>0$) の荷電粒子を y 軸の正の向きに，速さ v で発射する。$y=L$ の位置には十分広い蛍光板 S が，y 軸と垂直に置かれており，荷電粒子が衝突すると，その位置には輝点が生じる。y 軸と蛍光板 S との交点を P とし，さらに S 上に，点 P を通って x 軸と同じ向きに X 軸を z 軸と同じ向きに Z 軸をそれぞれとり，S 上の点を X 座標と Z 座標で表すものとする。原点 O と蛍光板 S の間の空間には，一様な電場や一様な磁

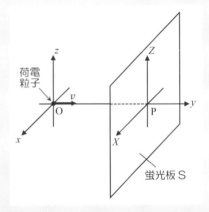

場がかけられるようになっている。地磁気や重力の影響及び相対論的な効果は無視できるものとする。

(1) 原点 O と蛍光板 S の間の空間に，強さ E の電場が z 軸の正の向きにかかっており，磁場はかかってないとき，原点 O から速さ $v=v_0$ で発射された荷電粒子は蛍光板 S 上の座標 $(0, Z_1)$ の点に衝突した。次の各問いに答えよ。
① 荷電粒子が原点 O を出発してから，蛍光板 S に衝突するまでの時間はいくらか。
② 荷電粒子が原点 O と蛍光板 S の間の空間を運動しているときの加速度の向きと大きさを答えよ。
③ Z_1 の値を求めよ。

(2) 原点 O と蛍光板 S の間の空間に，磁束密度 B の磁場が z 軸の正の向きにかかっており，電場はかかってないとき，原点 O から速さ $v=v_0$ で発射された荷電粒子は円運動の一部を行い，蛍光板 S 上の座標 $(X_1, 0)$ の点に衝突した。次の各問いに答えよ。
① 荷電粒子が原点 O と蛍光板 S の間の空間を運動しているとき，荷電粒子が受けるローレンツ力の大きさはいくらか。
② 円運動の半径はいくらか。
③ X_1 の値を求めよ。ただし，円運動の半径は L に比べて十分大きいものとして近似を行い，B に比例する形で答えよ。

(3) 原点 O と蛍光板 S の間の空間に，強さ E の電場と磁束密度 B の磁場の両方が，ともに z 軸の正の向きにかかっているとき，原点 O から質量 m，電気量 q の多数の荷電粒子を様々な速さ v で連続的に発射させたところ，蛍光板 S 上の様々な場所に輝点が生じたが，これらの輝点はすべて放物線 $Z=AX^2$ 上にあった。このとき，定数 A の値を求めよ。ただし，x 方向の運動については，前問(2)③の近似が成り立っているものとする。

1 電子の発見

📖 **解説** 本例題では，まず問題の状況を的確に把握することが重要である。問題文が長文で扱いにくそうに見えるが，ポイントは次の4つの素過程である。

【素過程1】 等速度運動と等加速度運動 → (1)
【素過程2】 電場と電気力の関係 → (1)②
【素過程3】 ローレンツ力 → (2)
【素過程4】 近似式の使い方 → (2)③

　トムソンの実験（ただし，正の荷電粒子）において，電場に加えて，磁場をかけたときの荷電粒子の運動を問う問題である。(2)③においては，近似式をどう使うかが鍵になる。

☞ **解答への指針**

(1) z 軸の正の向きに電場 E をかけたとき，正の荷電粒子の運動は次のようになる。

　　　y 軸方向：等速度運動
　　　z 軸方向：等加速度運動

　解説の $\boxed{2}$ を参照のこと。

(2) z 軸の正の向きに磁束密度 B をかけたとき，正の荷電粒子には，まず x 軸の正の向きにローレンツ力が働く。

③ ローレンツ力による円運動の半径を r とする。図（参考図）において，直角三角形 ABC を考える。ピタゴラスの定理より，$(r-X_1)^2+L^2=r^2$ が成り立つ。したがって，X_1 は，

$$X_1 = r-(r^2-L^2)^{\frac{1}{2}} = r-r\left\{1-\left(\frac{L}{r}\right)^2\right\}^{\frac{1}{2}}$$

となる。ここで，$r \gg L$ なので次の近似式を使う。

　　　$|a| \ll 1$ のとき，$(1+a)^n \fallingdotseq 1+na$

近似式を使うと，X_1 は次のようになる。

$$X_1 \fallingdotseq r-r\left(1-\frac{1}{2}\frac{L^2}{r^2}\right) = \frac{L^2}{2r}$$

(3) (1)③で得られた Z_1 の式と(2)③で得られた X_1 の式を関係式に代入する。

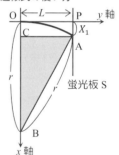

素過程への分解・分析
素過程1
等速度運動と等加速度運動
素過程2
電場と電気力の関係

素過程3
ローレンツ力

素過程4
近似式の使い方

第2章 原子物理

【活用例題2】　　　　　　　　　　　　佐賀県高校物理2011年度・抜粋（頻出・普通）

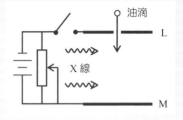

　ミリカンは図に示すような装置で，電気素量の値を初めて精密に測定することに成功した。その手順について考える。重力加速度の大きさをgとする。

　まず，霧吹きでつくった油滴を極板Lにあけた小さな穴から平行な2枚の極板L，Mの間に落下させた。次に，X線を照射して生じた空気中のイオンをこの油滴に付着させて油滴を帯電させた。油滴には，油滴の半径と速さに比例する空気の抵抗力と重力が働くが，やがてこれらの力がつり合って，油滴は一定の速さv_0で落下した。油滴の質量をm，油滴の半径をrとする。

(1) 空気抵抗の比例定数kはいくらか。

　次に，電極LM間に電圧をかけてしばらくしたら，油滴は一定の速さv_1で上昇した。

(2) 電極LM間の電場の強さをE，油滴の電荷をqとすると，これらの間の関係式はどうなるか。

(3) 油滴の密度をρとすると，質量mはいくらか。

(4) 油滴の半径rはいくらか。v_0, k, ρ, gを用いて答えよ。

(5) 電荷qはいくらか。v_0, v_1, k, ρ, gを用いて答えよ。

📖 **解説**　ミリカンの実験の問題であり，素過程としては次の3つからなる。

【素過程1】空気の抵抗力　→　(1), (2)
【素過程2】電場と電気力の関係　→　(2)
【素過程3】重力，電気力，空気の抵抗力のつり合い　→　(2)～(5)

　図の回路より，正に帯電した油滴を考えていることがわかる。正でも負でも電場の向きが逆になるだけで，他の条件は変わらない。また，問題文より，空気の抵抗力はkrv_0となり，解説の3よりも詳しい形式になっていることに注意する。

☞ **解答への指針**

(1) 油滴に働く重力と空気の抵抗力がつり合う。
(2) 電場による電気力が，「重力＋空気の抵抗力」とつり合う。
(3) 油滴の体積は，$\dfrac{4}{3}\pi r^3$で与えられる。
(4) (3)のmの式を(1)の力のつり合いの式に代入する。
(5) (1)と(2)の力のつり合いの式より，mgを消去してqを求め，(4)で求めたrの式を代入する。

素過程への分解・分析
素過程1　空気の抵抗力
素過程2　電場と電気力の関係
素過程3　油滴は一定の速さ　→油滴に働く力（重力，電気力，空気の抵抗）のつり合い

1 電子の発見

解答例

【活用例題1】

(1) ① $\dfrac{L}{v_0}$　② 向き：Z 軸の正の向き，大きさ：$\dfrac{qE}{m}$　③ $Z_1 = \dfrac{qL^2}{2mv_0^2}E$

(2) ① qv_0B　② $\dfrac{mv_0}{qB}$　③ $X_1 = \dfrac{qL^2}{2mv_0}B$　(3) $\mathrm{A} = \dfrac{2m}{qL^2}\dfrac{E}{B^2}$

【活用例題2】

(1) $k = \dfrac{mg}{rv_0}$　(2) $qE = mg + krv_1$　(3) $m = \dfrac{4}{3}\rho\pi r^3$　(4) $r = \sqrt{\dfrac{3kv_0}{4\rho\pi g}}$

(5) $q = \sqrt{\dfrac{3kv_0}{4\rho\pi g}}\,\dfrac{k(v_0 + v_1)}{E}$

実力錬成問題

[1] 図1のように，放電管の中の空気を抜いて，放電させる実験を行った。下の各問いに答えよ。

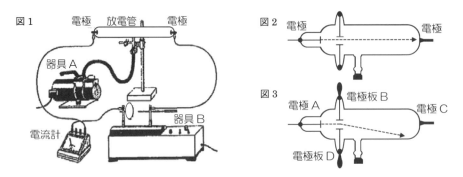

(1) この実験で使用した器具A，Bの名称をそれぞれ答えよ。
(2) 図1の放電管をクルックス管に換え，電圧をかけて電流を流すと，図2のように電流の流れが観察できた。このとき電極から飛び出している電流の流れを何というか。
(3) (2)の電流の流れは，電気をもつ小さな粒子の流れである。この粒子を何というか。
(4) 図3の電極または電極板で，＋極と考えられるものをA〜Dからすべて選び，記号で答えよ。
(5) 図3のようになるのはなぜか。(3)で答えた言葉を使って答えよ。

【宮崎県中学理科（2011年度）抜粋】

[2] 図の装置で，霧吹きPの小穴から質量 m [kg]，体積 V [m³] の油滴を落下させ，X線をこれに照射して負に帯電させた。落下中の油滴は空気から速度に比例した抵抗力を受け，その比例定数は k である。A，B間の距離を d [m]，重力加速度の大きさを g [m/s²]，装置中の空気の密度を ρ [kg/m³] として，次の各問いに答えよ。

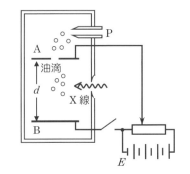

(1) 電極AB間の電圧が0Vのとき，落下中の油滴の速さを v [m/s] として，加速度の大きさ a [m/s²] を求めよ。
(2) 油滴の落下速度はやがてほぼ一定値になった。その速さ v_1 [m/s] を求めよ。
(3) 次にAB間に E [V] の電圧をかけたら，油滴は一定の速さ v_2 [m/s] で上昇した。油滴の電荷 q [C] を，E，v_1，v_2，d および k を用いて表せ。

(4) 数個の油滴について次の q の値を得た。電気素量 e [C] を求めよ。

　　4.82　　8.05　　16.10　　6.44　　12.88　　11.28　　（$\times 10^{-19}$ C）

【滋賀県高校物理（2012年度）】

解法への指針

$\boxed{1}$ (1)【素過程（真空放電）】,（2）〜（5）【素過程（陰極線）】

$\boxed{2}$ (1)〜(3)【素過程（空気の抵抗力）】,（3）【素過程（電場と電気力の関係）】（**状況把握**）問題文より，油滴には空気による浮力も働く。ただし，(3)で得られた q の式を見ると，浮力の項が消えて解説 $\boxed{3}$ の⑤式と同じになることに注意。(4) q の値を小さい順に並べて隣同士の差をとり，最小単位 e の目星を付ける。次に，それぞれの q の値が e の何倍（整数倍）で表せるか考える。

2 光の粒子性と物質の波動性

キーワードチェック

□光電効果 □光子 □プランク定数 □電子ボルト □X線 □連続X線と固有X線 □ブラッグの条件 □コンプトン効果 □ド・ブロイの仮説

ワンポイントチェック

① 金属に紫外線などの光を当てると，金属内の電子が外部に飛び出す現象を [　　　] という。このとき，金属から飛び出る電子を [　　　] という。

② 1905年，[　　　] は，光が光速で動く粒子，すなわち [　　　] として振る舞うとする光量子仮説を唱えた。振動数 ν をもつ光子のエネルギー E は，プランク定数を h とすると [　　　] で与えられる。

③ 図1は，ある光電管に当てる光の振動数 ν を変えたときの光電子の運動エネルギーの最大値 K_0 の様子を表すグラフである。使用した光電管の仕事関数 W は [　　　] であり，限界振動数 ν_0 は [　　　] である。また，グラフの直線の [　　　] がプランク定数 h を与える。

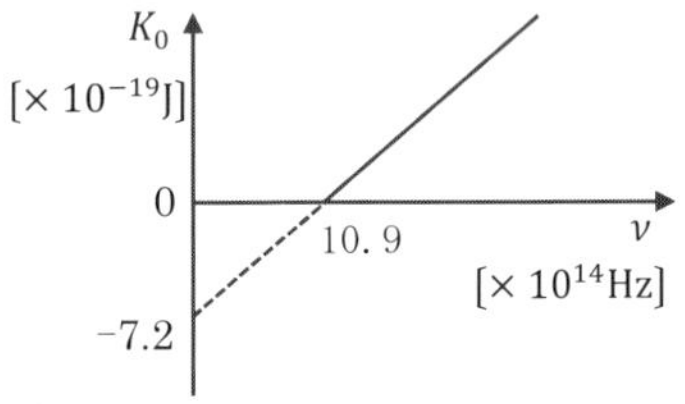

④ 原子や電子などミクロな粒子のエネルギーを表すときは，[　　　]〔単位 [　　　]〕が使われる。1eV は [　　　] Jである。

⑤ 図2のX線スペクトルで，波長 λ_1 と λ_2 の鋭いピークをもつX線を [　　　] といい，最短波長 λ_0 から長波長側に広がるX線を [　　　] という。X線管の加速電圧が V のときの λ_0 は，電気素量を e，真空の光速度を c とすると [　　　] となる。

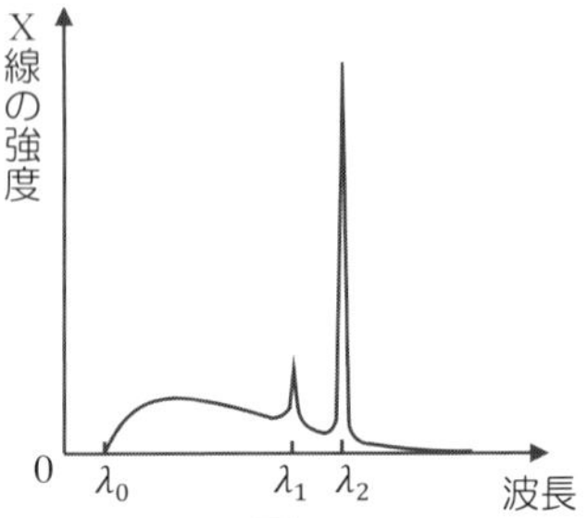

⑥ 波長 λ のX線を物質に当てると，X線は物質中の電子と衝突し，λ よりも波長の [　　　] X線として散乱される。その過程で，X線と電子との間にエネルギー保存の法則と [　　　] が成り立つ。この現象を [　　　] という。

⑦ [　　　] は，電子のようなミクロな粒子も [　　　] 性を示すという仮説を立てた。質量 m，速さ v の電子の波長 λ は [　　　] で与えられる。

解答例 ① 光電効果，光電子 ② アインシュタイン，光子（光量子），$E=h\nu$ ③ 7.2×10^{-19} J，10.9×10^{14} Hz，傾き ④ 電子ボルト，eV，1.6×10^{-19} ⑤ 固有X線，連続X線，$\lambda_0=\dfrac{hc}{eV}$

⑥ 長い，運動量保存の法則，コンプトン効果 ⑦ ド・ブロイ，波動，$\lambda=\dfrac{h}{mv}$

図1

図2

重要事項の解説

1 光電効果

金属などの物質に光を当てると，電子が飛び出す現象を**光電効果**といい，飛び出した電子を**光電子**という。金属内の自由電子は陽イオンとの間に引力が働くので電子を外に取り出すためにはエネルギーが必要となる。光電効果では光によってエネルギーが与えられる。電子を取り出すのに必要なエネルギーの最小値は，金属の種類によって決まり，その値を**仕事関数**という。

【光電効果の実験】

光電効果の実験について見てみよう。図3において，**光電管**の陰極Kに振動数 ν の単色光を当てる。光電管につながる回路は，すべり抵抗器で陰極Kに対する陽極Pの電位差を正にも負にも変えることができる。

陰極Kの電位を0V，陽極Pの電位を正にすると，陰極Kから飛び出した光電子は陽極Pに集まるので，回路には光電子の数に比例した電流（**光電流**）が流れる。陽極Pの電位 V を正から負に変えながら光電流 I を測定すると，図4のようなグラフが得られる。ここで，V が負の場合，陰極Kから出た光電子にはその運動の向きとは逆向きの力が働く。光電子は陰極Kから初速度をもって飛び出すので，V があまり低くないときは，光電子は陽極Pに到達できるが，$V=-V_0$ になると，光電子はもはや陽極Pに到達できなくなる。

光電子の質量を m，電気量の大きさを e，初速度の最大値を v とすると，光電子は電場から $-eV_0$ の仕事を受けて陽極Pに達する直前に運動エネルギーが0になるので，$\frac{1}{2}mv^2=eV_0$ が成り立つ。したがって，グラフの V_0 から光電子の運動エネルギーの最大値 $\frac{1}{2}mv^2$ を求めることができる。

【光電効果の実験結果】

光電効果はレナードらによって詳しく研究され，20世紀の初めまでに以下のことが明らかになった。

① 光の振動数がある値 ν_0 以上でないと，光電効果は起こらない。ν_0 を**限界振動数**といい，その値は金属の種類と表面の状態で決まる。

② 振動数が ν_0 よりも大きい光は，どんなに弱い光でも光電効果が起こり，光電子は光を当てた瞬間に飛び出す。

③ 飛び出した光電子の運動エネルギーの最大値は，光の強さに関係なく振動数だけで決まり，振動数を大きくすると，図5のように直線的に増加する。

④ 光の振動数が一定のとき，光の強さと光電子の数は比例する。

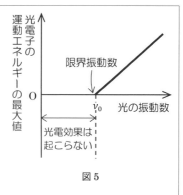

図5

これらの実験結果は，それまでの光を電磁波とみなしていた物理学では説明できない。すなわち，古典物理学では，光を陰極の金属に当てると，光（電磁波）の電場によって金属中の自由電子が振動する。その振動のエネルギーが時間とともに大きくなり，金属の仕事関数を超えたとき光電子として外に飛び出すことができると説明される。この考えに基づくと，「光の強さを強くすれば振動数に関係なく光電子は飛び出すことができる」（←①に反する）。また，「光が弱いときはエネルギーを得るのに時間がかかるので光電子はすぐに飛び出すことはできない」（←②に反する）。さらに「光電子の運動エネルギーは，振動数でなく光の強さに関係する」（←③に反する）。このように，光電効果が示す実験事実とは正反対の結果を導いてしまうのである。

2 アインシュタインの光量子仮説

1900年，プランクは，「電磁気的な振動のエネルギーは振動数で決まる最小単位（エネルギー量子）をもつ」と仮定して，高温物体から放射される光の振動数と強さの関係（**黒体放射**の問題）を説明した。この考えに着目したアインシュタインは，1905年，さらに発展させた**光量子仮説**を唱え，光電効果の説明に成功した。

光量子仮説とは，光を**光子**（フォトン），または**光量子**という粒子の集まりと考え，光子1個の持つエネルギーを次のように定義した。

> **定義** 光子のエネルギー
> 振動数 ν〔Hz〕の光は，1個あたりのエネルギーが
> $$E = h\nu \quad \cdots\cdots ①$$
> である粒子（光子）として振る舞う。

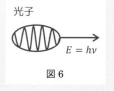

図6

ここで，h は**プランク定数**とよばれ，$h = 6.626 \times 10^{-34}$ J·s の値をもつ。

アインシュタインは，振動数 ν の光が金属に当たるとき，金属の中の1個の自由電子が1個の光子を吸収してエネルギー $h\nu$ をもつと仮定した。この仮定の下，光電効果の実験結果のそれぞれは，次のように説明できる。

結果①について：振動数 ν が小さく $h\nu \leq W$ のときは，どんなに強い光を与えても，

個々の電子に与えられるエネルギーは W 以下なので電子は飛び出さない。

結果②について：$h\nu > W$ のときは，光が弱くても電子は大きなエネルギーを持つので，光子からエネルギーを受け取った瞬間に飛び出すことができる。

結果③について：金属内部の電子は光子から $h\nu$ のエネルギーをもらい，飛び出すには W 以上のエネルギーが必要である（図7）。

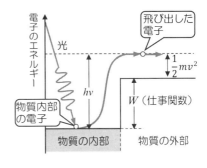

図7

結果④について：光の振動数が一定のとき，光子の数は光の強さに比例するので飛び出す電子の数も光の強さに比例する。

結果③に関して詳しく見てみよう。金属内の1個の電子が1個の光子を吸収し金属表面から飛び出す際，次の関係（エネルギー保存則）が成り立つ。

公式 光電効果の式

光子のエネルギーを $h\nu$ [J]，金属の仕事関数を W [J] とするとき，飛び出す光電子の運動エネルギーの最大値 $\frac{1}{2}mv^2$ [J] は次式で与えられる。

$$\frac{1}{2}mv^2 = h\nu - W \quad \cdots\cdots ②$$

この関係をグラフに表したものが図8である。運動エネルギーの最大値 $\frac{1}{2}mv^2$（縦軸）は，光の振動数 ν（横軸）に対し直線的に増加する。このとき，<u>直線の傾きがプランク定数 h を与える</u>。加えて，限界振動数 ν_0 では，$\frac{1}{2}mv^2 = 0$ となるので，②式より次式が成り立つ。

$$h\nu_0 = W \quad \cdots\cdots ③ \quad 【\nu_0 \text{と} W \text{の関係式}】$$

光量子仮説の成功を背景に，これまで波と考えられてきた光は，粒子の性質（**粒子性**）も持つことが明らかになった。

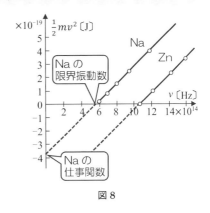

図8

ここで，光の強さについて，一言触れておきたい。光の強さは，「単位時間当たりに単位断面積を通るエネルギー」で定義される。したがって，振動数が一定のときは，**光の強さは光子の数に比例する**。しかしながら，光の強さを一定にして振動数を変えたとき，光子によるエネルギー量は一定であるから，光子のエネルギー $h\nu$ が変わるの

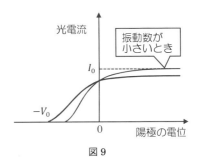

図9

で，光子の数も変わってくることに注意したい。図4のグラフで，光の強さを変えずに振動数を小さくして測定した場合，図9に示すように光電流の一定値 I_0 も上がることになる。光電子の数が増えれば，光電流も増加するからである。

【電子ボルト：ミクロな世界のエネルギーの単位】

光子や電子のエネルギーをジュール〔J〕で表すと，非常に小さい値になるので使いにくい。そこで原子や電子などミクロな粒子のエネルギーを表すときは，**電子ボルト**〔eV〕の単位が使われる。**1eV は 1 個の電子が電圧 1V で加速されたときに得るエネルギー**であり，ジュールとは

$$1\,\mathrm{eV} = (1.60 \times 10^{-19}\,\mathrm{C}) \times 1\,\mathrm{V} = 1.60 \times 10^{-19}\,\mathrm{J}$$

の関係になる。

3 X 線の発見と X 線スペクトル

1895年，陰極線の実験をしていたレントゲンは，放電管の側にあった写真乾板が感光しているのを発見した。彼は，放電管から目には見えない未知の光線が出ていると考え，それを **X 線**と名づけた。X 線は次の性質をもつ。

X 線の性質

① 蛍光物質を光らせ，写真フィルムを感光させる。
② 直進性があり，電場や磁場では曲がらない。
③ 原子を電離してイオンをつくる（電離作用）。
④ 可視光線が通らない物質も透過する（透過作用）。

これらの性質や後述するラウエの実験から，X 線は波長の極めて短い電磁波であることがわかった。

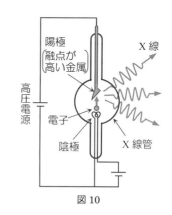

図 10

X 線は，図10に示す X 線管の中で，陰極のフィラメントから飛び出した電子（**熱電子**ともいう）を高電圧で加速して陽極に衝突させることによって発生する。X 線の波長と強度の関係を示すグラフを **X 線スペクトル**という。図11に熱電子の加速電圧を変えたときのモリブデン Mo の X 線スペクトルを示す。X 線スペクトルは，連続的に変化する**連続 X 線**と，鋭いピークの**固有 X 線**（または**特性 X 線**）からなる。

陽極に衝突した熱電子は，陽極中の原子から力を受けて減速して停止する。この際に熱電子のもつ運動エネルギーの一部または全部が，X 線の光子に変わる。光子に変わらなかった残りのエネルギーは，陽極中の原子の熱運動を増加させて温度を上昇させる。このような過程で発生する X 線が，連続 X 線である。図11からわかるように，連続 X 線には最短波長が存在し，それは加速電圧の増加とともに短くなる。最短波長は，加速電圧が同

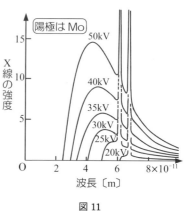

図 11

じであれば，陽極物質の種類によらない。では最短波長を求めてみよう。

> **例題で確認** 加速電圧 V [V] のときに発生する連続 X 線の最短波長 λ_0 [m] を求めよ。
> ただし，電子の電気量の大きさを e [C]，真空中の光速を c [m/s^2] とする。
> 【滋賀県高校物理（2011年）改】

状況▶▶ 1個の熱電子の運動エネルギーが100％，1個の光子のエネルギーに変わるとき，光子は最大エネルギー（すなわち，最短波長 λ_0）を持つ。

展開▶▶ 陰極から出た初速度0の熱電子を電圧 V で加速すると，熱電子の運動エネルギーは eV となる。連続 X 線の最短波長を λ_0，そのときの振動数を ν_0 とすると，

$$h\nu_0 = h\frac{c}{\lambda_0} = eV$$

が成り立つ。

例題から得られる結論 X 線の最短波長

加速電圧 V [V] のときに発生する連続 X 線の最短波長 λ_0 [m] は，次式で与えられる。

$$\lambda_0 = \frac{hc}{eV} \quad \cdots\cdots ④ \quad \text{【V が大きいほど，λ_0 は短くなる】}$$

一方，固有 X 線は，原子の構造を反映した線スペクトルに対応した現象であり，固有 X 線の波長は，陽極原子の電子のエネルギー準位で決まる（第3節を参照のこと）。ここで，X 線に関しては，硬い X 線，また軟らかい X 線という言い方がよくされる。これは，透過力の違いから来ており，透過力の強い X 線を硬い X 線という。加速電圧が高いほど硬い X 線が発生する。

4 ラウエの実験とブラッグの条件（X 線の波動性）

1912年，ラウエは図12のような装置を使って X 線を単結晶に当てると，単結晶の後方に置いた写真フィルム上に斑点状の干渉模様（**ラウエ斑点**）が見えることを発見した。図13に食塩の単結晶のラウエ斑点の一例を示す。

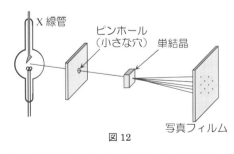

図12　　　図13

ラウエ斑点は単結晶の原子が回折格子の役割をするために生じるので，このような現象を **X 線回折** という。ラウエの実験により，X 線の波動性が明らかになった。

ラウエの実験に続いて，ブラッグ親子は結晶中の原子によって散乱された X 線が干渉して強め合う条件を導き，それを実験で確認した（1912年）。結晶内の原子は規則正

しく並んでおり，原子を含む平面（格子面）が図14のように平行な層になっていると見ることができる。波長 λ の X 線を格子面と角度 θ をなす方向から入射させると，X 線は層になった格子面の原子によって散乱される。そのとき，散乱されたX 線が強め合うように干渉するのは，反射の法則を満たす方向で，なおかつ，隣り合う格子面で反射する X 線が同位相になる場合である。この経路の差は，格子面の間隔を d とすると，$2d\sin\theta$ で与えられる。

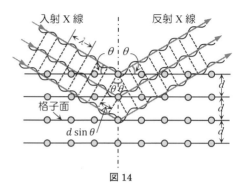

図14

公式 ブラッグの条件
　反射 X 線が強め合う条件は，格子面の間隔を d [m] とすると次式で与えられる。
　　$2d\sin\theta = n\lambda$ 　 $(n=1, 2, 3, \cdots)$ 　……⑤
　　　　　　　　　　　　　　　【隣りの格子面との経路の差が λ の整数倍】
　ここで，λ や θ は，それぞれ入射 X 線の波長，入射角（図14）を表す。

　X 線回折の実験は，X 線の波動性を示したのにとどまらず，原子が実在することも直接的に証明した。今日，X 線回折は物質の結晶構造を調べる測定手段として広く使われている。

5 コンプトン効果

　物質に波長 λ の X 線を当てると，光の散乱と同様に，X 線はいろいろな方向に弱く散乱される。散乱角 θ を固定して散乱 X 線に含まれる波長を詳しく調べたところ，波長 λ の入射 X 線に加えて，それよりも波長の長い λ' をピークとする散乱 X 線の山が観察された。さらに，λ' の値は θ と共に増加することもわかった。

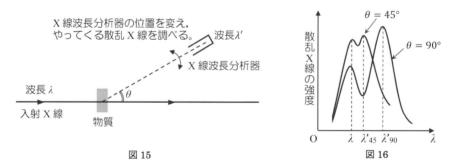

図15　　　　　　　　　　　図16

　図15に実験装置の模式図を，図16に実験結果の例を示す。この現象は，現象を理論的に説明した人の名を冠して**コンプトン効果**（または**コンプトン散乱**）とよばれる。
　アインシュタインは，1916年，光子は $h\nu$ のエネルギーを持つだけでなく，同時に運動量 p も光の進む向きに持つと考えた。

定義 光子の運動量
　真空中の光速を c [m/s] とすると，振動数 ν [Hz]，波長 λ [m] の光子の運動量 p [kg·m/s] は次式となる。
$$p = \frac{h\nu}{c} = \frac{h}{\lambda} \quad \cdots\cdots ⑥ \quad 【E の \nu に対し, p は \frac{1}{\lambda}】$$

　1923年，コンプトンは，X線の光子が物質中の電子と衝突して電子をはじき飛ばすことで，光子自身の運動量と運動エネルギーが減少するために，散乱X線の波長が入射X線の波長より長くなると考えた。そこで，X線光子と電子の散乱に運動量保存の法則とエネルギー保存の法則を適用し，X線の散乱角 θ と散乱波長 λ' の間の関係式を導くことに成功した。このことはまた，⑥式の正しさを示すものでもあった。では，コンプトン効果の式を求めてみよう。

> 例題で確認 コンプトン効果の実験で，図17のように波長 λ の入射X線が静止している電子に衝突し，X線の入射方向に対して θ の方向にX線が散乱され，ϕ の方向に速さ v で質量 m の電子がはね飛ばされるとき，X線の散乱波長 λ' と散乱角 θ の関係式を求めよ。$\lambda' ≒ \lambda$ なので，$\dfrac{\lambda'}{\lambda} + \dfrac{\lambda}{\lambda'} ≒ 2$ が成り立つものとする。
>
> 【岐阜県高校物理（2012年）改】

状況▶▶ 図17のように x 軸と y 軸をとる。このとき，入射X線の運動量 $\dfrac{h}{\lambda}$ は x 軸の正の向きとなる。一方，散乱X線の運動量 $\dfrac{h}{\lambda'}$ は，x 軸方向と y 軸方向の成分に分解して考える。

展開▶▶ 図17の x 軸方向と y 軸方向に対して**運動量保存の法則**を立てると，

$$x 軸方向: \frac{h}{\lambda} = \frac{h}{\lambda'}\cos\theta + mv\cos\phi \quad \cdots\cdots ⑦$$

$$y 軸方向: 0 = \frac{h}{\lambda'}\sin\theta - mv\sin\phi \quad \cdots\cdots ⑧$$

一方，エネルギー保存の法則は，

$$\frac{hc}{\lambda} = \frac{hc}{\lambda'} + \frac{1}{2}mv^2 \quad \cdots\cdots ⑨$$

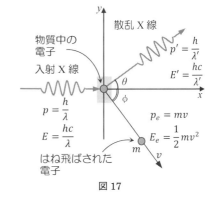

図17

これらの3式から，λ と θ を既知量として ϕ と v を消去すればよいのであるが，少々複雑なので途中の計算過程も追っていこう。⑦式と⑧式を書き直すと

$$mv\cos\phi = \frac{h}{\lambda} - \frac{h}{\lambda'}\cos\theta \quad \cdots\cdots ⑦'$$

$$mv\sin\phi = \frac{h}{\lambda'}\sin\theta \quad \cdots\cdots ⑧'$$

となる。そこで，(⑦'式)^2+(⑧'式)^{2}を計算し，

第2章 原子物理

$$(mv)^2(\sin^2\phi+\cos^2\phi)=h^2\left(\frac{1}{\lambda}-\frac{1}{\lambda'}\cos\theta\right)^2+h^2\left(\frac{\sin\theta}{\lambda'}\right)^2$$

を得る。ここで，$\sin^2\phi+\cos^2\phi=1$ および，$\sin^2\theta+\cos^2\theta=1$ を使って整理すると，

$$m^2v^2=h^2\left(\frac{1}{\lambda^2}+\frac{1}{\lambda'^2}-\frac{2}{\lambda\lambda'}\cos\theta\right)$$

となる。この式の左辺に⑨式を変形した $m^2v^2=2mhc\left(\frac{1}{\lambda}-\frac{1}{\lambda'}\right)$ を代入して整理すると，

$$\frac{1}{\lambda}-\frac{1}{\lambda'}=\frac{h}{2mc}\left(\frac{1}{\lambda^2}+\frac{1}{\lambda'^2}-\frac{2}{\lambda\lambda'}\cos\theta\right)$$

さらに，両辺に $\lambda\lambda'$ を乗じて

$$\lambda'-\lambda=\frac{h}{2mc}\left(\frac{\lambda'}{\lambda}+\frac{\lambda}{\lambda'}-2\cos\theta\right)$$

の形になる。最後に，$\frac{\lambda'}{\lambda}+\frac{\lambda}{\lambda'}≒2$ の近似式を使うと次の結論が得られる。

例題から得られる結論 コンプトン効果

入射 X 線の波長 λ [m] と，電子によって散乱された散乱 X 線の波長 λ' [m] の差は，散乱角 θ と次の関係がある（散乱の状況は図17参照）。

$$\lambda'-\lambda=\frac{h}{mc}(1-\cos\theta) \quad \cdots\cdots ⑩ \quad 【\theta と共に (\lambda'-\lambda) が増加】$$

コンプトンによって導出された⑩式は，図16の実験結果をよく再現した。このようにして X 線の粒子性が確認されたのである。

6 ド・ブロイの仮説

1924年，ド・ブロイは，光やX線などの電磁波が波動性と粒子性の二重性をもつように，質量を持ち粒子として振る舞う電子（のような物体）にもまた波動性があるのではないかと考え，次のような仮説を立てた。

仮説 ド・ブロイの物質波

粒子の運動量を p [kg·m/s]，質量を m [kg]，速さを v [m/s] とすると，粒子の波長 λ [m] は，次式で与えられる。

$$\lambda=\frac{h}{p}=\frac{h}{mv} \quad \cdots\cdots ⑪ \quad 【ミクロな粒子の波長 \lambda を与える式】$$

⑪式が成り立つ波を**物質波**，または**ド・ブロイ波**という。

デビッソンとガーマーはニッケルの表面に電子線を当て，X 線回折と同様の電子線による回折像の測定に成功した（1927年）。翌年，菊地正士は電子線を使った雲母の回折像を撮影した。これらの実験によって，電子の波動性が確認された。

粒子の波動性は，電子に限らず，原子・分子や陽子，中性子のようなミクロな粒子が共通に持つ性質である。

電磁波やミクロな粒子が，波動性と粒子性という相反する性質を持つことは，古典物

理学では説明がつかないことである。ミクロの世界で起こる現象を説明するために，その後，この**粒子と波動の二重性**を基礎とした新しい物理学である**量子力学**が発展した（第4節「発展」参照）。

【参考】物質波の応用

　物質波の応用としては，電子を使った電子線回折以外に，中性子を用いた中性子回折，また光の代わりに電子線を使い，さらにレンズの代わりに電磁石（電子レンズともいう）を用いた**電子顕微鏡**がある。可視光線の波長が400〜800 nm（4.0×10^{-7}〜8.0×10^{-7} m）に対して電子線の波長が0.1 nm（1.0×10^{-10} m）と短くその分解能も普通の光学顕微鏡に比べると非常に高い。

活用例題で学ぶ知識の活用

【活用例題1】　　　　　　　　　　　　　　静岡県高校物理2011年度（頻出・普通）

図1は，光電効果の現象を調べるために用いた回路である。光電管の陰極Qに外部から単色光を照射し，そのとき飛び出す光電子を陽極Pで集める。光電管の電極の電圧は，可変抵抗によって変えることができ，直流電圧計と直流電流計を使い，陰極Qに対する陽極Pの電圧V〔V〕と光電流I〔A〕を測定できる。

この光電管に単色光を照射して，電圧と電流の関係を調べた。光電流が流れている状態で，電圧を下げていくとやがて$-V_0$〔V〕で電流が流れなくなった。逆に電圧を上げていくとある電圧以上で光電流がI_0〔A〕となり，変化しなくなった。図2はその結果を表したものである。

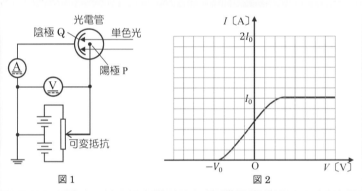

(1) 陰極Qにあてる単色光の振動数をν〔Hz〕，電子の質量をm〔kg〕，電気素量をe〔C〕，プランク定数をh〔J・s〕とする。

① 陰極Qから飛び出した光電子の最大の速さvは何m/sか。

② 光電流がI_0〔A〕となり変化しなくなったとき，陰極Qから飛び出した光電子がすべて陽極Pに集められたと考えられる。図2をもとにして，陰極Qから飛び出した光電子の数は，毎秒何個か。

③ 単色光の振動数は変えずに光の強度だけ弱くすると，図2のI-V曲線はどのようになると考えられるか。図2のグラフとの違いがわかるように，実線で表せ。

(2) 次に，照射する単色光の波長を変えながら同様の実験を行い，それらの結果から電子の運動エネルギーの最大値Kを測定した。図3は，その結果を表したものである。光速度$c=3.0\times10^8$ m/s，電気素量$e=1.6\times10^{-19}$ Cとする。

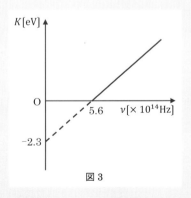

④ 陰極 Q の金属の仕事関数 W は何 J か。有効数字 2 桁で答えよ。
⑤ 図 3 をもとにすると、プランク定数 h は何 J·s か。有効数字 2 桁で答えよ。
⑥ 陰極 Q にヘリウム・ネオンレーザー（波長 6.3×10^{-7} m）を当てるとき、光電効果は起こると考えられるか。光電効果が起こるかどうかを、そのように考える理由を含めて答えよ。

解説 光電効果に関する問題であり、光の強度や振動数（限界振動数）などの語句の理解とともに、図 2、図 3 のグラフの表す意味、またそこから導ける情報（光電効果についての情報）について習熟しておくことが本例題の要である。したがって、ここでは次の 2 つを素過程として挙げておく。なお、図 3 の単位に注意のこと。

【素過程 1】 光電流 I と陽極の電圧 V のグラフの理解　→　(1)
【素過程 2】 電子の運動エネルギーの最大値 K と光の振動数 ν のグラフの理解　→　(2)

☞ **解答への指針**
(1) ① 陰極 Q に対する陽極 P の電圧が $-V_0$ のとき、陰極 Q から飛び出した光電子の運動エネルギーの最大値 $\frac{1}{2}mv^2$ が、陽極 P に到達する直前でその運動エネルギーを使い切る。
③ 振動数を変えずに光の強度を弱くすると、$-V_0$ の位置は変わらず、I_0 が小さくなる。
(2) ④⑤ 図 3 のグラフの直線と縦軸との切片の絶対値が仕事関数 W を、また直線の傾きがプランク定数 h を与える。
⑥ ヘリウム・ネオンレーザーの振動数が、図 3 から得られる限界振動数 ν_0 よりも大きくないと光電効果は起こらない。

素過程への分解・分析
素過程 1　I-V グラフの理解
電圧がかかるときに電気力がする仕事
運動エネルギーと仕事の関係
←光電効果の実験結果③
④
素過程 2　K-ν グラフの理解
直線は $K = h\nu - W$
←光電効果の実験結果①

【活用例題 2】　熊本県高校物理2009年度（頻出・普通）

結晶中の原子が等間隔で距離 d の平行な格子面の上に並んでいる。図のように、初速度 0 からある特定の電圧 V で加速された電子線を結晶の格子面に角度 θ で入射させると、同じ格子面に対し θ の角度に反射した。電子の質量を m、プランク定数を h、電気素量を e として、次の(1)〜(4)の問いに答えよ。

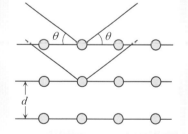

(1) 電圧 V で加速された電子の速さ v を求めよ。
(2) (1)による電子波の波長 λ を求めよ。
(3) 反射電子線が互いに強め合う条件を d, θ, V, e, m, h および正の整数 n を用いて表せ。
(4) V = 125 V のとき、θ = 30° の方向に n = 2 の反射電子線が互いに強め合った。d の値を求めよ。ただし、$m = 9.0 \times 10^{-31}$ kg、$e = 1.6 \times 10^{-19}$ C、$h = 6.6 \times 10^{-34}$ J·s とする。

第2章　原子物理

📖 **解説** 電子線の回折の問題であり，次の3つの素過程から構成される。

【素過程1】電圧がかかるときの電気力がする仕事　→　(1)
【素過程2】ド・ブロイの仮説　→　(2)
【素過程3】ブラッグの条件　→　(3), (4)

　X線と同様，電子線もブラッグの条件が成り立つときに，反射電子線が強め合う。

☞ 解答への指針

(1) 電圧 V がかかるとき，電子に働く電気力がする仕事は eV で与えられる。
(2) 電子の運動量から，ド・ブロイの物質波を求める。
(3) ブラッグの条件式に(2)で求めた λ を代入する。
(4) 結果も有効数字2桁で答える。

素過程への分解・分析
素過程1　電圧がかかるときに電気力がする仕事
素過程2　ド・ブロイの物質波　$\lambda = \dfrac{h}{p(=mv)}$
素過程3　ブラッグの条件　$2d\sin\theta = n\lambda$　$\downarrow n=2$　$d\sin\theta = \lambda$

備考　(1), (2)の結果は公式として記憶しておいてもよい。

$$\frac{1}{2}mv^2 = eV \rightarrow v = \sqrt{\frac{2eV}{m}},$$

$$\lambda = \frac{h}{p(=mv)} \rightarrow \lambda = \frac{h}{\sqrt{2meV}}$$

解答例

【活用例題1】

(1) ① $v = \sqrt{\dfrac{2eV_0}{m}}$ [m/s]　② $\dfrac{I_0}{e}$ [個/s]　③ 右図

(2) ④ $W = 3.7 \times 10^{-19}$ J　⑤ $h = 6.6 \times 10^{-34}$ J·s
⑥ ヘリウム・ネオンレーザーの振動数 4.8×10^{14} Hz は，図3より得られる限界振動数 $\nu_0 = 5.6 \times 10^{14}$ Hz よりも小さいので光電効果は起こらない。

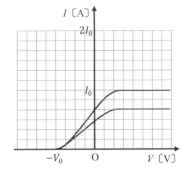

【活用例題2】

(1) $v = \sqrt{\dfrac{2eV}{m}}$　(2) $\lambda = \dfrac{h}{\sqrt{2meV}}$

(3) $2d\sin\theta = \dfrac{nh}{\sqrt{2meV}}$　(4) $d = 2.2 \times 10^{-10}$ m

実力錬成問題

1 図1はX線の発生装置を示したものである。真空管内の電極間に高電圧 V をかけ，陰極を熱することにより発生した電子を，陽極（モリブデン）に衝突させるとX線が発生した。図2は発生したX線の強さと波長の関係を示したものである。

電気素量を e，電子の質量を m，真空中の光速を c，プランク定数を h として下の(1)から(5)の各問いに答えよ。

(1) 特定の波長（図2の λ_1, λ_2）に強く現れるX線のことを何というか答えよ。

(2) 加速された電子の運動エネルギーはいくらか答えよ。

(3) X線の最短波長はいくらか答えよ。

(4) 電極間の電圧を ΔV だけ増加したとき，λ_1 と λ_2 の値はどうなるか。理由をつけて答えよ。

(5) モリブデンの原子内の電子の基底状態のエネルギー準位を E_1 とすると，その1つ上の励起状態にある，電子のエネルギー準位 E_2 はどのように表されるか答えよ。〔注意：(5)は第3節で扱う内容である。〕

【宮崎県高校物理（2011年度）】

2 図のように，食塩の結晶は，ナトリウムイオンと塩化物イオンとが間隔 d [m] で交互に規則正しく並んでいる。一つの格子面と角 θ をなす方向から波長 $\lambda = 1.5 \times 10^{-10}$ m のX線を当て，角 θ を $0°$ から大きくすると，$\theta = 15°52'$ で初めて強い反射が観測された。イオンの間隔 d [m] の値を有効数字2桁で答えよ。ただし，$\sin 15°52' = 0.2734$ とする。

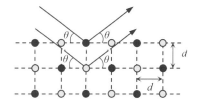

【高知県高校物理（2011年度）改】

3 振動数 ν のX線光子が静止している電子に完全弾性衝突すると，図のようにX線光子は角度 ϕ の方向に散乱し，振動数が ν' となる。それと同時に電子は角度 θ の方向に，速さ v ではね飛ばされる。電子の静止質量を m，光速を c，プランク定数を h として，下の(1)～(4)に答えよ。

ただし，電子を相対論的に扱うものとし，静止質量 m の電子が速さ v で運動しているときの電子の質量は，次の式で与えられるとする。

速さ v で運動している電子の質量
$$= \frac{m}{\sqrt{1-\frac{v^2}{c^2}}}$$

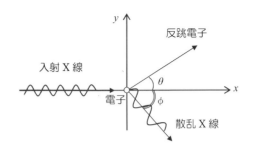

(1) 衝突前後のX線と電子に関するエネルギー保存則を示せ。
(2) 衝突前後の x 方向および y 方向における運動量保存則を示せ。
(3) (1), (2)の結果を用いて，散乱前後の波長のずれ $\Delta\lambda$ について次の関係式が成立することを示せ。
$$\Delta\lambda = \frac{h}{mc}(1-\cos\phi)$$
(4) $h=6.63\times10^{-34}$ J·s, $c=3.0\times10^8$ m/s, $m=9.11\times10^{-31}$ kg として，電子のコンプトン波長 $\frac{h}{mc}$ は何 Å か計算せよ。($1\text{Å}=10^{-10}$ m)

【埼玉県高校物理（2012年度）】

解法への指針

1 (1)(4)(5)【素過程（固有X線の理解）】，(2)【素過程（運動エネルギーと仕事の関係）】，(3)【素過程（連続X線の最短波長）】（状況把握）(4)固有X線の波長は陽極原子の電子のエネルギー準位で決まるので，電圧では変わらない。(5)λ_2 の方がエネルギーは低い。エネルギー準位の差 (E_2-E_1) を λ_2 で表す。

2 【素過程（ブラッグの条件）】$2d\sin\theta=n\lambda$ ($n=1$) の活用

3 (1)〜(3)【素過程（コンプトン散乱，特殊相対性理論）】（状況把握）電子が光速に近い速度で運動すると，相対論的効果が現れるので，相対論の式が必要となる。(1)静止している電子は mc^2 の静止エネルギーをもつ。その電子が v で運動すると，電子のエネルギーは $\dfrac{mc^2}{\sqrt{1-\dfrac{v^2}{c^2}}}$ になる。(2)電子の運動量は，単に mv を $\dfrac{mv}{\sqrt{1-\dfrac{v^2}{c^2}}}$ に置き換えるだけでよい。(3)運動量保存則の2式より θ を消去し，その式とエネルギー保存則の式より v を消去する。相対論を使う場合，$\lambda'\fallingdotseq\lambda$ の近似式は必要ない。与えられた式を見ると，相対論を使わずに導出した解説 4 の⑩式と同じ形であることに注意。

3 原子と原子核の構造

キーワードチェック

□ボーア模型　□量子条件　□振動数条件　□フランク・ヘルツの実験
□原子核の構成　□核力　□結合エネルギーと質量欠損　□原子核崩壊　□放射線

ワンポイントチェック

① デンマークの物理学者 [　　　] は [　　　] 条件と [　　　] 条件の導入によって水素原子の安定性と線スペクトル系列を理論的に説明することに成功した。

② 原子にはとびとびの [　　　] が存在するというボーアの仮説は，[　　　] の実験によって検証された。

③ 原子核は [　　　] と [　　　] で構成される。この2つを総称して [　　　] といい，核子どうしは強い [　　　] によって結合している。また，陽子数を [　　　]，核子数を [　　　] という。

④ [　　　] は同じだが，[　　　] が異なるため質量の異なる原子を [　　　] という。同位体やその原子核を区別して表すには，元素記号の左上に [　　　] を，左下に [　　　] をつけて $^{4}_{2}$He とか $^{3}_{2}$He のようにかく。特に，放射線を出す同位体を [　　　] という。

⑤ $^{12}_{6}$C 原子1個の質量の [　　　] を原子質量単位（記号 [u]）という。1u は [　　　] × $\frac{1}{12}$ = [　　　] kg である。

⑥ 原子核の質量は，それを構成する核子の質量の総和よりもわずかに小さい。この質量の差を [　　　] という。

⑦ 質量と [　　　] とは等価であり，[　　　] によるエネルギーは原子核の [　　　] エネルギーに等しい。核子1個あたりの結合エネルギーが大きい原子核ほど壊し（にくい，やすい）*。＊はどちらかを選択する。

⑧ 不安定な原子核は，自然に [　　　] を放出して安定な別の原子核に変わっていく。これを [　　　] という。この崩壊には [　　　] 崩壊，[　　　] 崩壊，[　　　] 崩壊があり，その崩壊の際に [　　　]，[　　　]，[　　　] という高エネルギーの放射線を放出する。特に，[　　　] の正体はヘリウムの [　　　] である。

解答例　① ボーア，量子，振動数　② エネルギー準位，フランク・ヘルツ　③ 陽子，中性子，核子，核力，原子番号，質量数　④ 原子番号，中性子数，同位体，質量数，原子番号，放射性同位体（アイソトープ）　⑤ $\frac{1}{12}$，$\frac{12g}{6.02 \times 10^{23}}$，$1.66 \times 10^{-27}$　⑥ 質量欠損　⑦ エネルギー，質量欠損，結合，にくい　⑧ 放射線，原子核崩壊，α，β，γ，α線，β線，γ線，α線，原子核

重要事項の解説

1 原子の構造

 化学反応を説明するために仮説として導入された原子ではあったが，20世紀に入り，真空放電など技術の進歩に伴って電子が発見され，トムソンやラザフォードのモデルに象徴されるように，原子の構造までもが物理学の対象となった。「原子から出る光の規則性は，原子の構造とどう結びつくか」という問いに対して，物質の二重性をはじめとするミクロの世界の概念を駆使して水素原子の骨格が形作られていった。以下，その経緯を見てみよう。

【水素原子のスペクトル（水素原子が発する言葉）】

 高温の気体原子からは，その元素に固有な波長分布を示す光（**線スペクトル**）が放出される。最も簡単な構造を持つ水素原子のスペクトルの研究が原子構造を解明する手がかりとなった。

図1

 1884年バルマーによって4本の**輝線スペクトル**（H_α, H_β, H_γ, H_δ）が発見された（図1）。その波長 λ[m] は次式で表わされる。

$$\lambda = 3.646 \times \frac{n^2}{n^2 - 2^2} \times 10^{-7} \quad (n=3, 4, 5, 6) \quad \cdots\cdots ①$$

①式は，その後，リュードベリによって，

$$\frac{1}{\lambda} = R\left(\frac{1}{2^2} - \frac{1}{n^2}\right) \quad (n=3, 4, 5, 6) \quad \cdots\cdots ②$$

と書き換えられた。ここで，R は**リュードベリ定数**とよばれ，その値は水素原子スペクトルの場合 $R = 1.097 \times 10^7$ [1/m] である。この②式で表わされるスペクトルの系列を**バルマー系列**という。

 バルマー系列は可視光領域のスペクトルであるが，その後，可視部以外にも同様の系列が存在することが確かめられた（図2）。赤外部，また紫外部の系列は，発見者の名を冠して，それぞれ**パッシェン系列**，**ライマン系列**とよばれる。

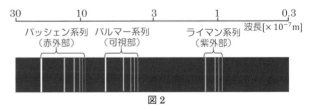

図2

（赤外線領域）	（可視部領域）	（紫外線領域）
パッシェン系列	バルマー系列	ライマン系列
$\dfrac{1}{\lambda} = R\left(\dfrac{1}{3^2} - \dfrac{1}{n^2}\right)$	$\dfrac{1}{\lambda} = R\left(\dfrac{1}{2^2} - \dfrac{1}{n^2}\right)$	$\dfrac{1}{\lambda} = R\left(\dfrac{1}{1^2} - \dfrac{1}{n^2}\right)$
n=4, 5, 6, …	n=3, 4, 5, …	n=2, 3, 4, …

これらの系列は次のように1つの式にまとめることができる。

公式 水素原子スペクトル

$$\dfrac{1}{\lambda} = R\left(\dfrac{1}{m^2} - \dfrac{1}{n^2}\right) \quad \cdots\cdots ③$$

n=m+1, m+2, m+3, …
$R = 1.097 \times 10^7 \,[1/m]$

$\begin{cases} \dfrac{1}{\lambda} = R\left(\dfrac{1}{1^2} - \dfrac{1}{n^2}\right) & \text{ライマン系列} \\ \dfrac{1}{\lambda} = R\left(\dfrac{1}{2^2} - \dfrac{1}{n^2}\right) & \text{バルマー系列} \\ \dfrac{1}{\lambda} = R\left(\dfrac{1}{3^2} - \dfrac{1}{n^2}\right) & \text{パッシェン系列} \end{cases}$

上記系列以外に，遠赤外部にブラケット系列（1923年），フント系列（1924年）も見いだされた。③式でm=4, 5とおくと，それぞれブラケット系列，フント系列が再現される。「水素原子の構造から，いかに③式を導き出すか」，この③式の再現が水素原子モデル解明の鍵になったのである。

2 ボーアの水素原子モデル

ラザフォード原子模型ではなぜ原子が安定に存在するのか，またなぜ原子が決まった大きさを保つのかが説明できなかった。それは電子が回転運動（加速度運動）をすると電磁波を放出してエネルギーを失い，次第に減速し，やがて原子核に落ち込んでしまうからである（図3）。電子の運動は，それまでとは違う新しい理論で説明されなければならない。

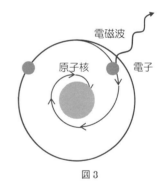

図3

1913年，ボーアは水素原子が発する言葉である線スペクトルに注目し，電子は原子核の周りを等速円運動するという古典論に基づきながらも，次の2つの仮説を導入してラザフォード模型の弱点を克服した。

水素原子モデル $\begin{cases} \boxed{\text{古典論}} \text{（電子は原子核の周りを等速円運動する）} \\ \boxed{\text{仮説}} \begin{cases} \text{【仮説1】量子条件} \\ \text{【仮説2】振動数条件} \end{cases} \text{（→量子論）} \end{cases}$

このように，古典論（ニュートン力学）と2つの仮説に代表されるアインシュタインの光量子説という新しい科学とを融合させたボーアの水素原子モデルは**前期量子論**と言われる。では以下，この2つの仮説について見てみよう。

【仮説1】量子条件

電子の原子内での運動は，これまでのニュートン力学で扱ってきたような連続的であらゆる値の半径を取り得るのではなく，<u>特定のいくつかのとびとびの値しか許されず，またそのエネルギーは $E_1<E_2<E_3<\cdots<E_n<\cdots$ という列をなす。</u>

この電子の取り得るエネルギー E_n の状態を**定常状態**といい，電子がこの状態に留まっている限り安定で，原子は光の放射を行わない。電子が定常状態を取り得る条件が，次の**量子条件**（④式）である。なお，この可能なエネルギーの値 E_n を**エネルギー準位**という。

> **ボーアの仮説1** 量子条件
> 原子核の周りを等速円運動する電子は，次の条件を満たす軌道半径のみ許される。
> $$mv \times 2\pi r = nh \quad (n=1, 2, 3, \cdots) \quad \cdots\cdots ④$$

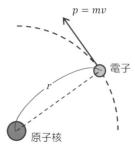

図4

ここで，m [kg]，v [m/s]，r [m]，h [J·s] はそれぞれ電子の質量，電子の速度，軌道半径，およびプランク定数である。また，n は**量子数**とよばれる整数である。

④式は，電子の運動量（$p=mv$）を円周倍したものがプランク定数の整数倍に等しく，逆に④式を満たす半径のみが電子の軌道として許されることを意味している。

> **例題で確認** ④式を物質波 $p=\dfrac{h}{\lambda}$ の考えを用いて説明せよ。

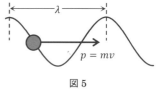

図5

状況▶▶ 量子条件を表す④式を物質波の関係式を用いて，波の言葉「波長」で表してみよう。

展開▶▶ ④式を物質波の言葉（波長 λ）を用いて表すと次のようになる。

$$\left.\begin{array}{l} mv \times 2\pi r = nh \\ mv = \dfrac{h}{\lambda} \end{array}\right\} \longrightarrow \boxed{2\pi r = n\lambda} \quad (円周は波長の整数倍を満たす)$$

このように，電子の軌道として許されるのは，「電子の運動を表す物質波が定常波をなす場合（図6(a)）に限られる」ことがわかる。それ以外の半径では，電子の運動を反映する物質波は干渉し消え去ってしまう（図6(b)）。したがって，**定常状態**とは電子の運動を表す物質波が消え去らない安定な状態をいう。

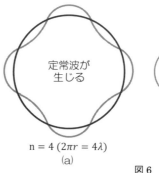

n = 4 ($2\pi r = 4\lambda$)　　　n = 4.3 ($2\pi r = 4.3\lambda$)
(a)　　　　　　　　　(b)
図6

【仮説2】振動数条件

電子がエネルギー準位 E_n の定常状態から E_m の定常状態へと移るとき，原子から光の放出や吸収が見られる。たとえば $E_n > E_m$ のとき，この原子の中の電子のエネルギー差（$E_n - E_m$）が光のエネルギーとして放出され，その結果，バルマー系列のような輝線スペクトルとして観測されると考えられる。

このとき吸収，また放出される光の振動数とエネルギー準位とが次の⑤式で結ばれるとする仮説が**振動数条件**である。

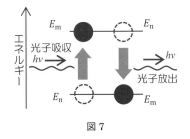

図7

> **ボーアの仮説2** 振動数条件
> 電子がエネルギー準位 E_n の状態から E_m の状態に移るとき，吸収または放出される光の振動数 ν は次式で表される。
>
> $$h\nu = E_n - E_m \begin{cases} E_n > E_m \text{ のとき光の放出} \\ E_n < E_m \text{ のとき光の吸収} \end{cases}$$ ……⑤

【ボーアの水素原子モデル】

ボーアの2つの仮説は，電子が特定の，しかもとびとびの軌道しか取れないという点でニュートン力学に反しており，さらに定常状態にある電子は加速度運動しているにも関わらず光（エネルギー）を放出しないという点で電磁気学に反している。しかし，定常状態での電子の運動は依然として等速円運動を行うという古典物理学を踏襲しながらもラザフォードの原子モデルの弱点の克服と水素原子スペクトルの謎を見事に解明したのである。具体的な導出は以下の例題で行うとして，**ボーアの水素原子モデルによる電子の軌道半径とエネルギー準位**を示しておこう。

> **公式** ボーアの水素原子モデル（半径，エネルギー準位）
>
> 電子の軌道半径　　$r_n = \dfrac{h^2}{4\pi^2 k m e^2} n^2$ [m]　　……⑥
>
> エネルギー準位　　$E_n = -\dfrac{2\pi^2 k^2 m e^4}{h^2} \dfrac{1}{n^2}$ [J]　　……⑦

なお，ここで k はクーロンの比例定数である。軌道半径，エネルギー準位とも**量子数**とよばれる整数 n で規定されている点に注意したい。

特に，⑥，⑦で各物理量に数値を代入し，n=1 とおいた値

$$r_1 = \dfrac{h^2}{4\pi^2 k m e^2}$$

$$= \dfrac{(6.63 \times 10^{-34} \text{Js})^2}{4 \times (3.14)^2 \times (8.99 \times 10^9 \text{Nm}^2/\text{C}^2) \times (9.11 \times 10^{-31} \text{kg}) \times (1.60 \times 10^{-19} \text{C})^2}$$

$$= 5.29 \times 10^{-11} \text{m}$$

$$E_1 = -\frac{2\pi^2 k^2 m e^4}{h^2}$$

$$= -\frac{2\times(3.14)^2\times(8.99\times10^9\,\mathrm{Nm^2/C^2})^2\times(9.11\times10^{-31}\,\mathrm{kg})\times(1.60\times10^{-19}\,\mathrm{C})^4}{(6.63\times10^{-34}\,\mathrm{Js})^2}$$

$$= -21.7\times10^{-19}\,\mathrm{J}$$

はエネルギー準位が最も低く，最も安定な状態で，その半径を**ボーア半径**といい，状態を**基底状態**とよんでいる。なお，基底状態のエネルギー準位の値は電子ボルト単位では $-13.60\,\mathrm{eV}$ となる。

これらの値を用いると，電子の軌道半径 [m]，またエネルギー準位 [eV]（n>1 のエネルギー状態を**励起状態**という）は，それぞれ

$$r_n = (5.29\times10^{-11})\times n^2\,[\mathrm{m}] \Leftarrow \text{ボーア半径の 4 倍，9 倍，16 倍…}$$

$$E_n = (-13.60)\times\frac{1}{n^2}\,[\mathrm{eV}] \Leftarrow \text{基底状態の }\frac{1}{4}\text{ 倍，}\frac{1}{9}\text{ 倍，}\frac{1}{16}\text{ 倍…}$$

と見積もることができる。

それでは，以下の例題で⑥式，⑦式を導いてみよう。

> **例題で確認** ボーアの水素原子モデルから電子の軌道半径（⑥式），エネルギー準位の式（⑦式）を導け。

状況▶▶ 電子は原子核（この場合は陽子）の周りを半径 r の等速円運動する。さらに，半径に関しては量子条件という制限が付く。一方，電子の力学的エネルギーは，運動エネルギーと位置エネルギーの和で表される。

展開▶▶【⑥式導出】

水素原子は 1 個の電子が，正電荷 $+e$ の原子核の周りをクーロン力を向心力として半径 r の等速円運動しており，次式を満たす。

$$\frac{mv^2}{r} = k\frac{e^2}{r^2} \quad \cdots\cdots ①$$

さらに，量子条件により半径 r と電子の速度 v とは

$$mv\times r = \frac{h}{2\pi}n \longrightarrow v = \frac{h}{2\pi mr}n \quad \cdots\cdots ②$$

の関係があり，②式を①式に代入して整理すると，量子条件を加味した軌道半径式（⑥式）を得る。

【⑦式の導出】

電子の持つ力学的エネルギー E_n は，運動エネルギーとクーロン力による位置エネルギーの和であるから，①式を加味して

$$E_n = \frac{1}{2}mv^2 - k\frac{e^2}{r} \xrightarrow{①} E_n = \frac{1}{2}k\frac{e^2}{r} - k\frac{e^2}{r} = -\frac{1}{2}k\frac{e^2}{r} \quad \cdots\cdots ③$$

となる。上の③式の r に軌道半径式（⑥式）を代入すると，量子条件を加味した電子の取り得るエネルギーの値，すなわちエネルギー準位（⑦式）を得る。

【ボーアモデルによる水素スペクトルの解明】

バルマー系列をはじめとする水素原子スペクトルについては，エネルギー準位式（⑦式）と振動数条件から

$$\frac{1}{\lambda} = \frac{\nu}{c} = \frac{1}{ch}(E_n - E_m) = \frac{2\pi^2 k^2 m e^4}{ch^3}\left(\frac{1}{m^2} - \frac{1}{n^2}\right)$$

が得られ，ボーアの水素原子モデルからリュードベリ定数 R の「中身」が解明できたことになる。すなわち，

$$R = \frac{2\pi^2 k^2 m e^4}{ch^3} \quad \cdots\cdots ⑧$$

と表すことができる。この⑧式をもとに，それぞれの物理量に数値を代入すると

$$R = \frac{2\times(3.14)^2 \times (8.99\times10^9\,\mathrm{Nm^2/C^2})^2 \times (9.11\times10^{-31}\,\mathrm{kg}) \times (1.60\times10^{-19}\,\mathrm{C})^4}{(3.00\times10^8\,\mathrm{m/s}) \times (6.63\times10^{-34}\,\mathrm{Js})^3}$$
$$= 1.097\times10^7\,[1/\mathrm{m}]$$

このように実験式と見事に一致する。これはボーア理論が正しいことを物語っている。なお，図8に水素原子のエネルギー準位とスペクトルの関係を示す。このように，ボーア理論によれば，光は電子がエネルギーの高い状態から低い状態に飛び移るときに放出されるのであり，たとえばライマン系列は電子が励起状態から基底状態（n=1）に，またバルマー系列は第1励起状態（n=2）にそれぞれ飛び移る際に放出される光だと説明することができる。

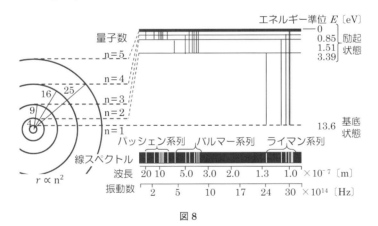

図8

さらに n→∞ とすると，⑥，⑦式からそれぞれ $r_n \to \infty$，$E_n \to 0$ であるから，これらは原子中の電子が無限遠にある<u>イオン化した状態</u>を表している。したがって，水素原子から電子を引き離すために必要な<u>イオン化エネルギー</u>は，

$$E_\infty - E_1 = 0 - (-13.6\,\mathrm{eV}) = 13.6\,\mathrm{eV}$$

となり，この値は実測値ときわめてよく一致する。

3 フランク・ヘルツの実験（エネルギー準位の存在の検証）

ボーアが提唱した「原子には離散的な定常状態が存在する」ことは，ボーアが水素原子モデルを発表した直後（1914年）に行われた**フランク・ヘルツの実験**によって実証さ

【フランク・ヘルツの実験の骨子】

① 図9(a)のように水銀蒸気を封じ込めた放電管を用い，陰極Cと格子G間に電圧をかけ電子を加速させる。

② 電圧で加速された電子は格子G，または陽極Pに達する。そのとき流れる電流は電流計で測定される（図9(b)は測定結果）。

③ 加速電圧を0から次第に増加させていくと，電流Iもまた増加するが，しかし電圧がある値になると電流は急激に減少する。

④ さらに電圧を増加させると再び電流は増加するが，再びある値のところで電流は急激に減少する。水銀蒸気の場合，そのピーク間隔は4.9 Vである。

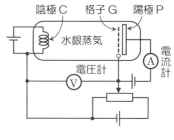

図9 (a)

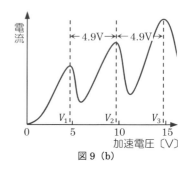

図9 (b)

> 例題で確認 フランク・ヘルツの実験結果（図9(b)）から，なぜ水銀原子の定常状態の存在が確かめられるのか。

解説▶▶ 加速された電子の運動エネルギーが，水銀原子の第1励起エネルギー（E_2-E_1）より小さい間は，電子は水銀原子を励起することができない。したがって，電子はエネルギーを失うことなく（すなわち弾性衝突して）陽極に達し電流Iとなって流れる。しかし，加速電圧を高めて，電子の運動エネルギーが励起エネルギー（E_2-E_1）に等しくなると，電子は水銀原子を励起させ，エネルギーを失い陽極に達しなくなる（非弾性衝突）。電流が急激に減少するのはそのためである。電圧をさらに高くすると，もう一度水銀原子を励起し第2のピークができる。このピーク間隔4.9 Vの存在は，まさにボーアの定常状態の仮説の真実性を裏づけるものであった。

補足 E_1からE_2へ励起された水銀原子は，やがて基底状態（E_1）に戻る。その際，波長2.54×10^{-7} mの光を放出する。このとき，ピーク間隔4.9 Vとの間に，

$$h\nu = E_2 - E_1 = eV \longrightarrow 6.63\times10^{-34}\text{ J·s}\times\frac{3.00\times10^8\text{ m/s}}{2.54\times10^{-7}\text{ m}} = 1.60\times10^{-19}\text{ C}\times 4.9\text{ J/C}$$

が成り立つ。したがって，測定されたピーク間隔は励起エネルギーの大きさ7.8×10^{-19} Jに対応している。

4 原子核の構成
【原子核の構成粒子】

1932年，チャドウィックによって**中性子**が発見され，原子核は**陽子**と**中性子**からできていることが明らかになった（図10）。陽子は水素の原子核と同じもので，電気素量eの正電荷をもち，その質量m_pは電子のおよそ1836倍である。中性子は電荷をもたない

粒子で，質量 m_n は陽子より少し重いがほとんど同じである。

$$m_p = 1.67262164 \times 10^{-27} \mathrm{kg}$$
$$\quad = 1.00727647 \mathrm{u}$$
$$m_n = 1.67492721 \times 10^{-27} \mathrm{kg}$$
$$\quad = 1.00866497 \mathrm{u}$$

ここで，単位 u は原子質量単位で $1\mathrm{u} = 1.66053878 \times 10^{-27} \mathrm{kg}$ である。

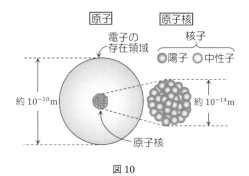

図10

【原子・原子核のモデル】

原子 $_{Z}^{Z+N}X$
- 原子核 { 陽子（正電荷 e） Z個 ➡ 原子番号 Z
- 中性子（電荷 0） N個 ⇨ 質量数 $Z+N$
- 核外電子（負電荷 $-e$） Z個 ➡ 原子番号 Z

　陽子と中性子は，原子核を構成する粒子という意味で，この2つをまとめて**核子**という。電荷を変数と見れば，陽子，中性子は核子の異なった状態と見なすことができる（この電荷を表す変数をアイソスピンという）。

【核力と原子核の構造】

　原子核の大きさは原子の約1万分の1の大きさで非常に強い力で結合している。この力は重力や電気力に比べ非常に強く，原子核の様々な性質に結びついている。

　正電荷をもった陽子どうしには電気力による斥力が働き，中性子は電荷を持たないので核子を 10^{-14} m 程度の狭い空間内で結びつけるには，電気力や万有引力とは異なる強い引力が必要になる。この力を**核力**という。核力は重力や電気力に比べ極めて大きな力であるがその到達距離は極めて小さい。したがって，原子核内に核子をとどめておくには適した力だといえる。

　一方，電気力は遠方にまで及び，そのためクーロン斥力による合力は陽子数，つまり原子番号 Z とともに大きくなり，$Z \fallingdotseq 100$ でクーロン斥力の合力と核力がほぼ等しくなり，$Z > 100$ ではクーロン斥力の全効果が核力による引力を上まわり，もはや結合不可能になる。原子番号が概ね100を越える安定な原子核が存在しないのはこのためである。さらに図11には，縦軸に陽子数 Z（原子番号），横軸に中性子数 N を取ったときの安定な原子核の存在範囲を示している。安定な原子は，原子番号が小さい間は，陽子数と中性子数が等しい領域（$Z = N$）に存在し，陽子数が大きくなるにつれて，陽子間の電気的な斥力が強くなるから，$Z = N$ の領域から外れ中性子数の多い領域に存在するようになる。事実，天然に存在する原子の中で最も原子番号の大きなウラニウム $_{92}^{238}\mathrm{U}$ では，陽子数92個に対して中性子数は146個にのぼる。

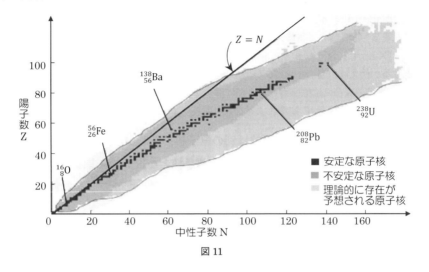

図 11

5 原子核崩壊と放射線

ウラン U やラジウム Ra のような原子番号の大きな原子核は不安定であり，自然に**放射線**を放出して安定な新しい原子核に変わっていく。これを**原子核崩壊**という。原子核崩壊には α 線を放出する α **崩壊**，β 線を放出する β **崩壊**，そして γ 線を放出する γ **崩壊**がある。また放射線を出す性質（能力）を**放射能**という。表 1 には，α 線，β 線，そして γ 線の特徴，性質がまとめてある。なお，**電離作用**とは，原子や分子に放射線を当てたとき，原子内の電子がたたき出されて原子がイオンになる働きをいう。

【α 崩壊】 α 線の正体はヘリウムの原子核 ${}^{4}_{2}\mathrm{He}$ の流れである。不安定な原子核が α 粒子を放出し，原子番号が 2，質量数が 4 少ない別の原子核になる現象が α 崩壊である。

表 1

	本体	電離作用	透過作用
α 線	${}^{4}_{2}\mathrm{He}$ 原子核	大	小
β 線	高速電子	中	中
γ 線	波長の短い電磁波	小	大

【β 崩壊】 β 線の正体は高速の電子の流れである。不安定な原子核内の中性子が電子を放出して陽子に変わり，質量数は同じで原子番号が 1 つ大きい別の原子核に変わる現象が β 崩壊である。原子核内で生まれた電子は原子核という狭い領域にとどまっていることはできず β 線として原子核外に放出されることによる。

【γ 崩壊】 γ 線の正体は X 線よりもさらに波長の短い（0.01 Å 以下）電磁波である。α 線や β 線を放出したあと不安定な状態（励起状態）になっている原子核は余分なエネルギーを γ 線の形で放出して安定な状態になる。したがって γ 崩壊では原子番号，質量数とも変化しない。

6 半減期（原子核崩壊の速さの目安）

原子核崩壊によって不安定な原子核が他の原子核に変わるとき，もとの原子核の数が半分になるまでの時間を**半減期**という。半減期は原子核の安定さの目安だといえる。

原子核の崩壊は確率的に起こる現象であり，1 個の原子核が 1 秒間に崩壊する確率は

原子核の種類によって決まり，そのときに存在する元の原子核の数に比例する。これを**崩壊の法則**という。半減期は非常に短時間のものから長時間にわたるものまで様々であり，周囲の温度や圧力などの影響を受けない（表 2 ）。

表 2

天然に存在するもの			人工的に生成されたもの		
放射性同位体の原子核（記号）	崩壊の型	半減期	放射性同位体の原子核（記号）	崩壊の型	半減期
炭素14（$^{14}_{6}C$）	β	5730年	中性子（$^{1}_{0}n$）	β	10.2分
カリウム40（^{40}K）	β	1.28×10^9年	フッ素18（^{18}F）	β^+	1.8時間
ラドン222（^{222}Rn）	α	3.82日	リン32（^{32}P）	β	14.3日
ラジウム226（^{226}Ra）	α	1600年	コバルト60（^{60}C）	β	5.27年
トリウム232（^{232}Th）	α	1.41×10^{10}年	クリプトン85（^{85}Kr）	β	10.8年
ウラン235（^{235}U）	α	7.04×10^8年	ストロンチウム90（^{90}Sr）	β	28.8年
ウラン238（^{238}U）	α	4.47×10^9年	ヨウ素131（^{131}I）	β	8.02日
			セシウム137（^{137}Cs）	β	30.1年
			プルトニウム239（^{239}Pu）	$\beta\alpha$	2.41×10^4年

公式 半減期

はじめの原子核の数を N_0，半減期を T とすると，時刻 t 後に崩壊せず残っている原子核数 N は次式で表される（図12）。

$$N(t) = N_0 \left(\frac{1}{2}\right)^{\frac{t}{T}} \quad \cdots\cdots ⑨$$

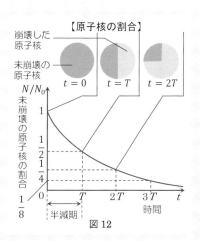

図 12

例題で確認 自然界に存在する $^{238}_{92}U$ は α 崩壊と β 崩壊を繰り返し，最後には安定な $^{206}_{82}Pb$ になる。

(1) $^{238}_{92}U$ が $^{206}_{82}Pb$ になるのに，α 崩壊と β 崩壊はそれぞれ何回起きるか。

(2) 単位時間に崩壊する原子核数は残っている原子核数に比例するという崩壊の法則 $\dfrac{dN}{dt} = -\lambda N$ を用いて，⑨式が成り立つことを示せ。

状況▶▶ (1) 1 回の崩壊で，α 崩壊では原子番号が 2 減り，質量数が 4 減る。β 崩壊では原子番号が 1 増え，質量数は変化しない。

(2) 崩壊の法則を表す微分方程式を変数分離して解く。その際，境界条件として，$t=0$ のとき $N(0) = N_0$，$t=T$ のとき $N(T) = \dfrac{N_0}{2}$ を用いる。

展開 ▶▶ (1) α 崩壊，β 崩壊のそれぞれの回数を x 回，y 回とすると
原子番号に関して：$2x-y=92-82$ ……①
質量数に関して：$4x=238-206$ ……②
が成り立つ。あとは①，②の連立方程式を解く。

(2) $\dfrac{dN}{dt}=-\lambda N$ は変数分離によって

$$\dfrac{dN}{N}=-\lambda dt \longrightarrow \int \dfrac{1}{N}dN=-\lambda \int dt \quad \therefore \quad \log_e N = -\lambda t + C$$

境界条件 $\begin{pmatrix} t=0 \text{ のとき } N(0)=N_0 \text{ から } N(t)=N_0 e^{-\lambda t} \\ t=T \text{ のとき } N(T)=\dfrac{N_0}{2} \text{ から } e^{-\lambda}=\left(\dfrac{1}{2}\right)^{\frac{1}{T}} \end{pmatrix} \Rightarrow N(t)=N_0\left(\dfrac{1}{2}\right)^{\frac{t}{T}}$

が導ける。

7 原子核のエネルギー

【質量とエネルギーの等価性】

1905年にアインシュタインは**特殊相対性理論**を発表し，そのなかで**質量とエネルギーは同等**であることを明らかにした。

> **公式** 静止している質量 m [kg] の物体の静止エネルギー E [J] は，真空中での光速度を c [m/s²] とすると次式で表される。
>
> $E=mc^2$ ……⑩ 【物体の静止エネルギー】

> **例題で確認** 質量 1u の静止エネルギー E は何 eV か。有効数字 2 桁で答えよ。
> $1u=1.66\times 10^{-27}$ kg, $e=1.60\times 10^{-19}$ C, $c=3.00\times 10^8$ m/s とする。

確認 ▶▶ 物体の静止エネルギーについては⑩式を用いる。なお，1 eV は 1.60×10^{-19} J である。

$$E=mc^2 \longrightarrow E=\dfrac{(1.66\times 10^{-27} \text{ kg})\times(3.00\times 10^8 \text{ m/s})^2}{1.60\times 10^{-19} \text{ J/eV}}=9.31\times 10^8 \text{ eV}(=931\text{ MeV})$$

「質量 1u は 931 MeV のエネルギーに相当する」，この結果は記憶しておくと便利である。

補足 特殊相対性理論によると，静止質量 m の物体の持つ静止エネルギー E は以下のようにして導かれる。

$$E=\dfrac{mc^2}{\sqrt{1-\dfrac{v^2}{c^2}}}=mc^2\left(1-\dfrac{v^2}{c^2}\right)^{-\frac{1}{2}} \xrightarrow{v\ll c} E\fallingdotseq mc^2+\dfrac{1}{2}mv^2$$

上式の第 1 項は質量に伴うエネルギーを表すもので**静止エネルギー**とよばれ，第 2 項は通常の**運動エネルギー**である。この式は運動している物体のエネルギーは静止エネルギーに運動エネルギーを加えたものに等しいことを示している。

【質量欠損と原子核の結合エネルギー】

ヘリウム ^4_2He の原子核は陽子 2 個と中性子 2 個からなるが，その質量は陽子 2 個と

中性子 2 個の質量の合計よりもわずかに小さい（図13）。

一般に，原子核の質量は，それを構成する核子の質量の総和よりも小さくなる。この差を**質量欠損**という。

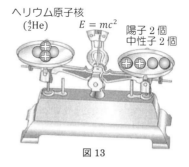

図13

公式 質量欠損

原子番号 Z，質量数 A の原子核の質量を M，陽子と中性子の質量をそれぞれ m_p，m_n としたとき質量欠損 ΔM は次式で与えられる。

$$\Delta M = Zm_p + (A-Z)m_n - M \quad \cdots\cdots ⑪$$

質量欠損は原子やイオンなどの化学結合の場合でも起こる。しかし，この場合，その大きさは原子・分子の質量に比べておよそ 10^{-9} 倍と極めて小さい。そのため事実上，「化学変化の前後で質量は変化しない（質量保存の法則）」と考えてよい。核子どうしの結合の場合，質量欠損は原子核の質量のおよそ 10^{-3} 倍と無視できない。

原子核をばらばらの核子の状態にするには，質量とエネルギーの等価性より $\Delta M \times c^2$ だけのエネルギーを外から与えなければならない。この $\Delta M \times c^2$ を**結合エネルギー**といい，原子核の安定度の目安を与える（図14）。逆に，ばらばらの核子がまとまって原子核を構成すれば，$\Delta M \times c^2$ だけのエネルギーが外部に放出される。

図15は結合エネルギーを核子数 A で割ったもの $\left(\text{核子 1 個あたりの結合エネルギー } \dfrac{\Delta Mc^2}{A}\right)$ を，質量数を横軸

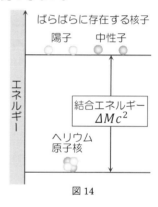

図14

にとって表したものである。ごく軽い核を除いて，結合エネルギーはおよそ 8 MeV と一定（**核力の飽和性**）で，質量数60付近が最も大きい。したがって，質量数が54から58の鉄や59のコバルト，58から64までのニッケルなどは安定した元素である。なお，この核力の飽和性は，核力の到達距離が極めて小さいことに起因した性質である。

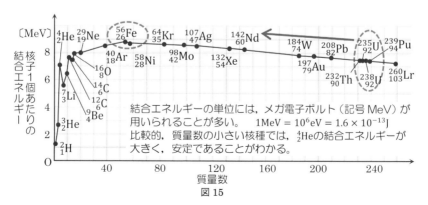

図15

第2章 原子物理

図15から，たとえばウラン235 $^{235}_{92}$U のような大きな質量数の原子核が2つに分裂すると，1核子あたりの結合エネルギーは大きくなり，その差に相当する分だけのエネルギーが外部に放出される。このエネルギーを電気エネルギーに変換しているのが原子力発電である。

> **例題で確認** 陽子，中性子，ヘリウム $^4_2$He の質量はそれぞれ 1.0073u，1.0087u，4.0016u である。$^4_2$He の1核子あたりの結合エネルギーは何 MeV か。

状況▶▶ 質量欠損 ΔM をまず求める。それを質量とエネルギーの等価性を用いて，エネルギー ΔE（MeV 単位）に換算する。1核子あたりの結合エネルギーは ΔE を核子数 A で割り算する。なお，1u＝931 MeV を用いると計算が速い（前述 p.138）。

展開▶▶ 質量欠損 ΔM(u) は

$$\Delta M = 2 \times 1.0073\,u + 2 \times 1.0087\,u - 4.0016\,u = 0.0304\,u$$

エネルギーに換算すると，1u＝931 MeV を用いて

$$\Delta E = \Delta M \times c^2 = 0.0304 \times 931\,\text{MeV} \xrightarrow{\text{1核子あたり}} \frac{\Delta E}{A} = \frac{0.0304 \times 931\,\text{MeV}}{4} = 7.08\,\text{MeV}$$

図15からも，ヘリウム原子核 $^4_2$He の1核子あたりの結合エネルギーは 7 MeV あたりだと見当がつく。

活用例題で学ぶ知識の活用

【活用例題 1】　　　　　　　　　　　　　富山県高校物理2010年度（頻出・基本）

中心にある正電荷 e の原子核の周りを，質量 m，負電荷 $-e$ の電子1個が半径 r の円周上を速さ v で等速円運動している水素原子の模型を考える。静電気力に関するクーロンの比例定数を k，光速を c，プランク定数を h，量子数を n（=1，2，3，…）として，以下の設問に答えよ。ただし，各設問の最後の［　　］内に示してある文字を全て用いて答えよ。また，重力の影響は無視する。

(1) 電子の円運動の運動方程式を示せ。［m, r, v, k, e］
(2) 量子条件を示せ。［m, r, v, h, n］
(3) (1)(2)の結果をもとに，電子の軌道半径 r を求めよ。［m, k, e, h, n］
(4) 電子のもつ全エネルギー E を求めよ。ただし，位置エネルギーの基準は無限遠にとるものとする。［m, k, e, h, n］
(5) (4)で求めた全エネルギー E は，量子数 n に依存するので E_n と記す。電子が量子数 n の状態から m（<n）の状態へ遷移するときに振動数 ν の光子を放出する。このことを表現する振動数条件を示せ。［E_n, E_m, h, ν］

📖 **解説**　ボーアモデルを使って水素原子のエネルギー準位，電子の軌道半径を求める問題である。したがって，基本は次の3つの素過程である。

【素過程1】 等速円運動の運動方程式　→　(1)
【素過程2】 クーロン力による位置エネルギー　→　(4)
【素過程3】 量子条件，振動数条件　→　(2)〜(5)

☞ **解答への指針**

(1) 電子（質量 m，電荷 $-e$）は，静止している核（電荷 $+e$）のまわりを速さ v で等速円運動する。このとき，クーロン力が向心力として働く。なお，定常状態での電子の運動は古典力学に従う。

$$m\frac{v^2}{r}=k\frac{e^2}{r^2} \quad \cdots\cdots ①$$

(2) 量子条件　$mv\times 2\pi r=nh$ （n＝1, 2, 3…）　……②
(3) ①②から v を消去すれば r が求められる。
(4) E_n＝運動エネルギー＋位置エネルギー

$$=\frac{1}{2}mv^2+\left(-k\frac{e^2}{r}\right) \leftarrow 第1項に①式を変形して代入$$
$$\left(mv^2=k\frac{e^2}{r}\right)$$
$$=-\frac{1}{2}k\frac{e^2}{r}$$

素過程への分解・分析
(1) 素過程1　等速円運動の運動方程式 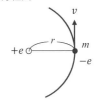
(2) 素過程3　量子条件
(4) 素過程2　クーロン力による位置エネルギー

(5) 振動数条件 $E_n - E_m = h\nu$

(2)〜(5)
素過程3 量子条件，振動数条件

【活用例題2】　　　　　　　　群馬県高校物理2010年度・改題（頻出・標準）

放射性原子核の崩壊について，次の(1)〜(4)の問いに答えよ。ただし，原子核の質量は質量数に比例するものとする。

(1) 次の文の①〜⑤に適当な数値，または語を入れよ。

α線は，原子番号が①，質量数が②のヘリウム原子核（α粒子）の高速の流れである。原子核がα粒子を放出して，原子番号が①，質量数が②だけ小さい原子核に変化する現象をα崩壊という。

β線は，原子核内で③が④に変換されるときに放出される高速の電子の流れである。原子核が電子を放出して変化する現象をβ崩壊といい，この場合，質量数は変わらないが原子番号が⑤だけ大きくなる。

(2) $^{238}_{92}\text{U}$ の原子核の半分が $^{206}_{82}\text{Pb}$ になるまで崩壊するのに要する時間（半減期）を T（億年）とする t（億年）後の $^{238}_{92}\text{U}$ の原子核数 N_U に対する $^{206}_{82}\text{Pb}$ の原子核数 N_{Pb} の比を求めよ。

(3) $^{238}_{92}\text{U}$ と $^{206}_{82}\text{Pb}$ を含む岩石の年齢を推定したい。この岩石ができたときには鉛は含まれておらず，現在含まれている鉛はすべてウランの崩壊によるものと仮定する。また，外部との元素の出入りはなかったものと考える。現在この岩石に，重量比にして0.030％の $^{238}_{92}\text{U}$ と0.013％の $^{206}_{82}\text{Pb}$ が含まれているとき，

(a) $^{238}_{92}\text{U}$ の原子核数 N_U に対する $^{206}_{82}\text{Pb}$ の原子核数 N_{Pb} の比を求めよ。有効数字を2桁とする。

(b) この岩石の年齢を推定せよ。ただし，半減期を45億年とし，必要ならば，$\log_{10}2 = 0.301$，$\log_{10}3 = 0.477$ を用いよ。

📖 **解説**　本例題は2つの内容からなる。前半（設問(1)）は原子核崩壊に関する基本的な知識に関する問題である。単なる暗記ではない的確な知識の理解が求められる。後半（設問(2)(3)）は，半減期の公式から岩石の年代を推定する問題。放射性原子核の半減期の応用として頻出問題である。なお，指数・対数の計算にも十分に慣れておきたい。後半の設問では次の2つが素過程である。

【素過程1】半減期の公式 $N(t) = N_0 \left(\dfrac{1}{2}\right)^{\frac{t}{T}}$　→　(2)

【素過程2】原子核の質量は質量数に比例する　→　(3)(a)

☞ 解答への指針

(2) N_0 をはじめの $^{238}_{92}\text{U}$ の原子核の数とすると，半減期の公式から

素過程への分解・分析
(2) 素過程1
$N(t) = N_0 \left(\dfrac{1}{2}\right)^{\frac{t}{T}}$
T：半減期
N_0：崩壊前の原子核数

$$\begin{cases} N_{\mathrm{U}} = N_0 \times \left(\dfrac{1}{2}\right)^{\frac{t}{T}} & \cdots\cdots ① \\ N_{\mathrm{Pb}} = N_0 - N_0 \times \left(\dfrac{1}{2}\right)^{\frac{t}{T}} & \cdots\cdots ② \end{cases}$$

①②から

$$\frac{N_{\mathrm{Pb}}}{N_{\mathrm{U}}} = \frac{1-\left(\dfrac{1}{2}\right)^{\frac{t}{T}}}{\left(\dfrac{1}{2}\right)^{\frac{t}{T}}} = \frac{1}{\left(\dfrac{1}{2}\right)^{\frac{t}{T}}} - 1 = 2^{\frac{t}{T}} - 1 \quad \cdots\cdots ③$$

(3) (a) ($^{238}_{92}$U の原子核数):($^{206}_{82}$Pb の原子核数)
  $= (0.030 \div 238) : (0.013 \div 206)$

よって $\dfrac{N_{\mathrm{Pb}}}{N_{\mathrm{U}}} = \dfrac{0.013 \div 206}{0.030 \div 238} = 0.501 \quad \cdots\cdots ④$

(b) ③=④ から $2^{\frac{t}{T}} - 1 = 0.50$, よって $2^{\frac{t}{T}} = 1.5 = \dfrac{3}{2} \quad \cdots\cdots ⑤$

⑤の両辺の常用対数をとり, $T = 45$ 億年を代入し未知数 t を求める。

(3) (a) **素過程2** 原子核の質量は質量数に比例
(b) 得られた条件, および半減期から未知数 t を求める。
→常用対数の計算には慣れておくこと。
  $\log_a b^c = c \log_a b$
  $\log_a bc = \log_a b + \log_a c$
  $\log_a \dfrac{b}{c} = \log_a b - \log_a c$

|解答例|

【活用例題1】

(1) $m\dfrac{v^2}{r} = k\dfrac{e^2}{r^2}$ (2) $mv \times 2\pi r = nh$ (n=1, 2, 3, …) (3) $r = \dfrac{h^2}{4\pi^2 kme^2}n^2$

(4) $E = -\dfrac{2\pi^2 k^2 e^4 m}{h^2} \cdot \dfrac{1}{n^2}$ (5) $E_n - E_m = h\nu$

【活用例題2】

(1) ① 2 ② 4 ③ 中性子 ④ 陽子 ⑤ 1 (2) $2^{\frac{t}{T}} - 1$

(3) (a) 0.50 (b) 26億年

実力錬成問題

1 ボーアの量子論について，次の問いに答えよ。

図(A)に示した装置は，フランク・ヘルツの実験装置の概念図である。K はカソード（陰極），P はプレート（電位 0 の電極），G はグリッド（格子電極）を示している。G は常に低い正電位（0.5 V 程度）に保たれ，K の電位は 0 からマイナス数十 V まで変えられるようになっている。容器の中に低圧の水銀蒸気を入れ，KG 間の電圧 E を変化させて電流計 A を流れる電流 i を測定したところ，図(B)のような結果が得られた。この実験結果について考察し，次の(1)～(4)の問いに答えよ。

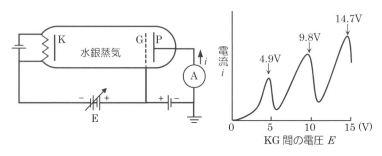

図（A）フランク・ヘルツの実験装置の概念図　　図（B）実験結果

(1) ①電圧 E が 4.9 V になるまで電流が増加している理由と，②電圧 E が 4.9 V を超えると電流が急に減少している理由を説明せよ。ただし，それぞれ次の中から三つの語句を用いるものとする。

弾性衝突，非弾性衝突，運動エネルギー，水銀原子

(2) 電圧 E が 9.8 V と 14.7 V のときにも，4.9 V のときと同様に電流の急な減少が見られる。その理由を説明せよ。ただし(1)に挙げた四つの語句すべてを用いるものとする。

(3) 容器内で水銀原子から出る紫外線の波長を求めよ。ただし，電子の電荷 $e=-1.6\times10^{-19}$ C，プランク定数 $h=6.6\times10^{-34}$ J·s，光速度 $c=3.0\times10^8$ m/s とする。

(4) このフランク・ヘルツの実験は，量子力学を建設する上でどのような意味を持ったか述べよ。

【大阪府高校物理（2009年度）改題】
((4)については，宮城県高校物理2011年度より抜粋)

2 ヘリウムイオン He^+ は，原子核（陽子 2 個をもつ）のまわりを 1 個の電子が等速円運動していると考えられる。電子の質量を m，電気素量を e，プランク定数を h，静電気力に関するクーロンの法則の比例定数を k とする。

(1) 電子の速さを v，軌道半径を r とすると電子にはたらく向心力を，m, r, v を用いて答えよ。

(2) 電子が受ける静電気力の大きさを，k, e, r を用いて答えよ。
(3) 電子の軌道半径は円周の長さが電子波の波長の n 倍（n は自然数）のものだけが可能であるとして，軌道半径 r を n, h, k, m, e および円周率 π を用いて答えよ。

【長崎県高校物理（2012年度）】

3 以下の各問いに応えよ。
(1) 原子について説明した次の文の(ア)〜(ウ)の中に適当な語句を入れよ。

　原子は，原子核と(ア)からできている。自然界に存在する元素の同位体のうち，^{14}C, ^{40}K, ^{238}U などは，原子核が不安定で放射線を出して別の原子核に変わる。このように，原子核が放射線を出しながら別の原子核に変わる現象を(イ)といい，それによって原子核の数がもとの数の半分になるまでの時間を(ウ)という。
(2) 原子核が放射線を出す性質のことを何というか。
(3) 天然の放射性元素が出す放射線には3種類あるが，次の①②をそれぞれ何というか。　① ヘリウムの原子核の流れ，② 高速の電子の流れ

【佐賀県中学理科（2011年度）改題】

解法への指針

1 (1), (2)【素過程1】フランク・ヘルツの実験（参照：重要事項の解説）
(3)【素過程2】振動数条件 $E_n - E_m = 4.9\,\text{eV} = 4.9 \times 10^{-16}\,\text{J} = h\nu$
コメント 原子が離散的なエネルギー状態，すなわち定常状態の存在を確認したのがフランク・ヘルツの実験である。さらに，フランク・ヘルツの実験によって，定常状態の存在，すなわち量子論の正しさが明らかにされた。量子論は，その後ハイゼンベルクやシュレーディンガーらによって新しい力学へと発展していく。

2 (1), (3)【素過程1】等速円運動の運動方程式，(2)【素過程2】クーロン力
(3)【素過程3】量子条件

3 放射線と放射能など語句の的確な理解や用い方が基本であり，頻繁に出題されている。

4 発展：原子核反応，素粒子

キーワードチェック

☐原子核反応　☐原子核分裂　☐原子核融合　☐放射線（単位）　☐素粒子
☐クォーク模型　☐4つの力（強い力，弱い力，電磁気力，重力）

ワンポイントチェック

① 原子核反応で保存する量としては ☐，☐，☐，☐ だが，☐ エネルギーを含めると ☐ も保存する。

② 化学反応が関わるエネルギーの大きさは keV であるが，原子核反応では ☐ である。☐ は 1000 keV に相当する。

③ 図1の核反応で，入射粒子 a，標的核 X，残留核 Y，放出粒子 b の質量をそれぞれ M_a, M_X, M_Y, M_b とすると，エネルギー保存則は ☐

また，反応エネルギー $Q=(E_b+E_Y)-E_a$ は静止質量を用いて ☐ と表せる。

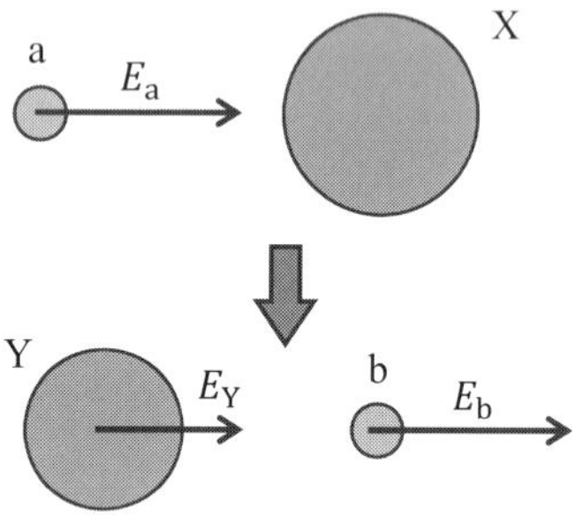

④ 質量数が（大きい，小さい）*原子核では，分裂することで安定な原子核になる。これが ☐ である。逆に質量数が（大きい，小さい）*原子核では融合することで安定な原子核になる。これを ☐ という。反応前後の ☐ の差を核エネルギーとして利用している。（*は適当な方を選択する。）

⑤ 原子核が毎秒1個の割合で崩壊するときの強さを1 ☐ という。物質1kgあたり1J吸収されるときの吸収線量が1 ☐ である。また，人体1kgあたり1Jを与える放射線被ばく線量が1 ☐ である。

⑥ それ以上分割できない基本的な粒子を ☐ という。この基本的な粒子は，さらに陽子，中性子などの ☐，電子やニュートリノなどの ☐ に分けることができる。ハドロンの仲間である ☐ やメソンはそれぞれ ☐ 個，☐ 個の ☐ から構成される。

⑦ 自然界に存在する力は，強い順に ☐，☐，☐，そして ☐ である。クォーク間に働く力が ☐ である。

図1

解答例　① 原子番号，質量数，電荷，運動量，静止（質量），全エネルギー　② MeV，1 MeV　③ $(M_a+M_X)c^2+E_a=(M_b+M_Y)c^2+E_b+E_Y$, $Q=\{(M_a+M_X)-(M_b+M_Y)\}c^2$　④ 大きい，核分裂，小さい，核融合，結合エネルギー　⑤ ベクレル [Bq]，グレイ [Gy]，シーベルト [Sv]　⑥ 素粒子，ハドロン，レプトン，バリオン，3，2，クォーク　⑦ 強い力，電磁力，弱い力，重力，強い力

4 発展：原子核反応，素粒子

重要事項の解説

1 原子核反応（核エネルギー，結合エネルギー）

　元素の化学的性質は核外電子の性質で決まる。化学反応とは原子の組み換え過程であり，私たちはそれを様々な科学技術に応用している。しかし，どのような化学変化であろうとも，原子核そのものは変化しない。安定な原子核では，核子同士に核力とよばれる非常に強い引力が働いており，簡単には壊れないからである。では核力に勝るエネルギーを与えたとき，原子核はどのような振る舞いをするのだろう。

【原子核反応の特徴】

　1919年，ラザフォードはそれまでの化学反応とはまったく異なる反応，すなわち，α線を窒素の原子核にあてたところ，陽子が飛び出し，窒素の原子核が酸素の原子核に変換されたことを発見した。この場合の原子核の反応は次の①式のように表せる。

$$_2^4\text{He}(\alpha\text{線}) + {}_7^{14}\text{N} \longrightarrow {}_8^{17}\text{O} + {}_1^1\text{H}(陽子) \quad \cdots\cdots ①$$

これは原子核自身が変化し，他の元素に変換された初めての例であった。このような変換を**原子核反応**，または単に**核反応**とよぶ。原子核反応には関与する粒子とそのエネルギーによって，核子移行を伴う反応から複合核形成（γ崩壊をし安定核に至るまでを含む）まで様々な種類がある。高等学校では「**原子核の間で陽子と中性子の組み換えが起こる反応**」とあるように，本書でも核移行反応についてのみ扱うことにする。

　化学反応と原子核反応との違いの一つに関与するエネルギーの大きさがある。たとえば，水素1モルと酸素0.5モルとから水1モルができる反応では放出される熱量は70 kcalであるが，①式の原子核反応では1.13 MeVのエネルギーが吸収される。この値は，物質1モルあたりに換算すると2.61×10^7 kcalであり，化学反応のエネルギーの約10^5倍の大きさに相当する。このように，原子核反応に関わるエネルギーは化学反応に比べてはるかに大きいことが両者の大きな違いである。

> **定義** 原子核反応（化学反応との比較）
> 　化学反応：原子の組み換え，eV領域のエネルギー
> 　原子核反応：核子（陽子，中性子）の組み換え，MeV領域のエネルギー

【原子核反応における保存量】

　原子核反応は核子の組み換え反応であるから，反応の前後で陽子数，中性子数の変化はない。ちなみに①式では，9個の陽子，9個の中性子が関係している。したがって，反応の前後で，原子番号や質量数の和はそれぞれ保存する。
　また電荷や運動量も保存する。さらに，力学的エネルギーに加えて静止エネルギー

（質量エネルギー）まで考慮すれば，反応の前後で全エネルギーも保存することになる。

> **定義** 原子核反応における保存量
> 原子核反応では，反応の前後で次の4つの物理量が保存する。
> 核子数（陽子数＋中性子数），電気量，運動量，
> 全エネルギー（静止エネルギー＋運動エネルギー）

【原子核反応における反応エネルギー】

原子核反応では，化学反応と同様，吸熱や発熱を伴う。以下，原子核反応における反応熱（反応エネルギー）を，反応の前後で成り立つエネルギー保存則から導こう。

静止している原子核（標的核）Xに入射粒子aを衝突させ，その結果，残留核Yと放出粒子bに変化したとする。この衝突過程は一般に次の②式で表される。

$$a + X \longrightarrow Y + b \quad または \quad X(a, b)Y \quad \cdots\cdots ②$$

反応の前後で静止エネルギーを含めた全エネルギーが保存するから，

$$(M_a + M_X)c^2 + \frac{1}{2}M_a v_a^2$$
$$= (M_b + M_Y)c^2 + \frac{1}{2}M_b v_b^2 + \frac{1}{2}M_Y v_Y^2 \quad \cdots\cdots ③$$

が成り立つ（図2）。なお，ここで，M は静止質量を表す。いま，反応後の運動エネルギーの増加量を Q とすると，③式を考慮して

$$Q = \left(\frac{1}{2}M_b v_b^2 + \frac{1}{2}M_Y v_Y^2\right) - \frac{1}{2}M_a v_a^2$$
$$= \{(M_a + M_X) - (M_b + M_Y)\}c^2 \quad \cdots\cdots ④$$

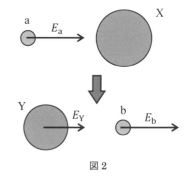

図2

と表せる。この Q を反応エネルギー（反応熱）という。④式から，反応エネルギーは反応前後での静止エネルギーの差に等しいことがわかる。

> **定義** 原子核反応における反応エネルギー
> 反応エネルギー（反応後の運動エネルギーの増加量）を Q とする。
> $$Q = \left(\frac{1}{2}M_b v_b^2 + \frac{1}{2}M_Y v_Y^2\right) - \frac{1}{2}M_a v_a^2$$
> $$= \{(M_a + M_X) - (M_b + M_Y)\}c^2$$
> $\Longrightarrow \begin{cases} Q > 0 & 発熱反応 \\ Q < 0 & 吸熱反応 \end{cases}$

吸熱反応では，入射粒子の運動エネルギーが一定以上の値でなければ核反応は起こらない。この値をしきい値という（実力錬成問題 3 参照）。

> **例題で確認** 核反応 $\alpha + {}^{14}_{7}N \longrightarrow {}^{17}_{8}O + {}^{1}_{1}H$ における反応エネルギー Q を求めよ。ただし，α，${}^{14}_{7}N$，${}^{17}_{8}O$，${}^{1}_{1}H$ の静止質量を，それぞれ 4.00390 u, 14.00751 u, 17.00450 u, 1.00812 u とする。

状況▶▶ 反応エネルギーとは反応後の運動エネルギーの増加量であるが，核反応では反応前後の静止エネルギーの差に等しい。

$$Q=\{(M_a+M_X)-(M_b+M_Y)\}c^2 \leftarrow \text{反応前後の静止エネルギーの差}$$

なお，1 u に相当するエネルギー「1 u＝931.5 MeV」を用いる。

展開▶▶ 「反応前の質量の和」と「反応後の質量の和」との差がエネルギーに変わったとして反応のエネルギーを求める。

$$\underset{4.00390\,u}{\alpha}+\underset{14.00751\,u}{^{14}_{7}N}=\boxed{18.01141\,u} \longrightarrow \underset{1.00812\,u}{^{1}_{1}H}+\underset{17.00450\,u}{^{17}_{8}O}=\boxed{18.01262\,u}$$

したがって，$Q=18.01141\,u-18.0262\,u=-0.00121\,u\,(<0)$ より，この核反応は**吸熱反応**であり，その値は $Q=-0.00121\,u=-0.0121\times 931\,\text{MeV}=-1.13\,\text{MeV}$ である。

2 核分裂，核融合

第3節「原子と原子核の構造」で触れたように，1核子あたりの結合エネルギーは質量数が50〜60の原子核が最も大きく（およそ8.7 MeV程度）安定であった（図3）。したがって，この質量数50〜60を境にして，それよりも重い原子核は分裂してより軽い安定な原子核になる（**核分裂**）。逆に質量

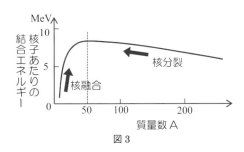
図3

数が50〜60より軽い核は，融合して安定な重い原子核になる（**核融合**）。核分裂，また核融合とも，より安定な原子核になるための核反応である。以下，その際に放出される反応エネルギー（**核エネルギー**）についてみよう。

【核分裂】

1938年，ハーンとシュトラスマンはウラン $^{235}_{92}U$（$^{238}_{92}U$ の同位体）に遅い中性子（熱中性子という）をあてると次の⑤式の反応が起こり，質量数がほぼ半分の原子核（クリプトンとバリウム）に分裂することを発見した。

$$^{235}_{92}U+^{1}_{0}n \longrightarrow ^{92}_{36}Kr+^{141}_{56}Ba+3^{1}_{0}n+(約\,200\,\text{MeV}) \quad\cdots\cdots ⑤$$

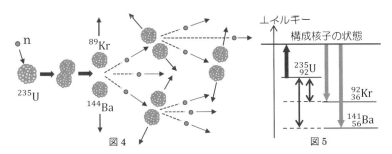

図4　　図5

$^{235}_{92}U$ の核分裂では，1個の原子核について約 200 MeV というエネルギーが発生する（発熱反応）。これをウラン1 kgあたりに換算すると2500万 kWh という莫大なエネルギーになる。なお，図5はこの反応のエネルギー収支を表したものである。

> **例題で確認** ⑤式での反応エネルギーが約 200 MeV になることを示せ。ただし，結合エネルギーの大きさについては第 3 節の図15を参照のこと。

状況▶▶ 反応エネルギーは反応前後の静止エネルギーの差に等しい。
$$a+X \longrightarrow Y+b+Q \Longrightarrow Q=\{(M_a+M_X)-(M_b+M_Y)\}c^2$$

また，結合エネルギーは $E=\Delta Mc^2$（ΔM は質量欠損）であるから，ウラン，クリプトン，またバリウムの結合エネルギー E_U, E_{Kr}, E_{Ba} はそれぞれ
$$E_U=\{(92m_p+143m_n)-M_U\}c^2 \qquad E_{Kr}=\{(36m_p+56m_n)-M_{Kr}\}c^2$$
$$E_{Ba}=\{(56m_p+85m_n)-M_{Ba}\}c^2$$

で与えられる。なお上式で m_p, m_n は陽子，中性子の質量を表す。

展開▶▶ 求める反応エネルギーは，陽子の項が相殺され次式で与えられる。
$$Q=\{(m_n+M_U)-(3m_n+M_{Kr}+M_{Ba})\}c^2=E_{Kr}+E_{Ba}-E_U$$

第 3 節図15より，クリプトン，バリウム，ウランの 1 核子あたりの結合エネルギーをそれぞれ 8.7 MeV, 8.4 MeV, 7.6 MeV として反応エネルギーを求める。
$$E_{Kr}+E_{Ba}-E_U=8.7\,\text{MeV}\times 92+8.4\,\text{MeV}\times 141-7.6\,\text{MeV}\times 235 \fallingdotseq 200\,\text{MeV}$$

補足 核子 1 個あたりの平均結合エネルギーはウランのような重い原子核では約 7.6 MeV, 中程度の質量の原子核ではほぼ 8.5 MeV である。したがって，$^{235}_{92}\text{U}$ が中程度の質量の 2 個の原子核に分裂すると，核子 1 個あたり 0.9 MeV（=8.5 MeV−7.6 MeV）のエネルギーが余ることになる。ウラン 1 個の原子核には核子が 235 個存在するから，1 個のウラン原子核が放出する全エネルギー（反応エネルギー）は $0.9\,\text{MeV}\times 235 \fallingdotseq 210\,\text{MeV}$ と見積もることができる。

> **例題から得られる結論**
> $a+X \to Y+b$ の反応式で，各原子核の結合エネルギーを E_a, E_X, E_Y, E_b とすると，反応エネルギー Q は次式で与えられる。
> $$Q=(E_Y+E_b)-(E_X+E_a) \quad \cdots\cdots ⑥$$

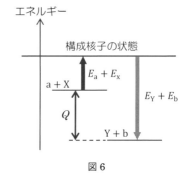

図 6

このように，反応エネルギーは反応後の結合エネルギーから反応前の結合エネルギーを引いたものに等しい。この様子は，図 6 のような**エネルギー収支図**を描くと分かりやすい。

【連鎖反応】

ウラン $^{235}_{92}\text{U}$ 原子核の数が一定量に達すると，⑤式で生まれた中性子が他のウラン $^{235}_{92}\text{U}$ に吸収され，次々に核分裂を起こすようになる。この連鎖的に分裂が生じる反応を**連鎖反応**という。また，連鎖反応を持続させるのに必要な最小限の質量を**臨界質量**といい，$^{235}_{92}\text{U}$ の場合は数 kg 程度である。

連鎖反応を制御して，エネルギーを少しずつ取り出す装置が**原子炉**であり，$^{235}_{92}\text{U}$ な

どを臨界質量以上に集め，制御せず瞬間的に連鎖反応を起こすようにしたものが**原子爆弾**である。

【核融合】

質量の大きな原子核が，結合エネルギーの大きい（より安定な）原子核に分裂して外部にエネルギーを放出する過程が**核分裂**であった。これとは逆に，たとえば次の⑦式のように，重水素（^2_1H）のような軽い原子核を融合させて，より結合エネルギーの大きな（安定な）ヘリウム原子核（^4_2He）にし，その際，多量のエネルギーを外部に放出させる反応のことを**核融合反応**という。

$$^2_1H + ^2_1H \longrightarrow ^4_2He + (約\ 24\ MeV) \quad \cdots\cdots ⑦$$

しかし，核融合を起こすには，電気的な反発力を及ぼしあう原子核を，高温，高密度の状態にして融合を起こさせる距離まで近づける必要がある。たとえば，太陽では，その中心温度が $1.58\times10^7\ K$ 程度であり，その下では，次の⑧式のように4つの水素の原子核からヘリウム原子核を作る核融合反応が生じる。

$$4\,^1_1H \longrightarrow ^4_2He + 2e^+ + 2\nu_e + (約\ 26.7\ MeV) \quad \cdots\cdots ⑧$$

なお，e^+, ν_e はそれぞれ**陽電子**，**電子ニュートリノ**とよばれる素粒子である。

> **例題で確認** 2個の ^2_1H が等しい運動エネルギー 0.35 MeV で正面衝突して，⑦式で表される核融合を起こし ^4_2He に変わった。このときの反応エネルギーを求めよ。ただし，^2_1H, ^4_2He 原子核の質量を 2.0136 u, 4.0015 u とする。

状況▶▶ 反応エネルギーは，反応前後の静止エネルギーの差に等しい。

$$Q = E_{He} - (E_H + E_H) = \{(M_H + M_H) - M_{He}\}c^2 \quad \Leftarrow 質量の差が反応エネルギー$$

なお，1 u に相当するエネルギーは 931.5 MeV である。

展開▶▶ $^2_1H + ^2_1H \longrightarrow ^4_2He$ における質量の減少量を，「1 u = 931.5 MeV」を用いて，エネルギーに換算する。

$$2\times 2.0136\,u - 4.0015\,u = 0.0257\,u \longrightarrow Q = 0.0257\times 931.5\ MeV = 23.9\ MeV$$

よって，反応エネルギーは約 24 MeV になる。

3 放射線（単位と応用）

【崩壊系列】

天然には異なる放射性をもった元素が存在する。放射能をもつ原子核は放射性崩壊を繰り返して，最後は安定な原子核になる。この一連の原子核の変化を**崩壊系列**という。放射性崩壊のうち，α 崩壊のみが反応の前後で質量数が4だけ変化し，β 崩壊や γ 崩壊では質量数に変化はない。この質量数（A）の変化に着目すると崩壊系列は次の4通りに分類できる。なお，n は正の整数である。

① **トリウム系列**〔$A=4n$〕トリウム $^{232}_{90}Th$ を出発として，α 崩壊，β 崩壊を繰り返し最終的には鉛208 $^{208}_{82}Pb$ に至る系列。

② **ネプツニウム系列**〔$A=4n+1$〕ネプツニウム $^{237}_{93}Np$ が崩壊して鉛209 $^{209}_{82}Pb$ を経

てタリウム $^{205}_{81}\text{Tl}$ に至る系列。

③ **ウラン系列**〔$A=4n+2$〕ウラン $^{238}_{92}\text{U}$ が崩壊して安定な鉛 206 $^{206}_{82}\text{Pb}$ に至る系列。

④ **アクチニウム系列**〔$A=4n+3$〕ウラン $^{235}_{92}\text{U}$ が崩壊して安定な鉛 207 $^{207}_{82}\text{Pb}$ に至る系列。アクチニウムという名称は，ウラン $^{235}_{92}\text{U}$ の歴史的な名前（アクチノウラン）に由来する。

なお，図7には4つの系列のうち，質量数が4の倍数であるトリウム系列を示してある。

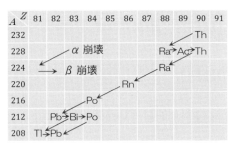

※$^{212}_{83}\text{Bi}$は64％がβ崩壊して$^{212}_{84}\text{Po}$になり，残りの36％がα崩壊して$^{208}_{81}\text{Tl}$になる。

図7

|崩壊系列| 崩壊系列　天然に存在する放射性元素の質量数による分類

放射性元素 $^A_Z X$ $\begin{cases} A=4n & \text{トリウム系列} & 232\,\text{Th} \to 208\,\text{Pb} \\ A=4n+1 & \text{ネプツニウム系列} & 237\,\text{Np} \to 209\,\text{Pb} \to 205\,\text{Tl} \\ A=4n+2 & \text{ウラン系列} & 238\,\text{U} \to 206\,\text{Pb} \\ A=4n+3 & \text{アクチニウム系列} & 235\,\text{U} \to 207\,\text{Pb} \end{cases}$

（n は正の整数）

【放射線の単位】

放射線の単位には，〔1〕線源が出す放射線の強度に関する単位（Bq）や，それを〔2〕受ける側の影響（物体が受けるエネルギー）に関する単位（Gy），また〔3〕人体への影響に配慮した単位（Sv）がある。以下，具体的に見てみよう。

〔1〕**線源の強度に関する単位（Bq）**：1秒間に1個の割合で原子核が崩壊して放射線を出すとき，この放射線の強さを **1 Bq**（ベクレル）という。

〔2〕**受ける側の影響に関する単位（Gy）**：生物や人間に与える影響は，物質が放射線のエネルギーをどれだけ吸収したかで定義される。これを**吸収線量**とよび，

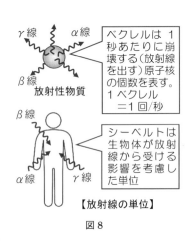

図8

物質1kgに1Jのエネルギーが吸収されたときの吸収線量を **1 Gy**（グレイ）と定める。

〔3〕**人体に与える影響に関する単位（Sv）**：人体への影響を考慮した係数を吸収線量Gyに掛けて**放射線被ばく線量**を定義する。γ線を1Gy受けたときの被ばく線量を1Sv（シーベルト）とする。α線はより危険なので，γ線のときの20倍となる。このように係数は放射線の種類によって定められる（**実効線量**）。

私たちは大気や地中からも自然放射線を受けており，国内での平均的な値は0.03〜0.06μSv/h である。また放射線を利用した医療機器，例えばCTスキャンでは1回あたり数mSv程度の線量を受ける。年間100mSv程度で人体に影響が出ると考えられている。

【放射線の人体への影響】

　放射線は**電離作用**によって生物の細胞に影響を及ぼし，がんの発症の原因や，被ばく量が大きい場合には急性障害を引き起こすこともある。このように放射線は有効に利用される反面，生物の細胞に傷害を与えるなど有害な面もあり，人工的な放射線を受ける機会は極力避けた方がよい。

> **例題で確認**　α線は人体に重大な影響を与えることがわかっている。その理由について述べた文で，最も適切なものを次のア～エの中から1つ選べ。
> ア　α線はHe原子であり，Heを吸い込むと危険なため
> イ　α線は波長の短い電磁波であり，その電磁波が人体に影響を及ぼすため
> ウ　α線はβ線やγ線に比べ透過する能力が高く，人体の奥深くに入り込むため
> エ　α線はβ線やγ線に比べ物質を電離させる作用が強いため
>
> 【静岡県2013年度改題】

展開▶▶　α線の本体はヘリウム原子核であり，β線やγ線に比べて電離作用が強く生体内の分子に深刻な影響を与える。

発展1　放射線障害

　放射線は，その電離・励起作用によって細胞自体や生体細胞内のDNAを損傷させる。軽度のDNA損傷は修復されるが，修復が不可能な場合は細胞死を起こすか，DNAが損傷したまま生き残り放射線障害を引き起こす。

慢性（晩発性）障害：被ばくによるDNA損傷が発生し，修復されることなく固定された場合，細胞の活動が異常化し，がんや白血病を引き起こす場合がある。これは日常生活で自然に浴びる程度の少量の被ばくでも発生する可能性がある。

急性障害：多量の放射線を被ばくし，特定の器官において多数の細胞が死滅した場合には，その器官の機能が損なわれ，生物体にさまざまな身体障害を引き起こす。図9に被ばく線量と放

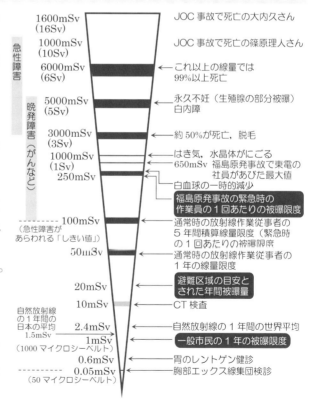

※1Sv（シーベルト）＝1000mSv（ミリシーベルト）
　1mSv（ミリシーベルト）＝1000μSv（マイクロシーベルト）

図9

射線障害の現れ方を示す。

④ 素粒子（分類とクォーク模型）

これ以上細かく分けられない究極の粒子を**素粒子**という。素粒子の中には，電子や陽子のように物質を構成する粒子の他に，力，すなわち相互作用を媒介する粒子が存在する。これらは**ゲージ粒子**と言われ，たとえば，陽子と中性子を結びつける力は中間子が媒介する。中間子は，核力発生のメカニズムとして，湯川秀樹が仮定した素粒子であり，核力は中間子という未知の素粒子が核子間で交換され生み出されるとした。予言された中間子は後に発見され，湯川は日本人初のノーベル賞を受賞した。

【素粒子の分類】

加速器の発達により数多くの素粒子が発見されたが，これらの素粒子は原子核を構成するかどうかで大きく2つに分類される。原子核を構成する素粒子を**ハドロン**（重粒子）とよび，核力で強く結合する。他方，電子のように原子核の構成には関係なく，核力の働かない仲間を**レプトン**（軽粒子）とよぶ。ニュートリノもまたレプトンの仲間である。

陽子や中性子，パイ中間子などはハドロンの仲間ではあるが役割は異なる。核子は原子核を構成するが，パイ中間子の仲間は核力を伝える働きだけで原子核の中に常に存在しているわけではない。そこでハドロンの中で，陽子や中性子の仲間を**バリオン**，パイ中間子の仲間を**メソン**とよび区別する（表1）。

表1

分類		記号	名前	質量[MeV]	レプトン数	バリオン数	寿命[秒]
レプトン		ν_e ν_μ ν_τ	ニュートリノ	0?	1	0	∞?
		e^-	電子	0.511			∞
		μ^-	ミューオン	105.7			2.2×10^{-6}
		τ^-	タウ	1784			$\sim 3\times10^{-13}$
ハドロン	中間子（メソン）	π^+	パイ中間子	139.6	0	0	2.6×10^{-8}
		π^0		135.0			0.83×10^{-16}
		π^-		139.6			2.6×10^{-8}
		K^+	K中間子	493.7			1.24×10^{-8}
		K^0 $\bar{K}^0$		497.7			$K_S 0.89\times10^{-10}$ $K_L 5.18\times10^{-8}$
		K^-		493.7			1.24×10^{-8}
		η^0	エータ中間子	548.8			7.7×10^{-10}
	バリオン	核子 p	陽子	938.3	0	1	∞
		n	中性子	939.6			917
		ハイペロン Λ^0	ラムダ	1115.6			2.6×10^{-10}
		Σ^+	シグマ	1189.4			0.8×10^{-10}
		Σ^0		1192.5			5.8×10^{-20}
		Σ^-		1197.3			1.48×10^{-10}
		Ξ^0	グザイ	1314.9			2.9×10^{-10}
		Ξ^-		1321.3			1.64×10^{-10}
		Ω^-	オメガ	1672.2	0	1	0.82×10^{-10}
		Ξ^{*0}	グザイ1530	1531.8			7.2×10^{-23}
		Ξ^{*-}		1535.0			
		Σ^{*+}	シグマ1385	1382.3			6.5×10^{-23}
		Σ^{*0}		1382.0			1.9×10^{-23}
		Σ^{*-}		1387.5			?
		Δ^{++}	デルタ1232	1232			1.6×10^{-23}
		Δ^+					
		Δ^0					5.7×10^{-24}
		Δ^-					

【素粒子の性質】

素粒子を分類するには，原子核の場合と同様に質量や寿命，電荷などを用いる。素粒子の質量は MeV で表し，その寿命も様々で非常に長いものから，わずか 10^{-30} 秒程度で崩壊するものもある（表1）。現在，安定な素粒子としては，光子，ニュートリノ，電子，陽電子，陽子，反陽子が知られている。

その他の性質としては，素粒子にはそれとは対になる**反粒子**が存在する。たとえば電子の反粒子は**陽電子**（e^+）であり，質量は電子と同じだが，電荷などの符号が逆という性質を持つ。粒子と反粒子が出合うと，すべてエネルギーに変化し消滅する（**対消滅**）。逆に，十分なエネルギーを与えると何もない真空から粒子と反粒子が生まれる（**対生成**）。

【素粒子の反応と保存則】

素粒子の反応の前後では，核反応と同様エネルギー，運動量，電荷などが保存する。また，ハドロンやレプトンが関わる反応では，次の**バリオン数**や**レプトン数**の和もまた反応の前後で保存する。

バリオン数：バリオンはすべて $+1$ の値をとり，その反粒子は -1 の値をとる。その他の素粒子のバリオン数は 0 である。

レプトン数（電子に関するレプトン数，μ 粒子に関するレプトン数）：レプトンとその反粒子に対して $+1$，-1 を与える。

なお，メソンについては特殊な保存則はない。

ハドロン，またレプトンでは，このバリオン数，レプトン数が保存する反応のみが許されることになる。

例題で確認 次の4つの反応のうち，許される反応はどれか。

① $p+n \longrightarrow p+p+n+\bar{p}$ ② $p+n \longrightarrow p+p+\bar{p}$

③ $\mu^- \longrightarrow e^- + \bar{\nu}_e + \nu_\mu$ ④ $\pi^+ \longrightarrow \mu^+ + \nu_e + \nu_\mu$

状況▶▶ 反応の前後で，①，②ではバリオン数，③，④ではレプトン数の和が保存する反応のみが許される。なお，$\bar{p}$ は p の反粒子を表す。記号については表1参照のこと。

展開▶▶ ① $p(+1) + n(+1) \longrightarrow p(+1) + p(+1) + n(+1) + \bar{p}(-1)$：$2 \to 2$ でバリオン数は保存する。② $p(+1) + n(+1) \longrightarrow p(+1) + p(+1) + \bar{p}(-1)$：$2 \to 1$ でバリオン数は保存しない。

③ $\mu^-(+1) \longrightarrow e^-(+1) + \bar{\nu}_e(-1) + \nu_\mu(+1)$：$1 \to 1$ でレプトン数は保存する。

④ $\pi^+(0) \longrightarrow \mu^+(-1) + \nu_e(+1) + \nu_\mu(+1)$：$0 \to 1$ でレプトン数は保存しない。

【クォーク模型】

加速器の進歩にともない，数多くの素粒子が見つかった。レプトンは3種類の電子（電子族）と3種類のニュートリノ（ニュートリノ族），およびそれらの反粒子であったが，他方ハドロンはその種類が数百にもなったため，次第にハドロンは本当の素粒子ではないのではないかと考えられるようになった。

1964年ゲルマンとツヴァイクは，陽子や中性子などのハドロンは，「バリオン数が $\dfrac{1}{3}$ で，電荷が電気素量の整数倍ではない $\dfrac{2}{3}e$ や $-\dfrac{1}{3}e$ という値を持つ2種類の粒子と，

その反粒子から作られる」という大胆な仮説を発表した。この奇妙な粒子が**クォーク**である。

> **クォーク模型** ハドロンは次の性質を満たすクォーク3個から構成される。
> ① クォークのバリオン数は $\dfrac{1}{3}$ である
> ② 電荷 $\dfrac{2}{3}e$ の u（アップ）と $-\dfrac{1}{3}e$ の d（ダウン）の2種類のクォーク
> ③ 反クォークは逆符号のバリオン数，電荷をもつ

なお，ハドロンの中のπ中間子などのメソンはバリオン数が0なので，クォークと反クォークの2つからなると考えられる。

> **例題で確認** 陽子，中性子はアップクォークuとダウンクォークdのどのような組み合わせで構成されているか。

状況▶▶ 陽子や中性子は3個のクォークからできている。このとき，

　　陽子，中性子の電荷←uやdクォークの電荷の和

が成り立つ。なお，3個のクォークの和からバリオン数（+1）は満たされている。

展開▶▶ 陽子や中性子を構成しているuクォークの数を x とすると，uクォークの電荷は $\dfrac{2}{3}e$ でdクォークの電荷は $-\dfrac{1}{3}e$ であるから

$$+1 = \dfrac{2}{3} \times x + \left(-\dfrac{1}{3}\right) \times (3-x) \longrightarrow x = 2 \quad \bigg| \quad 0 = \dfrac{2}{3} \times x + \left(-\dfrac{1}{3}\right) \times (3-x) \longrightarrow x = 1$$

　　　　　　　陽子（uud）　　　　　　　　　　　　　　　　中性子（udd）

【クォーク模型による素粒子反応の説明】

原子核反応を陽子や中性子の組み換えで考えたように，素粒子の反応をクォークの組み換えで説明することができる。例えば，湯川の中間子論では核子がパイ中間子を交換することで核力を得ているとしたが，この反応は

$$p + \pi^- \longrightarrow n \implies \text{uud} + \text{d}\bar{\text{u}} \longrightarrow \text{udd}$$

と表すことができる。uの反クォーク $\bar{\text{u}}$ はクォークuと対消滅するので，反応後は1つのアップクォークuと2つのダウンクォークd，すなわち中性子を構成することを示している。

【標準モデル（小林，益川モデル）】

小林，益川は3世代6種類のクォークが存在すると予言し，実験的にも正しさが証明された。その成果によりノーベル賞を受賞したことは記憶に新しい。現在，私たちの世界には，6種類のクォーク，3種類の電子族（電子，ミュー粒子，タウ粒子），3種類のニュートリノ族が基本粒子として存在している（次頁の表2）。さらには，これらの粒子を結びつける力を伝えるゲージ粒子も存在する。このような考え方を**標準モデル**と

いい，今日の素粒子の世界の基礎理論となっている。

表2

世代	レプトン		クォーク	
	基本粒子	電荷 [e]	基本粒子	電荷 [e]
1	ν_e 電子ニュートリノ	0	u アップクォーク	$+2/3$
	e 電子	-1	d ダウンクォーク	$-1/3$
2	ν_μ ミューニュートリノ	0	c チャームクォーク	$+2/3$
	μ^- ミュー粒子	-1	s ストレンジクォーク	$-1/3$
3	ν_τ タウニュートリノ	0	t トップクォーク	$+2/3$
	τ^- タウ粒子	-1	b ボトムクォーク	$-1/3$

↑質量小　↓質量大

【自然界に存在する4つの力（階層性）】

素粒子間に働く力には**重力**，**電磁気力**，**強い力**，**弱い力**の4種類（表3）で，どの力もゲージ粒子を交換して作用する。**強い力**はクォーク間に作用し結合力が強く，物質を作る上でなくてはならない力である。**弱い力**は物質を作ることには寄与しないが，素粒子を変換させる唯一の力である。例えばdクォークをuクォークに，電子をニュートリノに変化させる。**電磁気力**は電荷に作用し，その正負に応じて引力か反発力かが決まる。物質中に正負の電荷が同量にあれば全体として中性になり電気力は働かない。これに対して，このような封じ込めがないのが**重力**である。重力の大きさは極めて小さいが，恒星のような大きな質量に対しては有効な力となる。このように，宇宙的なスケールでは重力が重要な働きをする。

表3

種類	強さ	到達距離
強い力	1	10^{-15} m
電磁気力	10^{-2}	無限遠
弱い力	10^{-5}	10^{-17} m
重力	10^{-39}	無限遠

発展2　量子力学（ミクロの世界の力学）

物質波のしたがう運動方程式を導こう。波は場所（変数 x）と時間（変数 t）の双方に関係して規則正しく変化する（波動編第3章第1節）。この x, t の関数として，仮に

$$y=\phi(x, t) \cdots\cdots ⑨ \Longleftrightarrow y=A\sin\left(\frac{x}{\lambda}-\frac{t}{T}\right)=A\sin\left(\frac{x}{\lambda}-\nu t\right)$$

と表し，物質波，および運動エネルギー E と運動量 p の関係式とから ϕ の満たすべき方程式を求める。なお，⑨式の右には，比較として，波動編第3章で学んだ「波の伝搬式」を示してある。

$$E=h\nu, \quad p=\frac{h}{\lambda}, \quad E=\frac{p^2}{2m} \Longrightarrow \nu=\frac{h}{2m}\cdot\frac{1}{\lambda^2} \quad \cdots\cdots ⑩$$

このように，運動エネルギーと運動量の関係（粒子運動の関係）は「振動数と波長の2乗が反比例する」という波の関係になる。⑨式（波の伝搬式参照）が⑩式を満たすことから，ϕ に関しては

第2章　原子物理

> 時間についての1回微分　$\dfrac{\partial \phi}{\partial t} \to \nu$
>
> 空間についての2回微分　$\dfrac{\partial^2 \phi}{\partial x^2} \to \dfrac{1}{\lambda^2}$
>
> $\Longrightarrow \dfrac{\partial \phi}{\partial t} = -\dfrac{h}{2m}\dfrac{\partial^2}{\partial x^2}\phi$

という関係を満たすことが想定される。

　シュレーディンガーは数学的に整備し，物質波 $\phi(x,\ t)$ の満たすべき式（シュレーディンガー方程式）を求めた。次の⑪式がそれである。

$$ih\dfrac{\partial \phi}{\partial t} = -\dfrac{h^2}{2m}\dfrac{\partial^2 \phi}{\partial x^2} + V(x)\phi \quad \cdots\cdots ⑪$$

$$\underset{}{\hookleftarrow} E = \dfrac{1}{2m}p^2 + V \text{ に対応}$$

シュレーディンガー方程式を満たす関数は**波動関数（状態関数）**とよばれ，当初，実在する物質波そのものだと思われた。しかし，その後，波動関数の絶対値の2乗 $|\phi|^2$ が粒子の存在確率を表すことが明らかになる。

$$\int |\phi|^2 dx = 1 \quad \leftarrow 粒子は必ず存在する（確率の和は1）\quad \cdots\cdots ⑫$$

⑫式はまた，波動関数に対して $\lim\limits_{x \to \infty}\phi = 0$ という**境界条件**を課すことになる。

【水素原子への応用】

　水素原子の場合，$V = -k\dfrac{e^2}{x}$ であるからシュレーディンガー方程式は次の⑬式になる。

$$E\phi = -\dfrac{h^2}{2m}\dfrac{\partial^2 \phi}{\partial x^2} - k\dfrac{e^2}{x}\phi \quad \cdots\cdots ⑬ \quad \text{【定常状態の方程式】}$$

　なお，⑬式の解である波動関数に境界条件 $\lim\limits_{x \to \infty}\phi = 0$ を課すことで水素原子のエネルギー固有値を，ボーアが設けた仮説（量子条件）なしに，いわば自動的に導き出すことができる。すなわち，電子が物理的に意味のある場所に存在するという条件から，電子のとるエネルギー準位が自然に導き出されたことになる。

活用例題で学ぶ知識の活用

【活用例題1】　　　　　　　　　　　　　青森県高校物理2013年度（頻出・普通）
　2個の重水素核が衝突し、1個の三重水素核と1個の陽子が生成される核反応を考える。
　三重水素核、重水素核、陽子の質量をそれぞれ、3.0156u、2.0136u、1.0073uとし、1uを1.66×10^{-27}kg、光速を3.00×10^{8}m/s、1Jを6.24×10^{12}MeVとする。
(1) この核反応の核反応式を書け。ただし、元素記号には原子番号及び質量数もつけよ。
(2) この核反応による質量欠損は何uであるか、有効数字2桁で求めよ。
(3) この核反応で発生するエネルギーは何MeVであるか、有効数字2桁で求めよ。
(4) 重水素核の核子1個あたりの結合エネルギーを1.1MeVとすると、三重水素核の核子1個あたりのエネルギーは何MeVか。
(5) このように、軽い原子核が衝突して、より質量数が大きい原子核が生成される核反応を何というか。

📖 **解説**　核融合を題材に、質量欠損、反応エネルギー、結合エネルギーを問う問題。その際、a+X ⟶ Y+b についての**エネルギー収支図**（右図）を書き視覚的にも訴えるとよい。内容的には次の3つの**素過程**からなる。

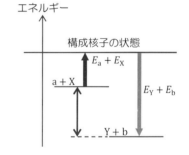

【素過程1】核反応式で保存する量　→　(1)
【素過程2】質量欠損と結合エネルギー　→　(2),(3)
【素過程3】反応エネルギー、結合エネルギー　→　(4)

　なお、質量欠損（u単位）から結合エネルギー（MeV単位）を求める際、1u＝931.5MeVを用いてもよいが、本例題では、J単位で求め「1J＝6.24×10^{12}MeV」を用いてMeVに換算することが問われている。

☞ **解答への指針**

(1) 重水素（重陽子）$^{2}_{1}$H、三重水素$^{3}_{1}$H、陽子$^{1}_{1}$H。核反応では、反応の前後で核子数（陽子数、中性子数）が保存する。
(2) 質量欠損 ΔM は反応の前後での質量の差だから、
$\Delta M = 2.0136 \text{u} \times 2 - (3.0156 \text{u} + 1.0073 \text{u})$ で求められる。
このときの単位は原子質量単位（u）である。
(3) 質量欠損 ΔM をJ単位で表し、それをMeV単位で表す。

素過程への分解・分析
素過程1 核反応では、核子数、電気量、運動量、静止エネルギーを含めた全エネルギーが保存する
素過程2 　1u＝931.5MeV

$$\dfrac{\varDelta M \times 1.66\times 10^{-27}\times (3.00\times 10^8)^2 \times 6.24\times 10^{12}\,\text{MeV}}{\text{kg} \cdot \text{J}}$$

(4) 重水素は核子1個あたりの結合エネルギーが1.1 MeVであるから，重水素（2核子）全体としては2.2 MeVの結合エネルギーを持つ。それが2個あるから，これを破壊してバラバラにするには4.4 MeVのエネルギーを外部から与えなければならない。それが参考図の矢印（太い矢）である。

求める三重水素全体の結合エネルギーをEとすると，参考図のエネルギー収支から，$E=4.4+4.0=8.4$ MeV。

三重水素（3核子）の核子1個あたりの結合エネルギーを求めるには，核子数で割ればよい。

(5) 鉄よりも軽い原子核は，融合することによりエネルギーを取り出すことができる。鉄よりも大きな原子核では核分裂によりエネルギーを取り出す。

素過程3
結合エネルギーと反応エネルギーの収支（参考図）

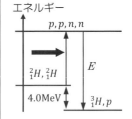

【活用例題2】　　　　　　　　　　　　神奈川県高校物理2011年度（頻出・易）

アップクォークとダウンクォーク，およびそれらの反クォークを構成要素としている中間子がもつことができる電荷を全てあげたものはどれか。最も適当なものを右の①〜⑥のうちから一つ選べ。ただし，アップクォークの電荷を$+\dfrac{2}{3}e$とし，ダウンクォークの電荷を$-\dfrac{1}{3}e$とする。

	この中間子がもつことができる電荷
①	$+\dfrac{1}{3}e$　$-\dfrac{1}{3}e$
②	$+\dfrac{1}{3}e$　$-\dfrac{1}{3}e$　0
③	$+\dfrac{1}{3}e$　$-\dfrac{1}{3}e$　$+e$　$-e$
④	$+\dfrac{1}{3}e$　$-\dfrac{1}{3}e$　$+e$　$-e$　0
⑤	$+e$　$-e$
⑥	$+e$　$-e$　0

📖**解説**　クォークモデルの基本的問題。核子や中間子など原子核をつくる（核力に関わる）素粒子をハドロンという。ハドロンはさらに核子の仲間であるバリオン，さらにπ中間子などメソンの仲間に分かれる。バリオンは3つのクォーク，メソンはクォークと反クォークの2つからなる。なお，反クォークの電荷はクォークとは反対の電荷をもつ。内容的には次の3つの**素過程**から構成される。

【素過程1】　メソンを構成するクォーク（クォークと反クォークの2つ）
【素過程2】　u, dクォークの特徴（電荷，バリオン数）
【素過程3】　反クォークの特徴（電荷やバリオン数がクォークとは反対の符号）

解答への指針

π中間子などのメソンは2つのクォーク（クォークと反クォーク）から構成される。反クォークはクォークとは反対の電荷をもつ。したがって

① u（アップ）クォークと$\bar{\text{u}}$クォーク，d（ダウン）クォークと$\bar{\text{d}}$クォークなら電荷は0

② uクォークと$\bar{\text{d}}$クォークなら電荷は，$+\dfrac{2}{3}e+\left(+\dfrac{1}{3}e\right)$

③ dクォークと$\bar{\text{u}}$クォークなら電荷は，$-\dfrac{1}{3}e+\left(-\dfrac{2}{3}e\right)$

組み合わせは，①～③の3通り。

素過程への分解・分析
素過程1
メソン＝クォーク＋反クォーク
素過程2，3
uクォーク$\left(+\dfrac{2}{3}e\right)$
dクォーク$\left(-\dfrac{1}{3}e\right)$
$\bar{\text{u}}$クォーク$\left(-\dfrac{2}{3}e\right)$
$\bar{\text{d}}$クォーク$\left(+\dfrac{1}{3}e\right)$

補足

メソンはバリオン数が0であることから，メソンはクォーク（バリオン数1）と反クォーク（バリオン数 −1）からできていると考えればよい。u，dのクォークのどちらかを反粒子にして組み合わせれば，$\text{u}\bar{\text{d}}$の電荷は $+e$，$\text{d}\bar{\text{u}}$の電荷は $-e$，$\text{u}\bar{\text{u}}$，$\text{d}\bar{\text{d}}$は電荷 0 になる。事実，パイ中間子には電荷が +，−，0 の3種類がありクォーク模型の予言と一致している。

【参考】量子力学の問題

(4) 粒子の古典的なハミルトニアンは

$$H=\dfrac{p_x^2}{2m}+V(x)$$

とかけます。ここで $V(x)$ はポテンシャルエネルギーです。
　このとき，波動関数 ϕ が満たすべきシュレディンガー方程式を書きなさい。

(5) ポテンシャルエネルギーのかたちを，次のような無限の高さの壁に囲まれたような井戸型ポテンシャルとします。

$$V(x)=\begin{cases} 0 & (0 \leq x \leq l) \\ \infty & (0<x \text{ or } l<x) \end{cases}$$

ここで，入れ物の中（$0 \leq x \leq l$）での定常状態について考えてみます。波動関数を $\phi(x, t)=T(t)\phi(x)$ とおき，エネルギーを ε として，変数分離により，入れ物の中での時間を含まないシュレディンガー方程式を書きなさい。

(6) (5)の方程式の解は，境界条件がなければ，あらゆる波長，振幅，位相を持つ周期関数の一次結合となりますが，境界条件が $\phi(0)=0$，$\phi(l)=0$ となることから $\phi(x)$ の絶対値はちょうど両端を固定された弦の定常波の振幅を与えるかたちになります。規格化の定数を A，量子数を $n(=1, 2, 3, \cdots)$ として，解のかたちを A，n，l，x，により表しなさい。

(7) エネルギー ε を n の関数として求めなさい。

【宮城県高校物理（2009年度）】

第2章 原子物理

解答例

【活用例題1】
(1) $_1^2\mathrm{H}+{}_1^2\mathrm{H} \longrightarrow {}_1^3\mathrm{H}+{}_1^1\mathrm{H}$ (2) $4.3\times 10^{-3}\,\mathrm{u}$ (3) $4.0\,\mathrm{MeV}$
(4) $2.8\,\mathrm{MeV}$ (5) 核融合

【活用例題2】
⑥

Coffee Break 3　夏目漱石の物理への関心の深さ

　　文豪夏目漱石は，その作品の随所に「西洋科学」を登場させています。「首吊りの力学」等などもそうですが，その著書「吾輩は猫である」の中にニュートンの慣性の法則（運動の第一法則）が登場します。

　　「もし他の力を加ふるにあらずば，一度動き出したる物体は均一の速度を以って直線に沿って動くものとする。」

　　また，文学論「文学的内容の形式」（漱石全集14）にも，慣性の法則が登場しています。ちなみに，「吾輩は猫である」に登場する第二法則は，

　　「運動の変化は加えられたる力に比例す。而して其の力の働く直線の方向に於いて起こるものとす。」

このように非常に正確で，その辺の物理教科書よりも核心を突いています。また，科学，特に物理に対する興味はかなりのものだったらしく，英国滞在中に弟子の寺田寅彦に次のような手紙を送っています。

　　「本日の新聞で，Rucker 教授の英国学会でやった原子論（Atomic Theory）に関する演説を読んだ。大いに面白い。僕も何か科学がやりたくなった……」

実力錬成問題

1 原子核の崩壊について，次の各問いに答えよ。
(1) α線，β線，γ線の正体を答えよ。
(2) α線，β線，γ線のうち，透過力が最も強いのはどれか。
(3) ラジウム Ra（原子番号88，質量数226）の，1回のα崩壊で生じるラドン Rn の原子番号と質量数を答えよ。
(4) ラジウム Ra（原子番号88，質量数226）は，原子核崩壊を何度か繰り返して，安定な鉛 Pb（原子番号82，質量数206）になる。この間にα崩壊とβ崩壊は，それぞれ何回起こるか。

【滋賀県高校物理（2012年度）】

2 コッククロストとウォルトンは1932年，高電圧加速器によって加速された陽子（$^1_1$H）を静止しているリチウム原子核（$^7_3$Li）に衝突させ，次のような反応を起こさせた。

$$^7_3\text{Li} + ^1_1\text{H} \longrightarrow ^4_2\text{He} + ^4_2\text{He}$$

ここで，各原子核の質量は，$^7_3$Li：11.64761×10^{-27} kg，$^4_2$He：6.64466×10^{-27} kg，$^1_1$H：1.67262×10^{-27} kg である。真空中の光の速さを 3.00×10^8 m/s，電気素量を 1.60×10^{-19} C，アボガドロ定数を 6.02×10^{23} mol^{-1} として，次の問いに答えよ。

(1) 原子核のような小さな粒子の質量を表す単位として原子質量単位（u）がある。1 u は $^{12}_6$C の原子の $\dfrac{1}{12}$ の質量である。1 u は何 kg か。有効数字3桁で求めよ。
(2) この反応による質量欠損は何 kg か。有効数字3桁で求めよ。
(3) 衝突前に $^1_1$H が持っていた運動エネルギーが 0.600 MeV であるとすると，この反応後の2個のα粒子の運動エネルギーの合計は何 MeV か。有効数字3桁で求めよ。

【富山県高校物理（2012年度）】

3 次の〔A〕〜〔C〕の文章を読んで，(1)〜(7)の問いに答えよ。
〔A〕陽子 p，中性子 n，①α粒子などの粒子が原子核に衝突して起こる変化を核反応と言う。原子核 X と粒子 a が衝突して原子核 Y と粒子 b ができる核反応は，次のようになる。

$$\text{X} + \text{a} \longrightarrow \text{Y} + \text{b} + Q$$

② Q は核反応の前後の質量変化に相当するエネルギーで与えられる。

$Q>0$ の場合は発熱反応で，原子核 X に粒子 a が非常にゆっくり衝突しても核反応が起きる。$Q<0$ の場合は吸熱反応で，静止している原子核 X に対して，衝突する粒子 a

の運動エネルギーによってエネルギーを補給しなければ核反応は起きない。このために必要な衝突する粒子 a がもつ運動エネルギーの最小値を，この反応のエネルギーしきい値と言う。ただし，粒子 a および粒子 b の質量をそれぞれ m_a, m_b, 原子核 X および Y の質量をそれぞれ m_X, m_Y とする。

(1) 下線部①について，α粒子について説明せよ。

(2) 下線部②について，真空中の光の速さを c とすると，Q はどのように表すことができるか。

〔B〕次の発熱反応，について考える。

$$^{6}_{3}\text{Li} + ^{1}_{0}\text{n} \longrightarrow ^{4}_{2}\text{He} + ^{3}_{1}\text{H} + Q$$

ここで，$^{6}_{3}\text{Li}$, $^{1}_{0}\text{n}$, $^{4}_{2}\text{He}$ および $^{3}_{1}\text{H}$ の原子核の質量はそれぞれ 6.0135 u, 1.0087 u, 4.0015 u, 3.0155 u である。ただし，1 u は 1.66×10^{-27} kg で，9.3×10^{2} MeV のエネルギーに相当する。

(3) この反応の Q の値は何 MeV か。計算式も示して答えよ。

(4) 十分におそい $^{1}_{0}\text{n}$ が静止している $^{6}_{3}\text{Li}$ に衝突して核反応が起こるとき，Q はすべて原子核の運動エネルギーに変換し，さらに反応前後で運動量は保存されるものとして，$^{4}_{2}\text{He}$ と $^{3}_{1}\text{H}$ の運動エネルギーの比を有効数字 2 けたで求めよ。

〔C〕核反応が吸熱反応であるとき，静止している原子核 X に粒子 a がちょうどエネルギーしきい値に等しい運動エネルギーをもって衝突する場合を考える。このときの粒子 a の速さを V_a とする。

(5) 衝突直後，粒子 a が原子核 X と一体となったとする。衝突後の速さを m_a, m_X および V_a を用いて表せ。

(6) この反応のエネルギーしきい値を Q, m_a, および m_X を用いて表せ。ただし，粒子 a の運動エネルギーから衝突後一体となった物体のもつ運動エネルギーをさし引いた値を $\varDelta E$ とし，衝突後一体となった物体が原子核 Y と粒子 b になったときの質量の差はこの $\varDelta E$ に相当するものとする。

(7) 生徒から「熱核融合反応とはどのような反応ですか。また，核分裂反応と比べても単位質量あたりのエネルギー発生量が大きいと聞きましたが，他にも何か利点があるのですか。一方で，現在のところ人工的に発生させるエネルギーとして，一般的には利用されていないのは，どのような理由からですか。」と質問があった。あなたならどのように説明するか。

【宮城県高校物理（2012年度）】

解法への指針

[1]【素過程（放射線の正体と性質）】，(3)，(4) α 崩壊では原子番号は 2，質量数は 4 減少。β 崩壊では原子番号は 1 増加，質量数は変化しない。γ 崩壊では原子番号，質量数とも変化しない。

4 発展：原子核反応，素粒子

2 【素過程（質量欠損＝反応前の質量－反応後の質量）】，【素過程（$2E_\alpha - E_H = \Delta Mc^2$）】，なお単位の換算に注意。

3 (2)(3)【素過程（反応エネルギーと質量欠損の関係：$Q = \Delta Mc^2$）】，(4)【素過程（運動量保存則（速度関係），運動エネルギー）】，(5)【素過程（Q＝反応前後の運動エネルギーの差，運動エネルギーのしきい値）】，(6)【素過程（核融合の特色（利点と欠点）】

（状況把握）(5) 衝突後の速さを V とすると，$Q = \frac{1}{2}(m_a + m_x)V^2 - \frac{1}{2}m_a V_a^2$，$m_a V_a = (m_x + m_a)V$ から $\frac{1}{2}m_a V_a^2$ を Q，m_a，m_x で表す。

第3章

代表的な実験と観察, 安全への配慮

1 実験に関しての安全指導（出題の傾向）
2 学習指導要領から（出題の傾向）

1 実験に関しての安全指導(出題の傾向)

[1] 出題の傾向と対策

(1) 傾　向

　理科は自然への問いかけという性格を持つため，教員採用試験でも実験に関する問題が多く出題される。自治体によっては実験室で実験器具を使っての「模擬実験」を課しているところもある。今後，この傾向はさらに大きくなろう。物理分野の実験に関する出題傾向としては，大別すれば以下のようになる。

【実験器具の操作，実験の手順に関する出題】
　① 電流計，電圧計，抵抗，電源装置などを用いて，回路図を書かせるなどしてオームの法則を検証する実験問題（2009年度秋田県，2012年度宮崎県等多数）
　② 電流計，電圧計の接続，および計器の目盛を読み取らせる問題（2012年度広島県・広島市，2011年度佐賀県等多数）

【実験方法の考案，工夫・改善に関する出題】
　① 重力加速度を求める実験（2010年度北海道，2010年度熊本県，2012年度宮崎県等多数）

【データ処理，データ分析に関する出題】
　① 記録タイマーによる紙テープの打点の分析を行う際の注意点（2010年度宮城県，2010年度静岡県，2011年度静岡県，2012年度熊本県等多数）
　② 実験データをグラフ化する際の注意点（2009年度宮城県，2012年度青森県等多数）

【科学史上有名な実験に関する出題】
　① ジュールの実験（2010年度秋田県等），②光電効果の実験（2010年度熊本県等）
　③ ガリレイの斜面に関する実験（2012年度神戸市等），④ヘルツの電磁波の検証実験（2009年度北海道等），⑤ミリカンの電気素量を求める実験（2012年度滋賀県等）

(2) 対　策

　文科省検定教科書「中学校理科」，「物理基礎」で扱われている生徒実験や教師実験のところは必ず目を通したい。また，実際に過去問を解きながら，教科書の該当箇所に目を通し，実験時の指導のポイントやその留意点などを確認するのもよい。なお，実験の際の事故防止については，大きな直流電流を扱う際の留意事項（2010年度熊本県，2012年度宮城県等）など出題される傾向にある。この【実験の安全，実験器具の管理に関わる出題】については第2節「学習指導要領から」で扱う。

2 例題によるポイント解説
【実験器具の操作，実験の手順に関する出題】

例題1　　　　　　　　　　　　　佐賀県中学理科2011年度・改題（頻出・標準）

(1) 図1を用いて電熱線の両端の電圧と流れる電流を測定するための回路を，導線を記入して完成させよ。ただし，導線は端子以外のところで交わらないようにすること。

(2) (1)の回路図を電気用図記号を使って書け。

(3) 電流計，電圧計の指針が下の図2，図3のようになった。このときの，電流，電圧はそれぞれ何mA，何Vか。ただし，電流計の－端子は500 mA，電圧計の－端子は15 Vを使用したものとする。

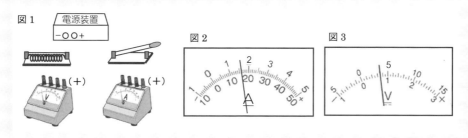

解説　電磁気分野からの実験に関する問題では，電圧計・電流計の接続の仕方や，電圧計・電流計を用いた実験の回路図を書かせる問題などがよく出題される。接続に関するポイントをまとめておこう。

① 電流計は回路に直列に接続し，電圧計は測定しようとする抵抗に並列に接続する。

② 電流計，電圧計とも，電池の＋極側に電流計，電圧計の＋端子を接続し，－極側は－端子の1番大きな値に接続する。

　※電流計の場合，－端子には50 mA，500 mA，そして5 Aという3つの端子がある。抵抗に流れている電流の大きさが分からない間は，小さな値に接続し針が振り切れてしまわないように，大きな値から小さな値へと順に切り替えていく。

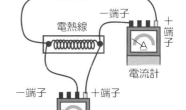

解答例　(3) 160 mA, 3.50 V

電流計の読み方：500 mA端子に接続しているから，1目盛は10 mAである。

電圧計の読み方：15 V端子に接続しているから，1目盛は0.5 Vである。

(1)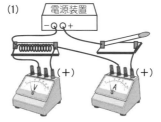

(2)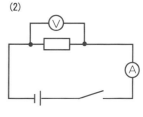

【実験の安全，実験器具の管理に関する出題】

例題2　　　　　　　　　　　　　大阪府高校物理2012年度・改題（頻出・標準）

　図のように長さ80cmのガラス製の管と水槽をゴム管で繋ぎ水を入れ，水槽を上下させることで水面の位置を変えられる装置を用いて，気柱の共鳴実験を行った。
　この実験を行うにあたって，器具を丁寧に扱うのは当然のこととして，その他にガラス製の管を破損しないために，生徒に与えなければならない注意事項を述べよ。

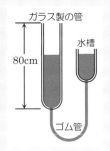

解説　気柱の共鳴実験は，高校物理**波動分野**では有名な実験の一つである。音さをたたきながら，ガラス管内の水面を徐々に下げていくと，やがて管内の気柱と音さとが共鳴して大きな音を発する。このとき，共鳴しているのは，音さとガラス管ではなく，管内の気柱である点に注意したい。

　さて，この実験で生徒に指示しなければならない「実験を行う際の留意点」としては，以下のものが考えられる。

　① **音さのたたき方**　音さはU字型をした金属棒であるが，この音さのどこをたたけばよいのか。

　② **ガラス管を破損させないための音さのたたく場所の指定**　例題が問うている留意点である。ガラス製の管の管口上端部にはゴムがつけてあるが，音さを管口のすぐ上に持って来てたたくとガラス製の管を破損する恐れがあるので十分に注意したい。やや離れたところで音さを専用の槌でたたき，すぐに管口に図のように近づけるとよい。また，音さの発する音はすぐに小さくなるので，たたいては管口に近づける操作を繰り返す必要がある。

　③ **共鳴音を確認するための方法**　水面を下げて共鳴音を発する場所を探す際には想定される前後の位置で数度確かめさせ，最も大きな音を発する場所を見つけさせる。個人誤差（個人による感じ方の違い）を避けるため，音さをたたく者，共鳴音を聞く者など担当を交代させては実験を繰り返す。

　さらには，**実験中の室温**についても配慮する必要がある。音速は温度に左右されるので，特に実験を窓際で行っている班については，この点についても喚起を促す必要があろう。

解答例　ガラス管口のすぐ上で音さをたたくとガラス管上部を破損する恐れがある。管口から離れたところで音さをたたき，すぐに管口近くに音さを持ってくるようにする。

1 実験に関しての安全指導（出題の傾向）

【データ処理，データ分析に関する出題】

例題 3 　　　　　　　　宮城県中学理科2009年度・改題（頻出・標準）

バネの性質を調べるために，図のようにスタンドにつるまきバネと定規を固定し，質量20gのおもりを1個，2個，3個，4個とつなげて，そのときのバネの長さを測定した。

バネに働く力の大きさとバネののびの関係のグラフを生徒に描かせるとき，グラフを描く上での一般的な注意事項を3つ書け。

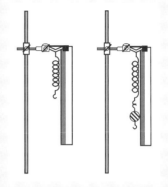

解説 力学分野からの出題として「バネに働く力の大きさはバネの伸びに比例する」というフックの法則の検証実験は，グラフの書き方などデータ処理に関係させてよく出題される。

グラフの横軸には「変化させる物理量」としてバネに働く力の大きさ（つるすおもりにかかる重力〔N〕）とし，縦軸には「変化する物理量」としてバネののびをとる。

独立変数（横軸）：バネに働く力の大きさ（つるすおもりにかかる重力）

従属変数（縦軸）：バネののび

また，グラフに実験値を小さな点●を記入し，最後に●の並び具合を俯瞰してほぼ直線状に並んでいることが確認できたならば，●どうしをつなぐのではなく，できるだけ●が直線の近いところにくるような直線を引くようにする。

なお，この際，目盛りの取り方にも留意したい。すなわち，ばねの伸びの実験値を

(1) OA の範囲の中に取る
(2) OB の範囲の中に取る

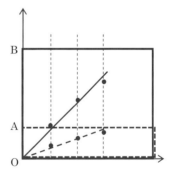

という2つの場合が考えられるが，狭い範囲(1)では，実験値の傾向（比例関係にあるのか，そうでないのか）が明確には現れない。そこで，(2)のようにグラフ用紙全域に渡って実験値を取ることで，この実験値の傾向をより顕著に把握することができる。

さらに，バネにおもりをつけないときバネののびが0であることから，グラフは必ず原点を通ることも触れておきたい。

解答例 ① グラフの横軸にバネに働く力の大きさ（つるすおもりにかかる重力〔N〕）を，縦軸にはバネののびをとる。
② 測定値を全部書き込めるように横軸・縦軸の目盛（単位もあわせて）を決める。
③ グラフの上部に題（実験テーマ）を書く。

【科学史上有名な実験に関する出題】

 例題4　　　　　　　　　　　　秋田県高校物理2011年度・改題（頻出・標準）
　ジュールが行った実験（「ジュールの実験」）としてよく知られているものについて，実験装置の図と実験の概要，そしてこの実験の結果明らかになったことを，わかりやすく説明せよ。

 解説　高校物理教科書の**熱力学分野**に載っている科学史上有名な実験に関する出題である。本例題では，実験装置図と実験概要を説明させ，この実験が明らかにしたことを論述させるというやや高度な内容である。おもりの落下という位置エネルギーの変化によって，容器中の羽根車を攪拌させ（容器中の水に仕事をする），その結果水温が何度上昇したかを測定し，エネルギーの単位であるジュール〔J〕と熱量の単位であるカロリー〔cal〕の関係を明らかにした実験として，どの教科書でも取り上げられているものである。

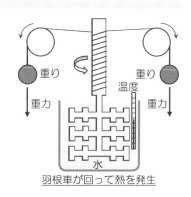
羽根車が回って熱を発生

　ジュール（1818～1889，英）は醸造家に生まれ，自宅で様々な実験を行った。電磁気的な実験に始まり，空気の膨張・圧縮による研究，さらには1847年には有名な羽根車の実験装置を作るなど，彼は一貫して熱の仕事当量の精密な測定を追求した。このジュールに関する人となり（人物像）も知っておくとよい。なお，この装置はロンドンにある科学博物館に所蔵されている。

 解答例　おもりがゆっくり降下すると**滑車**と**回転軸**と**羽根車**が回転し，**断熱された水熱量計**の中の**水**を撹拌し，**摩擦熱**によって水温が上がり，その**上昇温度**と**おもりが動いた距離**を測定するという装置である（ゴチックはキーワード）。

　おもり1個の質量をM〔kg〕，重力加速度をg〔m/s^2〕，降下した距離をh〔m〕とすると，重力がおもりにした仕事W〔J〕は2個合計で

　　　$W=2Mgh$　……①　【おもりの落下距離の測定】

　水の質量をm〔g〕，上昇した温度をΔt〔K〕とすると，水の得た熱量Q〔cal〕は

　　　$Q=mc\Delta t$　……②　【上昇温度の測定】

とそれぞれ表される。ここで，cは水の比熱〔cal/(g・K)〕である。

　ジュールは精密な実験を繰り返し，①および②の実験結果から<u>1 calの熱量が4.19 Jの力学的仕事に相当する</u>ことを見い出した。この4.19 J/calを**熱の仕事当量**という。ジュールの実験によって，それまで主流であった「熱の物質説（熱はカロリックと名づけられた物質であるという考え方）」が完全に否定され，「熱はエネルギーの一つ」であること，さらにはエネルギー保存則へと科学が発展していく，その契機を与えたといえよう。

2 学習指導要領から（出題の傾向）

1 学習指導要領にみる安全指導

　学習指導要領に関連した出題の傾向は，各自治体によってその取扱いが大きく異なっている。しかし，47都道府県のうち，その約65％にあたる31の自治体に，学習指導要領に関する出題がみられるため，しっかとした対応が望まれる。出題内容としては，学習指導要領第1章の教科・科目の「目標」やその「内容の取扱い」が主であるが，第3章，とりわけ「事故防止，薬品などの管理及び廃棄物の処理」の安全指導に関しては，一定の出題傾向があり，その対策を十分に取ることが重要であろう。また，単に採用試験の準備にとどまらず，将来，教員として実験指導を行う際の有益な情報源として目を通し，特に見過ごすことのできない内容については，意識して確認をするようにしておきたい。

　安全指導に関する出題傾向としては，以下の2つに分類することができる。学習指導要領の解説そのものからの出題については，各科目にこだわることなく，理科全般としてとらえて，文言をしっかりと理解しておこう。なお，「具体的な学習内容からの出題」については，近年の物理分野で出題された問題から抽出をおこなった。

【学習指導要領解説の中からの出題】

① 事故防止についての配慮事項（8項目）を問う出題
　（2008年度青森県，2007年度山形県，2008年度宮崎県，2009年度長崎県）
② 8項目のさらに細部にわたる出題
　エ 点検と安全指導（2010年度福岡県）
　オ 理科室内の環境整備（2010年度広島県）
　カ 観察や実験のときの服装など（2008年度福岡県）
　キ 応急処置とその対応（2012年度福岡県）
　ク 野外観察における留意点（2009年度福岡県）
　なお8項目については，例題1の解説を参照のこと。

【具体的な学習内容からの出題】

「ウ 予備実験と危険要素の検討」において，安全上の留意点を問う出題
　① コイルの磁界の実験（2012年度宮城県，2012年度熊本県，2012年度群馬県）
　② 電流計の取扱い（2012年度秋田県，2011年度大阪府，2008年度福島県）
　③ 真空放電の実験（2005年度島根県）
　④ ジュールの法則の実験（2010年度熊本県）
　⑤ エネルギー保存の実験（2009年度宮城県）

第3章　代表的な実験と観察，安全への配慮

2 例題によるポイント解説
【学習指導要領解説の中からの出題】

例題1　　　　　　　　　　　　　青森県中学理科2008年度・抜粋（頻出・標準）
　中学校学習指導要領解説「理科編」について，「指導計画の作成と内容の取扱い」の「事故防止，薬品等の管理及び廃棄物の処理」の「事故の防止について」では，配慮事項が8項目ある。その中の3つを書け。

解説　頻出の問題でもあり，3項目に限らず，8項目すべてについてぜひともしっかりと覚えておきたい。さらに，それぞれの項目については，具体的な内容に関してまでも，細部にわたり十分に理解しておくことが望ましい。
　ア　指導計画などの検討…観察や実験の目的や内容の明確化，生徒の実験技能の掌握，無理のない実験や観察の選定，効果的で安全性の高い観察実験方法の選定
　イ　生徒の実態の把握，連絡網の整備…学級担任や養護教諭との情報交換，配慮すべき生徒の実態の把握，負傷者に対する応急処置の方法，関係諸機関への連絡網の作成と連絡方法の確認，保護者への連絡
　ウ　予備実験と危険要素の検討…適切な実験の条件の確認，グループ実験での想定とその危険要素の検討，使用する薬品の性質やその危険の有無の確認
　エ　点検と安全指導…整備点検の心がけ，生徒への正しい器具の使い方を習熟させる指導や危険性を認識させる指導，観察・実験の基本的な態度を習得させる指導
　オ　理科室内の環境整備…薬品器具の整理整頓，救急箱や防火対策の準備，十分な換気の設備
　カ　観察や実験のときの服装など…余分な飾りのない機能的な服装，前ボタンの留めや長い髪を後方で束ねさせる指導，保護眼鏡の着用
　キ　応急処置と対応…過去の事故事例や想定事故の検討，事故時の冷静沈着な行動，平素からの校医との連絡，緊急時の対応策の具体的な作成
　ク　野外観察における留意点…観察場所の事前の実地調査による安全確認，緊急事態の発生に備えた連絡先などの確認，適切なはきものや服の着用指導
　以上の8項目は，教員が「授業前や授業後など授業外で行うべき事項」と「授業中に配慮すべき事項」とに分かれるが，それぞれについて具体的な場面を設定して理解したい（イメージを持とう）。また，教員だけではなく，生徒自身に観察・実験を安全に行おうとする意識をもたせて，危険を事前に認識し，回避する力を養うことも重要であろう。

解答例　解説の中のア〜クの項目のうち，3つを記入すればよい。

【具体的な学習内容からの出題（コイルの磁界の実験)】

例題2　　　　　　　　　　　　　　　宮城県中学理科2012年度・抜粋（頻出・標準）

コイルの磁界を調べる学習について，次の実験を行った。図のように，コイルに電流を流してコイルに生じる磁界について調べる実験をした。①，②の問いに答えよ。

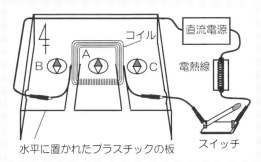

① 回路に電熱線を入れているのは，何のためか。簡潔に答えよ。
② この実験をさせる上で，生徒に注意する安全上の留意点を1つ挙げよ。

解説　例題1の8項目の配慮事項の中で，「ウ　予備実験と危険要素の検討」の項目について，具体的な学習内容を取り上げて，そのケースでの安全指導が的確にできるかを問う問題は，近年多く出題されるようになってきている。様々な実験器具の扱いやその性質についても深く理解をし，「なぜ，こういう実験器具を使うのか？」「どういう点に気をつけて，実験を行えばよいのか？」という実験の意図や理由をしっかりと認識して，指導にあたらなければならない。

例題2のような実験装置において，電熱線がなければ，スイッチを入れた瞬間に，コイルに多くの電流が流れる可能性がある。ショート回路として直流電源に大きな負荷がかかってしまい電源装置を壊すことも懸念される。抵抗の役割としての電熱線を入れることで，急激な電流の発生を押さえることができ，回路のショートを防ぐことができるといえる。また，電流を流すと，ジュール熱（熱運動による発熱）が発生し，電熱線はもちろんのこと導線部分の温度も上昇する。そのため，コイルが熱を発し，熱くなっていることが想定される。よって，不用意に触ってやけどをしないように注意をしなければならない。

解答例　①回路がショートしないようにするため。②コイルや電熱線が発熱している可能性があるので，触ってやけどをしないように気をつけること。

【具体的な学習内容からの出題（真空放電の実験）】

例題3　　　　　　　　　　　　　　　島根県高校物理2005年度・改題（頻出・難）

図は，真空放電の実験装置図である。図のように誘導コイルで管内に閉じ込められた空気に高電圧を加えながら，真空ポンプを作動させて気圧を下げていくと，やがて管内が光り出す。この実験を行う際の安全について留意しなければならない点を記せ。

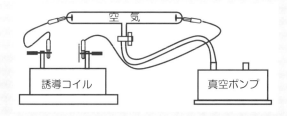

解説　高校における実験では，その内容に合わせて，中学校よりも高度な実験器具を必要とし，慎重な扱いが求められる器具がさらに増える。事前の準備の段階で，それらの特性を十分に理解し，操作の方法や仕組みについては，しっかりと把握しておきたい。例題3での実験器具については，安全に留意しなければならない点は以下の通りであるが，普段思いもよらないような注意点が存在することも念頭に入れておこう。

解答例
●誘導コイルを用いて高電圧を発生させる点…そばに伝導性のものを置かないこと。実験者が近づきすぎないこと。ぬれた手で扱わないこと。誘導コイルと放電管の極を接続するリード線が，放電管のガラスやスタンドに触れないようにすること。絶縁台に乗って作業をすること。
●真空ポンプを使う点…電気器具であることを十分理解したうえでの操作を行い，不用意な扱いをせず，操作手順をしっかりと守ること。ガラス管に一気に多量の空気が流れ込み，ガラス管を割る可能性があるため，真空ポンプの吸気口と排気口を間違えないようにすること。真空ポンプを動かしたままでリークコックを操作し，ホース内の圧力を外気圧に近くしてから，真空ポンプを止めるようにすること（ポンプ内のオイルが逆流する恐れがあるため）。
●ガラス器具を使う点…ガラス管が割れて，飛び散ると大きなけがに至る恐れが十分にあるので，スタンドなどにしっかりと取り付けること。

2 学習指導要領から（出題の傾向）

【具体的な学習内容からの出題（エネルギー保存の実験）】

例題4　　　　　　　　　　　　　宮城県中学理科2009年度・抜粋（頻出・標準）

エネルギーの保存について，考えさせるために，図1のような電気コードのカバーを用いて小球が動く軌道を生徒に制作させ，次のような実験を行わせた。

［実験1］
① 電気コードのカバーを用いて図2のように小球が動く軌道を制作させる。
② 図3の軌道でAの位置に小球を置き，静かに手を離して，その動き方を観察すると同時にビデオに撮る。

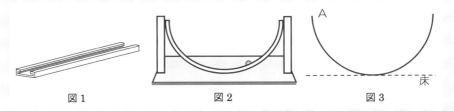

図1　　　　　　図2　　　　　　図3

実験1の②を行わせるときに，事故防止という観点から，教師が配慮すべき点を2つ書け。

解説　身の回りの品を実験器具として使うことは，本来の使用目的ではなく，安全上許されない。しかし，実験を安価にすることができたり，実験器具を数多く揃えることができたりと実際上のメリットも多い。さらに，生徒の興味・関心を引き出しやすく学習意欲の向上にもつながるため，効果的に利用したい。

しかし，上述したように，市販品の目的外利用は，実験を安全に行うことができるという保証がないために，予備実験も含めた十分な検討が必要不可欠である。十分に安全を確保するためには，考えられ得るすべての事故防止策を施し，危険性を排除した上で実験を行うことが大切である。

例題4の問題においては，市販の電気コードの形状だけで利用を判断することなく，材質や固さなどの特性も十分に確かめた上で使用する。小球においても，しっかりと材質を吟味して，あらゆる事故の可能性を排除したい。また，ビデオを持った生徒の実験場面をもシミュレーションし，生徒の不用意な行動を想定し，適切な対応が取れるよう心がけたい。

解答例　小球は割れやすいガラス製を避ける。小球が軌道を外れて飛び出したときに，目などに当たらないように必要以上に顔を近づけないようにする。電気コードのカバーが思わぬ壊れ方をしてけがをしないように，しっかりと固定する。これらを参考に，事故防止についての記載が2点書かれておればよい。

実力錬成問題解答例

第1章　電磁気学

1　電気の性質（静電気と電場）

1 (1) $-Q$　(2) 図1　(3) $4\pi kQ$　(4) 現れない　(5) 図2

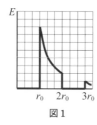
図1

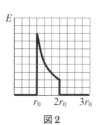
図2

2 (1) $\dfrac{V}{d}$ [V/m]　(2) $\dfrac{qV}{d}$ [N]　(3) $\dfrac{qV}{gd\tan\theta}$ [kg]　(4) $-V\left(\dfrac{1}{2}+\dfrac{l}{d}\sin\theta\right)$ [V]

3 (1) $\left(x+\dfrac{5r}{3}\right)^2+y^2=\left(\dfrac{4r}{3}\right)^2$ で与えられる円の円周上　(2) 点 $(-(3+2\sqrt{2})r,\ 0)$

(3) $\dfrac{kq^2}{2r}$

2　コンデンサー

1 (1) $kQ\left(\dfrac{1}{a}-\dfrac{1}{b}\right)$ [V]　(2) $\dfrac{ab}{k(b-a)}$ [F]

2 (1) $\dfrac{3V}{2d}$　(2) $\dfrac{V}{2}$　(3) $\dfrac{3C}{2}$　(4) $\dfrac{3CV}{2}$　(5) $\dfrac{3\varepsilon CV}{2\varepsilon+\varepsilon_0}$　(6) $\dfrac{3\varepsilon V}{2\varepsilon+\varepsilon_0}$

3 (1) $\dfrac{Q^2}{2\varepsilon_0 S}\Delta d$ [J]　(2) $\dfrac{Q^2}{2\varepsilon_0 S}$ [N]

4 (1) $\dfrac{C_2}{C+C_1+C_2}V$ [V]　(2) $\dfrac{C_2(C+C_1)}{C+C_1+C_2}V$ [C]

5 $\dfrac{d+x}{d}Q$

3　電流と電気回路

1 右図

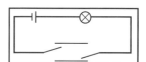

2 (1) 20Ω　(2) 0.5A　(3) 6V　(4) 0.2A

3 (1) $R_2=\dfrac{2}{n-1}R_1$　(2) $R_2=\dfrac{n-1}{2}R_1$

4 (1) $I=1$A　(2) $Q=50\mu$C　(3) B点の方がA点よりも15V高い

(4) BからAへ60μC移動する

5 (1) 250Ω

(2) 40Wと60Wの白熱電球では，40Wの方が抵抗は大きい。直流回路では各白熱電球に流れる電流が等しいので，電球にかかる電圧はオームの法則より40Wの方が大きくなる。し

したがって，消費電力 VI は 40 W の方が大きくなり，明るさも 40 W の方が明るくなる。

6 (1) $\dfrac{E}{R+r}$　(2) $\dfrac{RE^2}{(R+r)^2}$　(3) $R=r$ のとき最大，消費電力は $\dfrac{E^2}{4r}$

4　電流と磁場

1 (1) 右図

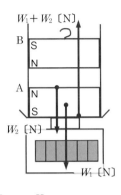

(2) ① 磁石 AB 間に働く磁気力を F とする。磁石 A に働く力は，下向きの重力 W_1，上向きの垂直抗力 W_3 と磁気力 F である。力のつり合いより，$F=W_1-W_3$ [N] となる。

② ばねばかりが示す目盛りは，ばねばかりが磁石 B を引く張力に等しく，これを T とする。磁石 B に働く力は，下向きの重力 W_2 と磁気力 F，上向きの張力 T である。力のつり合いより，$T=W_2+F=W_1+W_2-W_3$ [N] となる。

2 (1) 磁場の向きは右図。導線 Q と R の電流が点 A につくる磁場の強さをそれぞれ H_Q，H_R とすると，$H_Q=\dfrac{1}{2\pi a}$，$H_R=\dfrac{1}{\pi a}$ となる。図より，合成磁場の強さは，$H=\dfrac{\sqrt{3}}{2\pi a}$ となる。

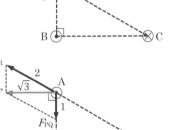

(2) 力の向きは右図。導線 Q と R の電流がつくる磁場によって導線 P が受ける力の大きさをそれぞれ F_{PQ}，F_{PR} とすると，$F_{PQ}=\dfrac{\mu_0}{\pi a}$，$F_{PR}=\dfrac{2\mu_0}{\pi a}$ となる。図より合成力の大きさは，$F=\dfrac{\sqrt{3}\mu_0}{\pi a}$ となる。

3 (1) 整流子とブラシによって，コイルが半回転する毎に，コイルを流れる電流の向きが反転する。その結果，回転してもコイルが受ける力が常に同じ方向を向く。

(2) 図の A 点から上向き。

4 (1) $\dfrac{mv\sin\theta}{eB}$　(2) $\dfrac{2\pi mv\cos\theta}{eB}$　(3) オーロラ

5　電磁誘導と交流

1 電磁調理器の内部のコイルに交流電流を流すと，大きさと向きが絶えず変化する磁場が生じる。このとき，電磁誘導によってなべに誘導電流が生じる。鉄は抵抗をもつのでジュール熱が発生して，なべは発熱する。

2 0.36 V，北側

3 $v=\dfrac{mgR\sin\theta}{B^2L^2\cos^2\theta}$

4 (1) $n_1:n_2=1:30$　(2) 一次コイル：45 A，二次コイル：1.5 A　(3) 4.5 kW

(4) 変圧器で電圧を大きくすると電流は小さくなる。送電線を流れる電流を I [A] とすると，

送電線で発生する単位時間あたりのジュール熱は RI^2 [W] で与えられるので，I が小さいほど送電線での電力の損失は小さくなる。

[5] ①，②，④

6 発 展

[1] (1) グラフのマス目を数える。曲線の下に完全に入るマスが6マス，曲線が一部かかっているマスが10マスある。1マスは $5\,\text{mA} \times 50\,\text{s} = 0.25\,\text{C}$ となるので，一部かかっているマスを $0.125\,\text{C}$ とすると，$6 \times 0.25 + 10 \times 0.125 = 2.75\,\text{C}$ となる。よって $2.75\,\text{C}$

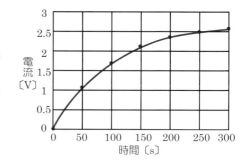

(2) 2.7 V (3) 右図参照

(4) $C = \dfrac{q_0}{V_0}$ より，$C = \dfrac{2.75}{2.7} \fallingdotseq 1.0\,\text{F}$

(5) 時刻 τ で，$I = I_0 e^{-1} = \dfrac{I_0}{2.7}$ となる。したがって，10 mA のときの時間が τ を与える。グラフと表より，$\tau = 100\,\text{s}$ である。$\tau = RC$ より $C = 1.0\,\text{F}$

[2] 右図参照

[3] (1) 0.60 m (2) $\lambda_A > \lambda_C > \lambda_B$

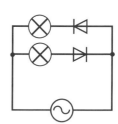

第2章　原子物理

1　電子の発見

[1] (1) A：真空ポンプ，B：誘導コイル (2) 陰極線 (3) 電子 (4) C，D

(5) 電子は負の電荷をもつので，電極板 BD 間にできる電場で電気力を受け＋極の方に曲がる。

[2] (1) $a = \left(1 - \dfrac{\rho V}{m}\right)g - \dfrac{kv}{m}$ [m/s²]　(2) $v_1 = \dfrac{m - \rho V}{k}g$ [m/s]　(3) $q = \dfrac{dk(v_1 + v_2)}{E}$ [C]

(4) $e = 1.61 \times 10^{-19}\,\text{C}$

2　光の粒子性と物質の波動性

[1] (1) 固有X線（特性X線） (2) eV (3) $\dfrac{hc}{eV}$

(4) 固有X線の波長は陽極原子の電子のエネルギー準位で決まるので，電圧を変えても変わらない。

(5) $E_2 = E_1 + \dfrac{hc}{\lambda_2}$

[2] $d = 2.7 \times 10^{-10}\,\text{m}$

実力錬成問題解答例

3 (1) $h\nu + mc^2 = h\nu' + \dfrac{mc^2}{\sqrt{1-\dfrac{v^2}{c^2}}}$

(2) x 方向：$\dfrac{h\nu}{c} = \dfrac{mv}{\sqrt{1-\dfrac{v^2}{c^2}}}\cos\theta + \dfrac{h\nu'}{c}\cos\phi$, y 方向：$0 = \dfrac{mv}{\sqrt{1-\dfrac{v^2}{c^2}}}\sin\theta - \dfrac{h\nu'}{c}\sin\phi$

(3) 運動量保存則の2式を書き直すと，

$$\dfrac{mv}{\sqrt{1-\dfrac{v^2}{c^2}}}\cos\theta = \dfrac{h\nu}{c} - \dfrac{h\nu'}{c}\cos\phi, \quad \dfrac{mv}{\sqrt{1-\dfrac{v^2}{c^2}}}\sin\theta = \dfrac{h\nu'}{c}\sin\phi$$

となるので，それぞれの式を2乗したものを足し合わせて整理する。

$$\dfrac{m^2c^2v^2}{c^2-v^2} = \dfrac{h^2}{c^2}(\nu^2 + \nu'^2 - 2\nu\nu'\cos\phi) \quad \cdots\cdots ①$$

一方，エネルギー保存則の式 $\dfrac{mc^2}{\sqrt{1-\dfrac{v^2}{c^2}}} = h\nu - h\nu' + mc^2$ を2乗して c^2 で割る。

$$\dfrac{m^2c^4}{c^2-v^2} = \dfrac{h^2}{c^2}(\nu^2 - 2\nu\nu' + \nu'^2) + 2hm(\nu - \nu') + m^2c^2 \quad \cdots\cdots ②$$

②式から①式を引いて整理すると，$\nu - \nu' = \dfrac{h}{mc^2}\nu\nu'(1-\cos\phi)$ の形にまとめることができる。最後に，両辺に $\dfrac{c}{\nu\nu'}$ をかけると次式が得られる。

$$\dfrac{c}{\nu'} - \dfrac{c}{\nu} = \lambda' - \lambda = \dfrac{h}{mc}(1-\cos\phi)$$

(4) $\dfrac{h}{mc} = 2.4 \times 10^{-12}\,\mathrm{m} = 2.4 \times 10^{-2}\,\text{Å}$

3 原子と原子核の構造

1 (1) ① 理由：KG 間の電圧 $E<4.9\,\mathrm{V}$ では K から出た電子は水銀原子内の電子を励起するだけの**運動エネルギー**をもたないので，電子と水銀原子との衝突は**弾性衝突**を繰り返すだけで G を通り抜けて P に達する。よって，電子の数は増え電流は大きくなる。
② 理由：KG 間の電圧 E が $4.9\,\mathrm{V}$ を超えると，電子の**運動エネルギー**が水銀原子内の電子を励起し**非弾性衝突**が起こる。その結果，加速された電子は**運動エネルギー**の大部分を失い P に達することができず電流が減少する。

(2) さらに加速電圧を大きくしていくと加速された電子の運動エネルギーが再び増加し電流は増大する。この間，電子と水銀原子とは**弾性衝突**を繰り返す。しかし，$9.8\,\mathrm{V}$ と $14.7\,\mathrm{V}$ のように，電子の**運動エネルギー**が励起エネルギーの2倍，3倍になると，電子は水銀原子と2回目，3回目の**非弾性衝突**を起こし P の電流は再び急に減少する。

(3) $2.5 \times 10^{-7}\,\mathrm{m}$

(4) 略（【解答への指針 コメント】参照）

2 (1) $m\dfrac{v^2}{r}$ (2) $k\dfrac{2e^2}{r^2}$ (3) $\dfrac{h^2 n^2}{8\pi^2 kme^2}$

3 (1) ア 電子　イ 原子核崩壊　ウ 半減期　(2) 放射能
(3) ① α 線　② β 線

4　発展（原子核反応，素粒子）

1 (1) α 線：He の原子核，β 線：電子，γ 線：電磁波　(2) γ 線
(3) 原子番号（86），質量数（222）　(4) α 崩壊（5 回），β 崩壊（4 回）

2 (1) 1.66×10^{-27} kg　(2) 3.09×10^{-29} kg　(3) 18.0 MeV

3 (1) ヘリウムの原子核　(2) $Q=\{(m_a+m_X)-(m_b+m_Y)\}c^2$
(3) $\Delta M=0.0052$ u，1 u$=931.5$ MeV から，Q$=0.0052\times 9.3\times 10^2$ MeV$=4.8$ MeV
(4) 0.75　(5) $\dfrac{m_a}{m_a+m_X}V_a$　(6) $-\dfrac{m_a+m_X}{m_X}Q$

(7) 水素など軽い原子核を高熱・高圧の状態で融合させ，ヘリウムなど結合エネルギーの大きな元素に変換させる。その際，質量欠損に等しいエネルギーを利用する。長所は，原料である水素は地球上に多量に存在しており安価に入手できる。短所としては，核融合を起こし，持続させるには，高温・高圧状態が必要で，そのための設備に多額の費用がかかる。

監修者・執筆者紹介（執筆担当）

山下芳樹（やました・よしき）　監修者・編著者　第2章3，4，第3章1
　　大阪市立大学大学院理学研究科物理学専攻博士課程修了，博士（理学，大阪市立大学）
　　立命館大学産業社会学部子ども社会専攻，同大学院社会学研究科，教職大学院・教授
　　主著
　　『文化として学ぶ物理科学』丸善，2003年
　　『理科は理科系のための科目ですか』森北出版，2005年
　　『教採受験者から現職教員まで　教採問題から読み解く理科──粒子・エネルギー編，生命・地球編──』オーム社，2014年
　　DVD教材『地球と宇宙（5巻）』（監修）・パンドラ，2016年

船田智史（ふなだ・さとし）　第3章2
　　大阪市立大学大学院理学研究科物理学専攻後期博士課程修了，博士（理学，大阪市立大学）
　　立命館大学理工学部物理科学科・講師

宮下ゆたか（みやした・ゆたか）　第2章3，第3章1
　　名古屋大学理学部物理学科卒業
　　元　滋賀県立高校教諭
　　元　立命館大学教職支援センター・講師

山本逸郎（やまもと・いつろう）　第1章，第2章1，2
　　東北大学大学院理学研究科物理学第二専攻博士課程単位取得満期退学，理学博士（東北大学）
　　弘前大学教育学部，同大学院教育学研究科・教授

　　　　　　　　　　　　　理科の先生になるための，理科の先生であるための
　　　　　　　　　　　　　「物理の学び」徹底理解　電磁気学・原子物理・実験と観察編
　　　　　　　　　　　　　2017年7月20日　初版第1刷発行　　　　　〈検印省略〉

　　　　　　　　　　　　　　　　　　　　　　　　　　　定価はカバーに
　　　　　　　　　　　　　　　　　　　　　　　　　　　表示しています

　　　　　　　　　　　　　　　監修・編著者　　山　下　芳　樹
　　　　　　　　　　　　　　　発　行　者　　杉　田　啓　三
　　　　　　　　　　　　　　　印　刷　者　　江　戸　孝　典

　　　　　　　　　　　　　発行所　株式会社　ミネルヴァ書房
　　　　　　　　　　　　　　　　607-8494 京都市山科区日ノ岡堤谷町1
　　　　　　　　　　　　　　　　　　　　電話代表 075-581-5191
　　　　　　　　　　　　　　　　　　　　振替口座 01020-0-8076

　　　　　　　Ⓒ 山下芳樹ほか，2017　　　共同印刷工業・清水製本
　　　　　　　　　　　　　ISBN978-4-623-07657-4
　　　　　　　　　　　　　　Printed in Japan

理科の先生になるための，理科の先生であるための
「物理の学び」徹底理解　力学・熱力学・波動編
　　　　　山下芳樹監修・編著　山本逸郎・宮下ゆたか著　Ｂ５判　220頁　本体2800円
中学・高等学校の理科教員を希望する学生，学びの系統性に配慮した指導を実践したい小学校教員のための「指導書」。実際の教員採用試験問題を例に，「本書での学び」を「知識として活用」できる力をつけさせる。学び直しとして現場教員にも最適。

目からウロコの宇宙論入門
　　　　　　　　　　　　　　　　　　　福江　純著　Ａ５判　240頁　本体2400円
宇宙論，初歩の初歩。いま現在地上で生活している私たちにとって天文学がなんの役に立つのか，これまでどのようなことがわかった／わからなかったか，いまどのようなことがわかりかけているのか，それがわかるとなにが変わるのか──。人が地球と宇宙について考え始めて以来の宇宙観の変遷と，最新の宇宙増をわかりやすく解説する。

目からウロコの生命科学入門
　　　　　　　　　　　　　　　　　　武村政春著　Ａ５判　240頁　本体2400円
「細胞目線」で考えよう──。ボクたち，みんな生きている。生きているって，どういうこと？　進化って，突然変異って，DNAって何？　「生物学」の成り立ちと発展から説き起こす，わかりやすい「生命科学」の入門書。

目からウロコの文化人類学入門──人間探検ガイドブック
　　　　　　　　　　　　　　　　　　斗鬼正一著　Ａ５判　192頁　本体2200円
「外見」で判断してしまう読者を，楽しい文化人類学の世界へ引きずり込む，わかりやすい入門書。文化人類学の見方・考え方をわかりやすく解説，当たり前を当たり前と思い込まない考え方が身につく。

────── ミネルヴァ書房 ──────
http://www.minervashobo.co.jp/